中小學創新班級經營
以案例學習

周新富　著

五南圖書出版公司 印行

目　錄

第一章

班級經營緒論

中小學階段導師是班級的靈魂人物，對學生的影響相當大，初任教師要帶好一個班級，務必要在班級經營方面下苦功去鑽研。導師一方面要負責班級的經營管理，協助學生進行有效學習，幫助學生解決生活的困難；另一方面要協助學校推展校務，將教育政策、教育目標具體落實在班級教學活動（吳清山等，2002）。陳寶山（2000）的研究發現教師在經營班級時常顯現以下的缺失：1.教師無法將理論轉化為班級經營實踐的智慧；2.在升學競爭壓力下，放棄班級經營目標，以致忽視人格培養與生活基本知能的指導；3.缺乏整體經營計畫，只知做好例行性工作，以致忽視學生整體人格的發展；4.家長參與不足，忽視孩子的人格發展，有時在孩子面前恣意批評老師，貶低教師在孩子心目中的地位；5.教師專業自主能力薄弱，只知趕教學進度，缺乏自我批判的能力。要做好導師這項工作不是容易的事，除了理論的引導之外，經驗也相當重要。期盼踏入師資培育行列的師資生，在入班教學時，能將所學到的班級經營理論與實務應用在教學之中。

第一節　班級經營的意涵

班級經營（classroom management）舊稱「班級管理」，這個名詞偏重在班級的「管理」層面，例如管秩序、管學生的服裝儀容等。而「班級經營」的層面則比較廣泛，除管理之外，還包含積極營造班級的學習氣氛，將班級視為一個「學習共同體」來經營。

 班級經營的意義

班級教學是學校教育的運作模式，國中小學的班級學生數約在三十人上下，學生來學校上學，大部分的時間都待在教室裡進行學習，學生在教室裡朝夕相處，於是逐漸形成友誼、建立歸屬感（周新富，2016）。但是因為人際之間的互動就產生了許多問題，需要安排一位「級任教師」或

「導師」來處理這些問題。吳清基（1990）就認為班級經營是師生共同合適處理教室中有關人、事、物的問題，其中人的問題包括師生關係、學生同儕關係、教師同事關係；物的處理包括桌椅安排、教室布置、物品的安排、周圍的環境等；事的處理可從人、物間的交互活動關係探討，就像是處理學生的違規行為、協助各處室交辦的工作等。國內學者對班級經營所下的意義大致相同，例如：張民杰（2011a）認為，班級經營的意義即在對影響班級運作的人、事、時、地、物等因素做有效的管理，以達成班級存在之目的。吳明隆（2021）認為，班級經營的意義在適當而有效地處理班級中的人、事、時、地、物等各項業務，以建構良善的班級氣氛，發揮有效教學的效果。

　　國外學者愛德華（Edwards, 2004）認為，班級經營是教師運用多項技能，如安排教室環境、建立教室規則、處理不良行為、監督學生活動、選用獎賞與增強方法、訓練常規等，以維持一個有效率的學習環境，營造良好師生關係、促進有效教學的方法。葛羅斯曼（Grossman, 2004）認為班級經營是使用各種方法來避免及處理學生的行為問題，並且設法促進學生的個人成長，像是增加學生的責任感及控制自己的行為。二位學者的界定包含消極面及積極面，消極面是在處理學生問題，積極面則是促進學生提升學業及解決問題能力。由以上的敘述，可以得知班級經營就是教師在帶領一個班級時，要將教室內的人、事、物所產生的問題處理好，並且要把班級營造成一個良好的學習環境，讓學生能夠在認知和情感方面獲得最佳的發展與滿足。

 貳　班級經營的目的

　　學習是班級活動的主要目標，一般將學校的學習分為正式課程、非正式課程及潛在課程，正式課程主要以教學活動來呈現，教學要有效率，其前提是維持良好的秩序。非正式課程及潛在課程包括打掃、午休及班級人際互動等部分，這方面班級經營能發揮顯著的影響力。一個經營欠佳的班級所呈現的教室秩序及整潔可用「亂」字來形容，同學之間的衝突與糾紛

不斷地出現，讓班上同學的學習受到干擾。因此班級經營的重點即在維持學生的常規秩序，以協助教學活動順利進行，也就是說班級經營是一種手段，教師藉由這些手段達成教學目標。據此，班級經營所要達成的目的有以下四項（張民杰，2011a）：

一、學生有更多的學習時間來提升學習效果

有效的班級經營可以讓學生將在校時間充分運用到學習任務上，並且產生更多的學習機會，達到更佳的學習效果。

二、班級事務能夠井然有序、運作順暢

有效的班級經營能夠讓班級各項事務順利運作，以支持教師的教學和學生的學習，同時這些處理的方法和技巧，也可以提供學生作為學習之參考。

三、班級的成員互動良好、感情融洽

每個人都有愛與隸屬、受尊重和關懷的需求，教師和學生如果互動良好，形成溫馨、融洽的心理環境，不但有助於學生的學習，也有助於其人格發展。

四、學生學習到自治、自律，表現出合宜的行為

人的社會行為發展大致上是由他律到自律的發展過程，有效的班級經營使學生漸漸地由他律學習如何自治、自律，而在自我要求的情況下，表現出合宜的行為。

 ## 班級經營的內涵

在論述班級經營的內涵之前，有必要先對班級的核心活動有所認識，教室的每一天是由結構、教學、紀律三項核心活動所組成，結構指有組織性的日常工作、例行活動和過程，組合成每天的學校活動，具體事項包

含桌椅怎麼排、時間如何分配等。教學占去班級活動最多的時間，當學生參與課程活動，教室的干擾即會減少，枯燥的教學使學生產生無聊感，導致學生的分心。紀律是對不當行為的立即糾正，紀律不是處罰，紀律的目的在教導學生的社會技巧，例如安靜坐好、舉手發言，遵守教室規則，以及與他人合作等（Henley, 2010）。這三項核心活動的交織使班級產生相關的人、事、物問題，而構成班級經營的內涵。國外學者通常將班級經營的內容著重在學生紀律的養成，或不當行為的處理，例如漢利（Henley, 2010）認為班級經營的內容包含以下三項：1.預防行為問題；2.解決行為問題；3.個別處理學生行為問題。國內學者則認為凡是班級運作的所有事務均屬之，例如吳明隆（2013）認為，班級經營的內涵包括教學活動的經營、訓育工作的經營、輔導活動的經營、情境規劃的經營、行政事務的經營、人際關係的經營、親師溝通的經營、意外事件的處理等。林進材（2005）認為，班級經營的內涵包括行政經營、班級環境經營、課程與教學經營、學生偏差行為的因應、常規管理經營、班級氣氛、時間的管理經營、班級訊息的處理等八項。綜合上述學者的看法，本書將班級經營的內涵統整為三層面八項目，三層面是教學經營、常規管理、關係經營，具體內涵分為以下八項（林進材，2005；吳明隆，2013；郭明德，2001）：

一、行政事務的經營

行政經營是教師和學生共同處理教室中人、事、物等因素，包括班級常規的訂定、座次的安排、班級目標的設定、行事曆的擬定和執行、檔案資料及班級事務的處理、例行工作之執行等。

二、班級環境的經營

班級環境經營包括心理環境與物理環境，心理環境是班級師生互動所形成的一種特性，物理環境指教室及其他可供教學場所的相關設施。班級環境的事先安排與考量，可使班級活動更順利進行。

三、課程與教學的經營

課程與教學是班級活動的核心，教師在班級經營的過程中，安排有效教學活動，設計創新的教學活動，並妥善掌控學生的學習秩序，對教學效果與品質的提升有極大助益。

四、學生不當行為的因應

班級經營的一項重要課題是對學生不當行為的處理與因應，也就是學生問題行為的輔導。國小階段的不當行為尚在萌芽時期，若能及早發現及處理，就不會顯現於國中、高中階段，因此教師需協助改善學生的不當行為。

五、班級常規的經營

班級常規制訂與執行主要是為了使教學活動的實施更加順暢，以及輔導學生建立良好的日常生活規範。通常班級常規包含教室生活的例行工作（routine）和班規（rules），並建立一套獎懲辦法，當學生違反常規時，讓學生得到行為的後果（coserquence）。

六、人際關係的經營

班級是由師生或學生同儕之間的交互作用而組成的社會體系，師生互動及學生同儕之間的互動構成班級的氣氛，班級經營即在營造支持、接納、融洽、和諧的師生關係、學生同儕關係及親師關係。

七、班級時間的管理

時間的運用和規劃，在促使教師班級經營更有效率、更具教育影響力。教師要有效掌握時間的要素，才能充分利用時間，有效率地處理班級經營的各項事務，才能引導學生有效地運用時間來提升學習效能。

八、班級訊息的溝通

班級活動中的訊息溝通包括教學知識及生活常規兩類訊息，教學訊息是指教學時透過語言與非語言來傳播知識，前者如音量的大小、說話速度的快慢等，後者指手勢表情的傳達、教師的親和力等，這些訊息是與教學成效有密切的關係。在生活常規訊息的溝通包括師生溝通及親師溝通，在資訊化的時代之下，教師需要善加各種溝通方式，以建立和諧緊密的聯絡網。

第二節 班級經營的理論基礎

理論指導想法和行動，教師使用行為論的觀點，對不當行為的反應會與重視發展理論有所不同，沒有單一的人類行為理論是正確的，不同理論重視人類行為的不同特質（aspects），所以人類行為理論不是靜態的，而是動態的，也沒有理論是完全客觀的，或多或少會受到文化和科學的影響。不同理論之間是相互補充的，可讓我們對人類行為的複雜性更加了解。從不同的理論觀點來理解人類行為，如此更能有效率地分析和解決問題（Henley, 2010）。班級經營的理論基礎包括教育心理學、教育哲學、教育社會學，但本書主要是依據教育心理學的理論來探討，以下分別說明影響班級經營的重要理論（周新富，2006a；周新富，2006b；Henley, 2010）：

 壹 生物物理學理論

生物物理學理論（biophysical theory）透過分析代謝（metabolic）、基因和神經（neurological）等因素來解釋人類行為，最近大腦化學（chemistry）和功能的研究對精神分裂症和亞斯柏格症的原因提供新的證據。鉛中毒、過敏和神經損傷（neurological impairments）是廣為接受的學生問題

行為原因，感染（infection）、睡眠不足、營養不良和視力問題也是對兒童注意力問題解釋的原因，其他問題行為的解釋尚有攝取過多的糖分和防腐劑。該理論對於行為和情緒問題的治療提出新的方式，例如使用在精神分裂症處方中的鋰和安非他命（amphetamines）來治療注意力缺陷過動症（ADHD），情緒失調如抑鬱和焦慮則以藥物治療。對大腦的研究發現情緒狀態對學習的影響，生物物理學的研究發現讓我們對學生的情緒和學習準備有更深入的理解。

 ## 貳 心理動力理論

　　心理動力理論（psychodynamic theory）的創始者是奧地利心理醫生（psychiatrist）佛洛依德（S. Freud），他使用「說話治療」（talking cure）協助病人了解行為的原因，佛氏認為壓抑的情感會導致精神官能症（neurosis），心靈（mind）功能的失調會導致害怕、焦慮和恐懼（phobias），情緒的穩定性依賴本我（id）、自我（ego）、超我（superego）這三項假設性構念的調和，而人的一切行為都是三個層面之間的矛盾衝突的結果。本我主要由潛意識的性本能和攻擊本能所組成，按照快樂原則行事，其核心是即時的個人滿足，例如新生兒。在生命的頭兩年中，本我中逐漸分離出自我，自我努力滿足本我的需要，但它與本我不同的是它行事時會把環境的現實狀況納入考慮，按現實原則來行事。超我由良心和自我理想兩部分組成，它抑制本我的衝動，使超我遵守道德標準，超我大約發生在5歲時，超我合併了社會的價值觀念與標準，這些標準通常由父母傳達給兒童，而形成「良心」，約束了個人行為。

　　二十世紀很多重要的思想家受到佛洛依德的影響，例如容格（Carl Jung）、安娜‧佛洛依德（Anna Freud）、艾立克森（Erik Erikson）、佛洛姆（Erich Fromm）等自我心理學家（ego psychologist），他們不重視無意識（unconscious），而重視協助個人學習有效的適應技能。自我心理學應用在教室是使用社交技巧課程、危機管理、團體動力學等心理教育的介入（psychoeducational interventions）。

參　行為主義理論

　　行為主義理論（behaviorism theory）與心理動力論相反，認為行為的改變主要是受到環境因素的影響，因此著重在外顯行為的觀察與操控。行為主義此一名詞包含許多的心理學派，其共同點是認為只有可觀察的行為才能用科學方法進行研究，情感、心靈（mind）和無意識等現象被視為假設性的構念（hypothetical constructs），這些現象因無法被觀察和分析，因而不受此學派之重視。很多班級經營技術是依據行為主義理論發展而成，例如行為改變技術，教師經常以處罰、正增強、負增強等方式來改變學生的行為。教師以分數、獎賞改變學生的行為是得到社會接受的，但如以金錢方式則易引起非議。

 ## 肆　人本主義理論

　　人本主義心理學派（humanistic psychology）簡稱為人本心理學，其代表人物有阿爾波特（G. M. Allport）、羅傑斯（Carl Rogers）、馬斯洛（A. H. Maslow）等人，這些理論家最強調自我概念，其重點在探討學生正向自我概念、學習和行為的關係。該學派反對行為主義以「外顯行為」研究重點，認為這樣會使人失去人性，並把人降低為「一隻較大的白鼠或一架較慢的電腦」；也反對佛洛依德的精神分析論，宣稱這個學派認為「人是一個受本能欲望支配的低能弱智的生物」，並把人貶為一個性惡的反社會的動物。人本心理學反對將人的行為，化約為簡單的本能或驅力，也反對將人的行為簡化成刺激反應的聯結，而提出了超個人的動機或超越性動機的概念，認為人有自我超越與自我實現的可能性，馬斯洛的需求層級理論即說明人具有積極主動創造未來的可能性。

 ## 伍　發展理論

　　發展理論（developmental theory）是源自於發展心理學，解釋兒童因

為成熟而在可觀察的想法和行動上所產生的差異，主要領域是動作、認知、語言和社會情緒。健康的兒童能從簡單的技能發展到複雜的技能，環境或是物質上的擾亂（disturbances）會阻礙正常的發展甚至導致終身的困難。發展理論與人本主義的理論有些相似之處，例如阿德勒（A. Adler）、艾立克森、葛拉瑟（Glasser）等學者，皆對歸屬感和接納這兩項基本需求相當重視。阿德勒重視與他人互動所建立的情感和社群（community），艾立克森提出學童在社會和情緒上需求的藍圖，稱之為心理社會理論（psychosocial theory），重視八個發展階段如何解決發展危機。

 ## 陸 互動論觀點

互動論觀點（interactionist perspective）又稱折衷論，認為影響學生行為的因素包括知覺、氣質、發展階段、身體健康及環境等，想像一位熱情、健康和適應良好的6歲兒童，安靜地坐在教室椅子上，而教師指派許多功課讓兒童書寫，剛開始兒童可能會安靜地做功課，但慢慢會去找其他的刺激。學生的紀律問題是教師所導致的，因為教師缺乏課程的準備而引發學生的不當行為，該觀點並非要減少學生不當行為的責任，但重視教師組織教學和態度的重要性。互動論觀點以班杜拉的交互決定論（Bandura's reciprocal determinism）較為著名，學生的行為是與人的因素、環境因素相互作用而產生。例如教室是一個生態系統，物質和社會環境變項，物質因素包含空間、桌椅、燈光、聲音等，社會環境因素包含團體動態、教師特質、家庭參與和文化差異等，改變物質或社會特性將可改變個人的行為，在又吵又熱的教室裡，學生怎能專心聽課？互動論告訴教師要使用不同的理論來解釋學生的行為，當一個想法行不通，與其責備學生不如想其他的方法，如此教師將可成為主動解決問題者。

第三節　班級經營知能與策略

　　班級經營的知能對於任教中小學的教師相當重要，尤其是對於初任教師。在實習結束之後，經過教師甄選的重重關卡，獲得夢寐以求的教職之後，大都對即將來臨的教學工作充滿了樂觀的「期待」（anticipation），雖然經驗不足，但他們願意投入心血，做好班級經營的工作。然而在教學伊始的第一個月，初任教師即會發現，沉重的教學負荷與備課壓力，壓得他們喘不過氣來，而層出不窮的班級經營問題，更使得他們黔驢技窮，充滿了無力感與挫折感（張德銳等，2005）。教師想要減低教學壓力，在修習教育學分階段，一定要精熟班級經營的理論與策略，再加上幾年的教學經驗，即可成為具有高班級經營效能的教師。

 教師須具備的班級經營知能

　　教師所須具備的專業知能相當多，除了任教學科知識外，輔導及班級經營知能更是教師求生存的重要法寶，要不斷地接受這方面的資訊。教師須具備班級經營五項知能（Jones & Jones, 2013）：

一、了解班級經營理論及學生身心發展

　　教師須依據目前可靠的研究和理論了解班級經營內涵，且了解學生個人和心理的需求。教師要了解需求與行為的關係，以發展好的教室經營方法，滿足學生在教室內的需求。

二、建立良好的師生關係和同儕關係

　　班級經營須依靠師生建立正向的關係和同儕關係，營造班級成為一個支持性的團體。要建立正向、支持性的教室環境，須以心理學家、教育學家的理論為基礎，將理論化為實際。

三、學習有效教學的理論與技巧

有效的班級經營要使用良好的教學方法，促進最佳的學習，滿足學生學習上的需求。教師須依據學習理論的分析，改進學生學習的失敗率，增加成功的動機。學生的低動機、負面自我態度，大部分是學習失敗所導致。

四、管理及維持班級秩序的能力

教師須具備管理的能力，讓學生建立行為標準，營造一個安全、照顧的班級。教師須具有促進教室環境清潔、維護學生安全、維持班級秩序的技巧，不論是團體或分組的活動，教師要能迅速讓學生進入學習狀況。有效能的教師要交互應用管理及教學技巧，以增進學習成就。

五、改變學生問題行為的能力

教師要具備使用行為管理技巧來支持教學的知能，以及具備使用諮商方法的能力，進而發現和改善學生的不當行為。很多教師會說沒有時間使用深入的諮商策略來輔導學生，因而期待輔導教師能出面協助，但這種想法是不切實際的。雖然教師在班級經營上需要特別協助，但行為管理能力和諮商能力是必須具備的。

 ## 貳 學習有效的班級經營策略

教師除具備上述的知能外，也要學習有效的班級經營策略，策略包含技術、原則與方法，是將理論化為具體行動。教師若能熟悉及運用各項班級經營策略，才能發揮班級經營效能，提升教學品質。有學者列出有效能的班級經營要達成三高五好七少的目標，所謂三高是：學習動機高、班務處理效率高、常規自律程度高；五好是：師生關係好、同儕關係好、環境品質好、學習表現好及團體榮譽好；七少是指學生方面要：偏差行為少、衝突爭端少、懲罰處分少、苦悶煩惱少、抱怨不滿少、對抗團體少、

疏離冷漠少（張鐸嚴、林月琴、劉緬懷，2003）。為達成這樣的目標，教師所要學習的「有效班級經營策略」有以下幾項（吳明隆，2000，2013；Kohn, 1996）：

一、了解班級組織生態特性

這包括對班級學生個性的了解、資質的了解、人格的了解、學生次級文化的了解、班級人力資源的了解，以及班級學生家長職業、專長的了解等。

二、應用多種常規管理模式

班級發生的事件內涵十分複雜，要有效處理班級事件、學生的不當行為等，教師要具備各種常規管理模式，根據實際情境、事件發生的內涵、當事人的人格特質與事件動機等，採取適合的管理模式，當模式建立之後要經常運作，並視情況修正。

三、客觀公正處理班級事件

班級生態事件發生，均是在公開的情境之下，不論事件的對象為何人，事件為何事，教師處理事件應抱著「對事不對人」心態，公正、公開、公平地處理。

四、積極預防重於消極處理

班級經營的目的，在於協助教師教學活動的進行，導引學生積極的行為表現，而非藉由班級活動或發生事件來控制學生行為，消極性處理只是一種治標工作，積極性導引才是治本目的所在。例如建立班級常規，積極引導學生理解並且遵行。

五、巧思安排各種學習活動

班級是學生學習的主要處所，如果教師安排的學習活動有趣而多元，符合學生學習需求，則學生會喜愛學習，故不適當行為自會減少。

六、具備維持教室秩序技巧

　　教師在教學前須要求學生集中注意力到教師身上，在教學過程中，要應用一些技巧來維持教室秩序：1.讓學生了解老師洞悉教室內的一切情況；2.能在同時間內兼顧處理不同的事故；3.使分段教學活動的運作順利進行；4.能始終維持全班學生參與學習活動；5.責罰某一學生時避免產生漣漪效應。

七、與學生建立正向積極的關係

　　教師要將班級營造成為積極的學習社群（community），建立良好的師生關係及學生同儕關係，教師能以無條件的愛來教導每位學生，並且讓班級成員能夠互助合作，為增進學習成效而努力。為達成這項目標，教師的班級經營不能過於強調紀律，要能發揮創意構思相關活動，以促進同學的歸屬感與向心力。

第四節　營造教師的班級經營風格

　　導師是引導學生向上成長的重要關鍵，在班級經營中，了解並尊重學生的需求，用愛、耐心和專業，讓學生感受導師正向積極、充滿關懷的教育愛，以引導充分發展自我（教育部，2011b）。教師會因為哲學信念的差異，因而對班級經營的策略和目的有不同的見解與措施，於是就會發展出不同的班級經營風格。當教師遇到來自不同族群、社經地位、文化背景的學生時，班級的整體表現也會產生差異，因此對於不同地區或文化背景的學生，教師即需調整自己的班級經營風格。本節分別從班級經營的紀律模式、影響班級經營風格因素及如何擬訂班級經營計畫三部分來論述。

壹　班級經營的紀律模式

理論呈現人類行為的抽象原則，模式（models）則是對於實務工作的指導。很多著名的班級經營紀律模式是依據單一理論而建立的，例如果斷紀律（assertive discipline）；結合兩項以上理論則以尊嚴紀律模式（discipline-with-dignity model）較為著名，該模式強調尊重學生的基本需求、發展與學生的關係、實施邏輯後果。果斷紀律模式則重視規則、支持性的回饋、糾正措施（corrective action），以及結合一系列的行為改變原則（Henley, 2010）。紀律模式是班級經營策略的依據，教師需依賴紀律模式進行班級經營，了解這些紀律模式可以從中選擇自己喜歡的模式，而模式必須與自己的理念相一致，所以由教師對班級經營模式的應用，將可了解教師所持的紀律哲學（郭明德，2001）。圖1-1為紀律模式所歸屬的類型，以下分別說明之（周新富，2006b；郭明德，2001；Wolfgang & Glickman, 1986）：

一、干涉主義

干涉主義（interventionist）認為學生的發展須遵照環境狀況，教師的主要職責是在控制環境，以改造學生的行為；干涉主義是賞罰兼施的擁護者，主張「胡蘿蔔與棍棒」交互使用，賞罰是這些教師用來激發學生行為的工具。他們主張學生的行為需被修飾與塑造，所以教師擁有很大的權力，學生的權力極低。行為主義的學者大都屬於干涉主義，例如提出果斷紀律的肯特（Canter）、提出「勇於管教」的杜布森（Dobson）均屬之。

二、非干涉主義

班級經營紀律模式另一個極端是非干涉主義（noninterventionist），其信念是教師提供一個支持性、有利於學生成長的環境，學生本身即具有內發性的動機。這學派認為學生成長要靠自己，不是由教師控制而達成目的，學生被視為有權力主宰自己的命運，教師被視為是一位「指導者」或「協助者」，不是權力的支配者。然而非干涉主義不是放任主義者（lais-

sez-faire），他們有設計完整的班級策略模式，去處理各種班級情境。歸
屬於這學派有英國夏山學校（summerhill）的創辦人尼爾（Neill）、提出
「教師效能訓練」的高登（Gordon）、提出「自由的學習」理念的羅傑
斯、建立學習社群的科恩（Kohn）等學者。

三、互動主義

在兩極端的中間是互動主義（interactionalist），他們認為在衝突的情
境中，若無全體成員的參與定及共同負擔責任，衝突是不能解決的。互動
主義者認為人會選擇自己的行為，像是欺騙別人或不欺騙、攻擊同學或不
攻擊、認真讀書或不認真等，因此對人的行動與責任就會有很大的期待。
所以教師應盡可能提供學生選擇，讓學生有選擇的自由，當學生做了選擇
之後，就要為自己的選擇負責任。簡言之，互動主義認為教師與學生要共
同負起班級經營成敗的責任。屬於這類型的紀律模式較早期的學者包括庫
寧（Kounin）、葛拉瑟、德瑞克斯（Dreikurs）等，最近的學者則有提出
阿爾伯特（Linda Albert）的合作紀律（cooperative disciline）、葛瑟科（F.
Gathercoal）的法律紀律模式（judicious discipline）等。

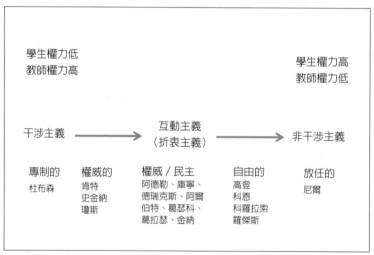

圖1-1　不同哲學觀的班級經營模式與師生權力關係

修改自McDonald（2010, p.93）

貳　影響班級經營風格的因素

班級是複雜的社會環境，班級經營模式是否有效也需要視學生的特質而定。好的班級經營計畫是由教師自行設計發展，其前提是要能滿足學生的需求，不管是學生中心模式或教師中心模式，沒有一個班級經營模式是十全十美的，教師必須構思對自己、對學生和特定情境運作順暢的模式。在營造班級經營風格之前，教師要了解影響班級經營風格的個人因素及其他相關因素，分別說明如下（郭明德等譯，2003；Hardin, 2012；McDonald, 2010）：

一、教師因素

選擇適當的班級經營計畫需要教師仔細思考他們的哲學、人格、教學風格和教學經驗，甚至要評估學校的環境和社區的接受度。

㈠教師的哲學

教師的哲學是形成教學信念的基礎，教學信念是關心學生的學習、學生的自由和控制程度，與教師的應對，這個哲學是教師班級經營計畫的基礎。教師先要了解自己的教育哲學觀為何，也就是了解自己的紀律哲學觀為何；因為一個人的紀律哲學觀是選擇紀律模式的先備條件，接著再產生個人的班級經營策略。

㈡教師的人格

教師人格是班級經營成功與否的重要因素，有些教師能容忍教室內的吵雜，有些教師則要求教室內要安靜；有些教師能與學生有說有笑，但有些教師則是面帶嚴肅。到教室一看，有的教室是物品散亂一地，但有些教室則是物品擺放整齊，有些教師要求學生未經允許不得離開座位。不同之處有千百種，並非某些人格特質才能創造成功的班級經營，其中牽涉到教師教學經驗、教師期待等因素。

(三)教師的教學風格

教學風格與班級經營有密切關係，教學風格與教師如何教學有關，例如空間大小、座位安排、教學活動的安排、學習資源的使用、團體的互動等，皆是班級經營的主題，教師在教學前要做事前的規劃。

(四)教師對學校環境的認知

學校環境包含學校政策、全校性的紀律計畫、行政人員的管理風格、學校文化、家長參與、社區社經狀況等因素。教師在制訂自己的班級經營計畫時，都要將這些因素納入考量，且不與之牴觸。

二、其他影響因素

成功的班級經營不是只重視教學，也需要針對學生不當行為的預防與處理事先規劃，而規劃之前有必要先了解影響班級行為的因素及掌握班級經營的特性。其他影響班級行為的因素分為個人因素和環境因素，以下分別說明之（吳清山，1991）：

(一)個人因素

個人因素包括學生、家長及行政人員，例如學生的人格特質、學習態度、家庭背景、家長態度、學校行政人員態度等。

(二)環境因素

環境因素主要有物理因素、社會因素及教育因素三項。物理因素包括大量的工作、活動空間、座位安排、材料分配、噪音大小等；社會因素包括班級人數、分組人數、班級常規、學生彼此的行為、學生對教師的行為等；教育因素包括教育工作的類型、難易度、時間長短、教學方法、課堂的活動方式、學習資源等。

 ## 參　創新班級經營

傳統的班級經營過於強調紀律常規，這種風格容易使班級經營流於呆

板、嚴肅、欠缺對人的關懷。受到創新教學趨勢的影響，創新班級經營越來越受到教師的運用。創新是個人創作新物品、產生新的想法的能力，有創意（creativity）的教師會勇於改變教學過程、執行新的班級經營策略，以提升學習的品質。創意表現可用在教學環境的設計與布置、教室空間的管理、教學活動及溝通方式的改變，亦可用來解決班級發生的問題，例如人際關係的摩擦、學生的學習動機等，積極面可以用來營造正向的班級氣氛、促進良好的師生及學生同儕關係（郭昭佑、魏家文，2016）。教師可由以下七層面來思考如何創新班級經營策略（陳木金、蘇芳嬅、邱馨儀，2010）：

一、重新思考

班級經營重新思考是指教師在班級經營的過程中，面對教室中新的人、事、物狀況，對於原有的經營理念，以及班級經營行動背後的理由有所覺察，提出新的假設，進而產生新的行動，例如對執行班級經營計畫的反省。

二、重新組合

班級經營重新組合是要使班級經營內容富有變化，如變化教學活動的內容、變化每天教室的例行活動。以教室布置為例，如能配合教學單元、時效、實用，使教室成為學生具有創意的空間，並能突破以往一成不變的教室布置。

三、重新定序

班級經營重新定序係指教師重新安排班級活動進行的時機，及各種班級活動進行的流程、先後順序。例如在班級推行某項制度，或在轉換活動、安排教學流程、處理問題行為等情況下，必須要循序漸進。

四、重新定位

班級經營重新定位係指教師改變班級中人、事、物的所在位置，例如改變教師或學生所在的位置、教學活動進行的地點、座位排列及器材設備的擺放地點等。

五、重新定量

班級經營之重新定量是注意班級經營內容講解、指示要適量，教師應是敏銳的觀察者，隨時注意學生的學習反應，了解學生是否明瞭教師所傳遞的訊息、指示，以決定是否應重複教導的定量，例如改變教學活動的頻率及次數、有效分配班級時間等。

六、重新指派

班級經營之重新指派是將班級事務、活動重新指派交由他人執行，以及重新分配工作給不同人員執行。例如讓學生參與班規的制訂、全班輪流當幹部、做不同的整潔工作等。

七、重新裝備

班級經營之重新裝備是強調加強自己的技術或能力，以達到自我成長。例如磨練班級經營技巧、在班級經營中結合教師的興趣或專長等。

 擬訂自己的班級經營計畫

教師進入班級經營的新時代，面臨許多新的挑戰，要有新的班級經營方法和思維，不能還停留在班級經營就是紀律的階段，如何將班級經營理論、教育理念及創意三者加以融合，以營造出適合自己教學風格的班級經營計畫是一件重要的任務。在擬訂班級經營計畫時，可從以下三方面思考（張倉凱譯，2012）：

一、在普通行為的管理方面

1. 你要如何使學生在班級中有歸屬感？請列出三個以上的方法。

2. 你要怎麼使學生覺得教室環境是舒適的？特別是在光線、視覺、味覺和聽覺方面？你要如何布置教室？當學生走進教室時，他們會看到什麼東西？

3. 你如何確定在教室中是有秩序的？請提出一個如何訂定班級公約的例子。你如何處理諸如繳交功課的班級事務？你如何開始與結束一個班級的經營？

4. 你要怎麼幫助學生設定個人目標並照著目標前進？

5. 你要用什麼架構幫學生分組？

6. 你有七種方式去改變學生的偏差行為，對於每種方式各提出一種改變學生問題的策略。

二、在中斷上課的行為方面

1. 當一個學生打斷你上課，你該如何做？

2. 當學生向你回嘴，你該如何做？

3. 你如何控制自己衝動的情緒？

4. 你是否有面對緊急狀況的危機處理計畫？請說明之。

三、在班級經營的創新方面

教師將創意融合至班級經營之中，以創新思維看待班級中的人、事、物，並省思自身的班級經營方式，調整現有的班級經營策略，在班級中展現創意和巧思，以解決班級經營過程所面對的問題（郭昭佑、魏家文，2016）。教師除可從上述七層面構思創新班級經營策略，亦可以從以下八個層面來思考（吳清山，2004；郭昭佑、魏家文，2016）：

1. 觀念創新：如教師班級經營價值、思考方式、意識形態的改變。

2. 技術創新：如教學、評量、工作方式、資源、媒體平臺運用等改變。

3. 產品創新：如學生作品、教師教具、教師著作、課程設計等。

4. 服務創新：如行政服務、家長服務等改變。

5. 流程創新：如教學、訓育、輔導、管理等行政處理程序改變。

6. 活動創新：如學生活動、家長日、教學觀摩、戶外教學活動、城鄉交流、畢業旅行、家長參與等突破。

7. 情境創新：如教室空間規劃、布置、美化與改變等。

8. 特色創新：如發展班級特色、形塑班級獨特文化等。

第五節　本書架構的安排

　　教師要具有了解、診斷、改變班級行為及現況的能力，因此本書的內容會針對重要的班級經營紀律模式詳加說明。理論模式的介紹之外，本書會針對班級經營重要的實務面提出具體的策略及創意做法，讓初任教師可以清楚知悉導師的工作有那些，以及掌握重要的帶班原則。本書共有八章，各章的主題如表1-1所示，這八章皆能涵蓋班級經營的重要內容，也能同時兼顧理論與實務。

表1-1　班級經營內容與各章主題對照

班級經營內容	本書對應主題
班級經營緒論	第一章　班級經營緒論
班級經營模式	第二章　班級經營的紀律模式
教學經營層面	第三章　新學年開始的工作 第五章　教學相關活動的經營
常規管理層面	第四章　班級常規的建立與執行 第六章　不當行為的管教 第七章　嚴重不當行為的輔導與管教
關係經營層面	第八章　班級人際關係的管理

自我評量 ....

一、選擇題

( ) 1. 有關班級經營的敘述，下列何者最為正確？ (A)班級經營應遵循成規，對學生一視同仁 (B)班級經營的決定應由教師與學生共同參與 (C)班際比賽得到冠軍是班級經營最應強調的事項 (D)教師只要有耐心與愛心，班級經營即可順利進行

( ) 2. 下列何者是班級經營的最終目的？ (A)有效進行教學活動 (B)促進學生學習成效 (C)維持良好的班級秩序 (D)提高學生的課業投入時間

( ) 3. 在班級常規的目的中，下列何者是最基本也是最消極的目的？ (A)維持秩序 (B)培養習慣 (C)增進情感 (D)發展自治

( ) 4. 有關班級常規的經營，以下敘述何者最適當？ (A)班級常規是由導師制定 (B)班級常規的執行限定在教室之內 (C)班級常規的經營會形成潛在課程 (D)班級常規的經營就是處理學生的偏差行為

( ) 5. 有關班級經營的敘述，以下何者較為適當？ (A)有關班級經營的決定應全交由教師做決定 (B)班級經營重要功能應包括營造良好的學習環境 (C)學生表現優良時，教師以口頭稱許，這是屬於物質性增強 (D)為了公平性，教師在班級經營時，宜以相同策略，對待全班學生

( ) 6. 有關班級經營的理念，下列敘述何者最為正確？ (A)班級經營的起始點是在開學之後才開始 (B)班級經營集科學、藝術及哲學精神於一身 (C)班級經營要有愛心與耐心即可完成任務 (D)班級經營強調外在的教室整潔與秩序管理

( ) 7. 有關班級經營的理念，下列敘述何者最為正確？ (A)老師教學多樣化以引起動機，可減少班級經營的問題 (B)老師教學應注重知識的灌輸，班級經營才會得心應手 (C)老師只要具有愛心與耐心，便可完成班級經營的任務 (D)老師只要將學生常規管理妥當，就是成功的班級經營

( ) 8. 下列何者較屬高度教師控制的班級經營取向？ (A)金納（H.

Ginott）的和諧溝通理論　(B)史金納（B. Skinner）的行為塑造理論　(C)瓊斯（F. Jones）的正向班級經營理論　(D)葛拉瑟（W. Glasser）的現實治療理論

(　)　9.　班級常規的教導在教學過程中佔有不容忽視的地位，一個較為理想的班級常規教學應該是：　(A)置之不理　(B)融入教學　(C)自由發展　(D)嚴格管理

(　)　10.　大部分的折衷取向班級經營模式，是以哪一位學者的理論為基礎？　(A)阿爾波特（Allport）　(B)斯肯納（Skinner）　(C)羅傑斯（Rogers）　(D)阿德勒（Adler）

(　)　11.　下列何者屬於班級經營中的「心理—社會」環境？　(A)班級動線　(B)班級時間　(C)班級氣氛　(D)班級空間

(　)　12.　強調個人與他人的互動是教育的基本原理，主張教育是人際互動的產物，因此，教師要與學生共同控制教室中的行為，這是屬於何種教室控制方式？　(A)非干預主義者　(B)干預主義者　(C)互動主義者　(D)衝突主義者

(　)　13.　「營造沒有威脅性的學習氣氛」、「學習過程中給予學生充分的自由去滿足好奇心及興趣」，此班級經營理念偏向下列哪一學派的立論？　(A)行為學派　(B)人本學派　(C)認知學派　(D)社會學習學派

(　)　14.　下列何者較不屬於人本主義的班級經營理念？　(A)重視主觀的意識與經驗　(B)強調以增強物來鼓勵學生　(C)認為統整人格不宜分割　(D)強調學生的積極主動性

(　)　15.　尼爾（Neill）所創設的夏山學校是以何種學習理論為基礎？　(A)人本主義　(B)行為主義　(C)發展理論　(D)心理動力論

(　)　16.　張老師關心每個學生每天是否吃飽、穿暖，也重視教室的設施安全和環境整潔，更鼓勵學生彼此關心，常常強調我們每個人都是這一班的重要成員等。張老師的班級經營策略符合下列哪一個理論？　(A)心理動力論　(B)訊息處理論　(C)需求層次論　(D)意義學習論

答 案

1.(B)　2.(B)　3.(A)　4.(C)　5.(B)　6.(B)　7.(A)　8.(B)　9.(B)　10.(D)　11.(C)
12.(C)　13.(B)　14.(B)　15.(A)　16.(C)

二、問答題

1.試寫出兩項班級經營的重要內涵，並加以說明。

2.班級經營受到哪些重要理論的影響？

3.有效的班級經營必須了解影響班級行為的因素，試簡述影響班級行為的因素並予以分類。

4.何謂班級經營的模式？請說明紀律模式可分為哪些類型。

5.何謂班級經營風格？哪些因素會影響教師的班級經營風格？

6.教師要如何將創意融入自己的班級經營風格之中？

7.要成為一位有效能的教師，在班級經營方面要具備哪些知能？

第二章

班級經營的紀律模式

　　教師維持課堂紀律的辦法很多，不同心理學家根據各自的標準做了不同的分類。李文和諾蘭（Levin & Nolan, 2010）把教師對紀律問題的處理方式按教師的控制程度劃分為教師高控制、師生共同控制和學生自主三種類型。伯登（Burden, 2013）將教師的方法按其嚴厲程度分為高控制、中控制和低控制三大類型，並分別列舉了各類型支持學者所提出的紀律模式。曼尼和布赫（Manning & Bucher, 2006）介紹18種不同的班級經營理論及其所衍生出來的模式，用以協助教師建立適用於自己班級的模式。張民杰（2011a）依教師的控制取向分成低、中、高三大取向，每種風格都可以自成一套管理系統，這也就是為什麼有的老師嚴格，有的老師寬鬆，都可以有方法把班級管理得很好。哈汀（Hardin, 2012）將班級經營的理論發展脈絡分為三個觀點：紀律模式、系統模式、教學模式，每個觀點各提出四個模式詳細介紹。本章綜合上述分類，共選出十二種紀律模式，如表2-1所示，分別敘述各模式的重要理念及策略。

表2-1　不同的班級經營紀律模式

輔導模式（guiding model）	互動模式	干涉模式
低教師控制取向	中教師控制取向	高教師控制取向
吉諾特（H. Ginott） 和諧溝通（congruent communication）	德瑞克斯（R. Dreikurs） 邏輯後果（logical consequences）	史金納（B. F. Skinner） 行為改變技術（behavior modification）
高登（T. Gordon） 紀律是自我控制（discipline as self-control）（又稱教師效能訓練）	阿爾伯特（L. Albert） 合作紀律（cooperative discipline）	肯特夫婦（Lee and Marlene Canter） 果斷紀律（assertive discipline）
科羅拉索（B. Coloroso） 內在紀律（inner disciple）	葛拉瑟（W. Glasser） 現實治療和控制理論（reality therapy and control theory）	瓊斯（F. Jones） 正向紀律（positive discipline）
科恩（A. Kohn） 從紀律到社群（from discipline to community）	葛瑟科（F. Gathercoal） 法律紀律（judicious discipline）	馬歇爾（M. Marshall） 無壓力的紀律（discipline without stress）

資料來源：修改自Burden（2013, p.21）

第一節　低度控制紀律模式

教師會依據對學生身心發展的看法、對教育哲學的認知及其他因素來決定如何處理班級事務和紀律。低度控制紀律模式依據的哲學信念是學生有控制行為的主要責任，自己也有能力做決定。教師的職責在建構班級環境，促使學生控制他們自己的行為，例如當學生表現不當行為時，教師要協助學生面對問題，並輔導學生做出適當的決定，教師採用非指示（non-directive）的行動來改變學生的行為（Burden, 2013）。

壹　和諧紀律模式

吉諾特（H. Ginott, 1922-1973）是紐約大學的心理學教授，他的著作以強調成人和兒童的關係而出名，在《父母和兒童之間》（*Between Parent and Child*）、《父母和青少年之間》（*Between Parent and Teenager*），這兩本著作中提出許多與兒童有效溝通的理念。其焦點集中在成人如何建立兒童的自我概念，他把這些原則應用到教室的著作是《教師和兒童》（*Teacher and Child*），主張教師經由和諧的溝通（congruent communication）和適當的稱讚，維持一個安全、人本主義的、和諧及積極進取的班級環境（Burden, 2013）。所謂「和諧的溝通」即教師傳達的訊息能切合學生對情境與自己的感受，當教師這樣做時，很自然地就會流露出樂於助人和接納人的態度，並能常常注意到自己傳達出來的訊息對學生自尊的影響（金樹人譯，2000）。吉諾特的紀律模式大部分在說明教師的溝通技巧，本書將在第八章中詳述。以下僅就重要理念加以說明（周新富，2006b；單文經等譯，2004）：

一、教師的角色和責任

教師是班級的重要影響因素，教師應該建立學生正向行為的舞臺或環境，來取代以制約或形塑的方式使學生遵守紀律，因此教師具有以下的角

色和責任：

1. 教師必須以了解、仁慈和尊重的態度，去引導學生正確的行為。

2. 教師的自律是教室常規中最重要的部分，教師應正向與學生溝通，藉以提高學生的自我概念。

3. 接納和認可學生的感受以及他們的行為，或者是在提出建議時不針對個人貼標籤，也不作議論、爭辯或藐視的評論。

4. 教師是班級氣氛的決定因素，可以營造氣氛或環境，進而影響學生表現出正面及適切的行為。

5. 教師對學生的需求應保持敏銳，並用語言和行為與學生溝通其感受。

二、教師要避免使用懲罰

吉諾特希望教師避免使用懲罰方式來處理學生的紀律問題，因為「體罰」會發生法律和情緒上的危機，其他類型的懲罰也可能是有害的，最壞的結果之一是學生因此解除罪惡感，阻礙學生良心的發展。而且懲罰更可能使學生設法來逃避未來將受到的懲罰，而不去學習如何自我約束。

 ## 教師效能訓練

高登（T. Gordon）是一位臨床心理學家，是「效能訓練機構」的創立者，曾與羅傑斯一起在芝加哥大學進行研究（郭明德等，2003），所以高登的理論最能真實反映他的觀點。高登在1970年出版《父母效能訓練》，1974年把效能訓練技能應用到學校教師，出版《教師效能訓練》（*Teacher Effectiveness Training*，簡稱T. E. T.）一書，提出「公開溝通」和「嘗試共同解決問題」的方法來回應學生的不當行為。1989年出版《有用的紀律方式》（*Discipline That Works*），強調有效的紀律不是獎懲，而是提升兒童的自我控制（Burden, 2013）。以下闡述高登的基本理念，其班級經營策略則於第八章中詳述（周新富，2006b；歐申談譯，2013；Gordon, 2003）：

一、以學生為中心的教育理念

高登引用羅傑斯的「當事人中心治療法」的理念，重視正向的自我概念與學習的關係，認為學生本身具有自我成長的潛能，教師只要能給予關懷、接納與支持，學生就會自發地發展成長。

二、重視教師的溝通技巧

要處理學生的問題，教師須具備有效的溝通技巧，在和諧的氣氛下，讓學生表達內心感受及問題，教師以積極傾聽、同理心、關懷等技巧，協助學生自己解決問題，學生感受到教師的真誠，即會設法改變問題行為。

三、學習不使用權力而能維持教室紀律

對於學生紀律問題高登反對使用權力來控制、指揮學生，因為這種方式，會引起學生抗拒或是陽奉陰違，教師耗費很多時間卻得不到好的效果，所以他提出一個新思維，建議教師應學習如何不使用權力而能建立並維持教室的秩序，以達成「以合作與互相尊重來代替衝突」的目的。

四、反對使用賞罰

高登認為兒童若長期生活在懲罰的威脅或獎賞的制約中，其人格發展將會受到阻礙，而停留在嬰兒期中，永遠不能長大，因其少有機會去為個人的行為負責任。獎賞的結果使學生關注的是獲得獎賞，不是學習本身，懲罰會造成學生焦慮、憤怒與敵意，無法培養自律行為。

 參　內在紀律模式

內在紀律模式是由科羅拉索（Barbara Coloroso）所發展而成，她是一位著名的演說家、作家，活躍於親職教育及學校紀律等領域。她的理論肯定兒童與青少年的價值性，強調兒童與青少年值得成人花費心思，投注更多的時間、精力、資源去教育他們（Coloroso, 2000）。而在班級經營的

過程中，教師應該以自然的態度、以他們希望被對待的方式來教導學生，從而培養學生內在的自律，她認為內在的紀律是有創意、合作、有責任行為的原動力（單文經等譯，2004）。此模式之理論及策略如下（單文經等譯，2004；張民杰，2011a；Manning & Bucher, 2006）：

一、釐清問題行為的責任歸屬

內在紀律理論重要的概念之一是要釐清引發行為問題的責任歸屬，讓學生了解他們對於行為擁有主動權，而他們也能對於其行為所引發的問題負責任。在認定問題行為的責任歸屬時，經常會產生認知差異，例如當自己的小孩破壞學校的公物時，家長至少應讓其承擔部分的責任；當學生行為表現不佳而影響教學活動時，教師也應坦然面對問題的責任，校長也可能會要求教師對學生的行為問題負起責任。雖然學生應為其問題行為負責任，但教師有責任要協助學生改善行為問題。

二、使用紀律而不是懲罰

科羅拉索認為紀律不是懲罰，懲罰是成人取向，是權力的加諸，會導致學生的憤怒和懷恨，進而產生更多的衝突。懲罰會使學生沒有勇氣去承認他們的行為過錯，因為他們可能會否認犯行，或是文過飾非、推諉責任。教師應避免使用體罰、威脅、恐嚇的方式懲罰學生，這些方式都是運用外在的力量來壓迫學生，而不相信學生內在的力量。

三、不依賴獎賞來激發正向行為

教師也不可依賴獎賞來激發學生的正向行為，獎賞易傳達錯誤的訊息：仁慈和正向行為可以財物購買或交換的方式取得。而受到賄賂和獎賞的學生則經常會提出諸如：「對我而言有何好處？」「我所獲得的報酬是什麼？」

四、紀律訓練的3R說

科羅拉索的3R說包括：補救（Restitution）、決心（Resolution）及調和（Reconciliation）。第一個R係指專注於學生所做的事，同時補救其身體的傷害或個人的損害（如果有的話）；第二個R係指決定一種做法，讓不當行為不再發生；第三個R係指對違規學生的矯治過程，幫助被傷害的人能痊癒。教師利用3R來處理時，就必須要介入更多，在實施補救的過程中，教師可能要扮演一位強勢的作為者，要求當事者支付賠償的費用；而在落實決心的過程中，教師必須協助學生發展預防性的計畫。在和解過程中，學生被教導去修復他們自己製造的問題，避免這種情形再次發生；這個過程稱之為「和解式的正義」，可以藉由學生提供實際的「道歉行動」來促成。科羅拉索將紀律議題視為解決問題的過程，從中發展學生的內在紀律，這是運用懲罰方式所無法做到的。

五、自然的與合理的後果

自然後果（consequences）是內在紀律模式的中心思想，此方式係指真實世界的結果或介入，同時也包括處理情境中的實質問題，而不是成人的權力和控制。例如幼兒園的小朋友穿錯鞋腳會感覺疼痛，冬天不穿外套會得感冒，就是自然後果。自然後果教導學生周遭的生活世界，而且也讓學生了解，他們對自己的生活具有積極的控制權力。科羅拉索主張，如果自然後果不會威脅到個體的生命，就讓學生有經歷的經驗，但如果自然後果是不存在或不適當的，教師應該思考合理的後果。科羅拉索提出RSVP的方法，認為合理的後果是合理的（reasonable）、簡易的（simple）、有價值的學習工具（valuable），以及實際的（practical）。例如小學生打破玻璃，要學生打掃碎片就不合理；當教師在打掃玻璃碎片時，請他拿著垃圾袋，這就是合理的。在實施合理後果時，教師要忽略學生的情緒反應。

六、詞語的破壞性

科羅拉索認為教師應該注意所使用語詞的破壞性，避免使用攻擊他

人的語句、傷害、屈辱或讓人難堪的字眼，例如：「你真是個笨蛋。」「你為什麼還長不大？」「妳最好減肥，否則妳可能會卡住。」她也認為教師對於學生的努力，若是給予稱讚，而不是欣賞，則學生產生破壞性行為的機會將會增加，因為稱讚或讚美可能存在潛在的破壞性。教師可以不要用稱讚的方式，而改用詢問學生有關成績和作業的問題，以引起師生的討論。

肆 建立社群模式

柯恩（A. Kohn）是親職教育、教育及人類行為方面的作家和演說家，出版了多本有關這方面主題的書籍，其中以《超越紀律：從順從到社群》（*Beyond Discipline: From Compliance to Community*）（Kohn, 1996）最為有名，他質疑行為取向的班級經營方式，要求教師放棄目前高壓統治與獎賞來處理行為問題的方法，而提供專注的課程及關懷的社群來解決問題。柯恩強調班級經營的最後目標不是單純的順從，而是要學生表現適當的行為，並讓學生知道這是應該要做的事，以及他們的行為是如何影響到其他人。柯恩認為有效的班級經營需要建立社群，所以教師必須評估他們與學生的溝通方式，找出替代傳統處罰的方式，以及消除獎賞與稱讚等理念（方德隆譯，2014）。其班級經營的重要理念如下（方德隆譯，2014；單文經等譯，2004）：

一、檢視師生互動

柯恩認為建立社群的第一步是教師自我檢視在教室中是如何與學生互動，是積極的或消極的？以及確認班級衝突的來源是什麼？同時教師要了解什麼事是學生認為重要的，以及了解課程是否能滿足學生的需求。大部分學生不受歡迎的行為都可以追溯到學生被要求學習什麼，過去教師都只注意到哪個學生沒有做到他們的要求，當學生必須花時間做永無止盡的學習單時，行為問題就產生了。

二、消除獎賞與稱讚的使用

柯恩根據70份的研究報告，認為外在動機不僅無效，在培養個人道德觀、責任觀甚至適得其反，但是教師使用稱讚和獎勵卻如此自然，同意學生為了得到貼紙、糖果或口頭上的獎勵，而去做他們不喜歡且覺得無聊的工作。柯恩反對稱讚與獎勵理由如下：1.獎賞與稱讚的效用短，且終究會失效，使用越多獎勵，學生的需求也會越多；2.許多學生為了獎勵而學習，永遠不會看見所學事物的真正價值；3.有些教師的稱讚本質上是騙人的，假裝稱讚某位學生，但實際上卻是利用這位學生為範例去批評其他學生的行為。

三、懲罰的替代方案

柯恩鼓勵教師尋找懲罰的替代方案，並將不當行為當作一個在支持性班級社群中共同處理的問題，在這樣的環境下，紀律的問題被視為是傳達價值、提供洞察和加強自尊的機會。柯恩認為傳統紀律在教導學生要有同情心及關心他人上是失敗的，班級紀律是要幫助學生成為有愛心且有道德的個人，所以教師的替代方案是有無數的選擇，不只要求教師改變行為，也要求師生建立一個學習者的社群。

四、建立班級社群

柯恩相信教師必須提供三項共同的人類需求：自主決定、關係歸屬與成功勝任。要建立一個班級社群，開始於學生能與一位能尊敬和關心他們的成人發展積極的關係，社群的建立是基於每天的合作，班級需要有課堂活動，提供學生朝同一共同目的合作的機會。柯恩相當重視班會在建立班級社群所發揮的功能，讓學生從問題中學習，分析可能性與協商解決的方法。至於班級學生的不當行為要如何處置？柯恩提出「與學生發展正向積極的關係」的建議，他認為最有效的管教方式是無條件的愛，而最有效的紀律工具是無條件的教導，不管學生的行為表現如何，學生會覺得他們是被關愛和有價值的。

第二節　中度控制紀律模式

　　中度控制紀律模式所依據的哲學信念是：學生的發展是來自內在和外在力量的結合，因此學生行為的控制是學生和教師的共同責任。支持中度控制模式的教師會接受低控制的哲學，但同時也認同學習是發生於團體情境，因此處理紀律時考慮到學生的想法、情感和喜好，但最後要聚焦於行為是否符合班級情境對於學業的需求（Burden, 2013）。

 ### 邏輯後果模式

　　邏輯後果模式（logical concequences）主要的倡導者是德瑞克斯，他應用阿德勒的個別心理學到班級經營的領域，強調民主式的班級經營，此模式又稱為社會紀律模式。他以民主的信念來貫串整個班級經營理論與模式。以下針對主要理念和策略作一敘述（周新富，2016；吳明隆，2013；Burden, 2013）：

一、強調歸屬感的重要性

　　德瑞克斯相信人們與生俱來即有拓展自己社會關係的能力，而且人們本來就存在與他人發生關聯和互動的動機。學生所表現出來的行為，其最終目標是為了實現歸屬感的需求，他們需要身分地位與認可，所以學生大部分的行為都為了達成這種需要而努力。教師要協助他們獲得歸屬感，以發展正面的自我評價。

二、不當行為的產生原因

　　所有的學生都需要他人的認可，學生不當行為是因為在正向合作的表現方式下，不確定是否成為團體一部分所產生的結果，當兒童感受到在團體內不受接納，他就會以表現不當行為方式來進入團體，這是教師必須了解而且要予以處理的。學生不當行為的動機稱為錯誤的目標（mistaken

goals），為了尋求認可，甚至可能會不擇手段，教師須確認不當行為是
由何種原因所導致。

三、使用邏輯後果代替處罰

　　德瑞克斯主張邏輯後果代替處罰，邏輯後果包含三項要素：相關的、
尊敬的、合理的，教師所安排的處罰須直接且必然的與學生行為有關，又
稱為「合理處分」。例如學生亂丟紙張，則學生必須撿拾這些紙張；學生
在桌上亂塗鴉，就必須自行清洗乾淨。而「人為後果」（contrived conse-
quences）則是一種不合理的行為後果，例如學生考試成績不及格，老師
罰他抄課文五遍，這種強制方式稱之為處罰，處罰會導致學生的怨恨、報
復或退縮。而邏輯後果模式是採用民主方式，由師生一起決定規則和活動
的必然後果，師生須共同負起責任，以建立積極正向的班級氣氛。

四、以鼓勵取代稱讚

　　根據德瑞克斯的模式，教師應該使用更多的鼓勵（encouragement）來
提升學生的信心和自尊，而要少用稱讚，因為學生會對稱讚產生依賴，
一旦稱讚減少了，學生自我價值感也滑落了。鼓勵的本質是增加兒童對自
己的自信，表達兒童可以表現得更好的訊息，可以讓兒童保持認真學習的
狀態。

 合作紀律模式

　　阿爾伯特根據阿德勒及德瑞克斯的哲學及心理學觀點，發展一種班
級經營及常規管理的有效方法，稱之為「合作紀律模式」（cooperative
discipline）。她強調學生選擇他們的行為，而教師有力量來影響他們的選
擇；她鼓勵教師、家長與學生以三C來幫助學生：與教師和同儕和諧相處
（connecting）、對班級有貢獻（contributing）、感到有能力（capable）
在行為與學業獲得成功。實施時可以分為五個步驟：1.指出及描述行為；
2.確認學生不當行為的目的；3.挑選介入處理技巧；4.選擇鼓勵方式以培

養學生自尊；5.邀約學生父母作為學生不當行為處理的搭檔。阿爾伯特的
模式尚有以下兩項重點（周新富，2016；Burden, 2013）：

一、鼓勵學生的策略

合作性常規管理的第一項重點是三C理論的應用，阿爾伯特認為學生
必須覺得他們有能力完成工作，為了幫助學生，不論學生的行為表現如
何，教師應接受、傾聽、欣賞學生，以及表現出對他們校外活動的興趣，
如此可使全班師生和諧相處並發展出正向的關係。此外，教師要幫助學生
學習如何對班級福祉有所「貢獻」，例如讓學生參與班級事務。

二、激發家長合作的意願

第二項要點是她提出了一些激發家長合作意願的親師懇談方法，懇談
時她鼓勵教師採取謹慎、客觀、非批評的措辭，不要逐項指出學生的違規
行為，而使家長認為其子女是無藥可救的。教師提出明確的計畫，請家長
協助能改變學生行為的事項，而非做不到的事情，並且使家長了解其子女
在學校成功學習的機會很大，請家長盡其所能協助學生的管教。

 ## 參　現實治療模式

最早和運用最廣的班級經營理論模式是葛拉瑟在1965年提出的現實治
療模式（reality therapy），其理論改變了長久以來處理行為問題的重心。
葛拉瑟注重的是現在，是情境的現實性，而不是想辦法去發現造成不良行
為的過去情況（金樹人譯，2000）。他把現實治療擴展到學校，寫成《沒
有失敗的學校》（*School Without Failure*），推展他的「控制理論」；1998
年出版《高品質的學校》（*The Quality School*），提倡如何在沒有強制性
情況下管理學生，他相信強制手段是無用的，應該以「選擇理論」來取代
（Burden, 2013）。以下針對葛拉瑟的班級經營理念及策略加以闡述（周
新富，2006b；單文經等譯，2004；Burden, 2013；Glasser, 1969）：

一、學生行為受五項基本需求的驅使

重視生存、自由、樂趣、歸屬感及權力五項基本需求，生存為生理需求，其餘為心理需求。例如關愛別人與被人關愛的需求、希望對自己的學習能有主控權、希望學習活動中充滿了樂趣等。個體必須不斷學習滿足需求的能力，如果需求未滿足個體將會感到痛苦，進而迫使個體用不合現實的方式來滿足需求，因此會表現出違規或不當的行為。

二、教導兒童建立自身的控制系統

葛拉瑟認為要培養良好的行為，要先增進對自身內在世界的了解，因此要教導兒童建立自身的控制系統，而控制即是滿足我們需求的方法。他認為行為是「思考」、「感覺」、「行動」與「生理反應」的整體組合，四部分雖然經常融合在一起，但通常會有其中一個因素特別明顯，例如憂鬱的發生是由於人們選擇「感覺」行為所引起。如果學生能控制「行動」這部分，就會連帶改變其他三部分，因為「行動」比較好調整、掌握及控制。

三、重視此時此地的行為

教師要重視學生「此時此地」的行為，協助學生正視真正的問題，教師應只問學生現在正做些什麼，須避免詢問其過去，及「為何會如此做」，否則將會使他為不當行為找藉口而不圖改進。若個人過去的歷史與現在行為有直接關聯，就需要討論過去的歷史，並將它與目前的行為做聯結。

四、針對問題行為訂立行動計畫或契約

教師需針對學生的問題行為，與學生共同擬定改進計畫或訂立行為契約，如此會增進學生的責任感，並對目前困難的處境有所改善。但擬定計畫時必須由當事人自己決定計畫的目標與方法，才能維持在過程中所需要的力量。當計畫完成後教師與學生要有口頭或書面承諾，承諾的目的是要

使當事人願意執行這個計畫。

五、不接受學生的藉口

實踐行為計畫或契約時，不允許學生有任何藉口，藉口是處理過去，現實治療是處置未來，因此教師絕不能接受學生的任何藉口。若計畫無法達成，可重新檢視該計畫如何實行，或是再擬定新的計畫。

六、教師永不放棄教育學生的責任

教師不能放棄教育學生的責任，教師對學生的關愛與支持是非常必要的，如發現學生在改過自新的路上陷入困境，則不妨重新回到第一步驟，再重新加強師生感情關係，讓學生感覺到老師永遠不會放棄他，如此頑石終會有點頭的一天。

 法律紀律模式

葛瑟科的專長是教育法學，所提出的模式稱為法律紀律模式（judicious discipline），或譯為「深思紀律模式」。其理論基於美國憲法《權利法案》，重視公民素養，主張教導學生在民主社會中生活與學習，使學生習得應具備的權利與責任（單文經等譯，2004）。此模式提供教師教導公民權及個人權利，並且允許學生在學校或班級中行使他們的權利。經由此模式所教導的公民技能可以從學校應用到社區，是為了學生離開學校後的生活做預備（方德隆譯，2014）。以下就模式的要點加以敘述（周新富，2016；方德隆譯，2014；Edwards, 2004）。

一、教導及尊重學生自由、平等與正義三項權利

法律紀律基礎是美國的《權利法案》，主要在保人類的三項基本權利，即自由、正義和平等。葛瑟科認為與其記住「所有班規」，不如接受和遵守一些基於道德和倫理信條而訂定的基本行為準則。這三種權利分述如下：

㈠自由

並不表示學生可以為所欲為，學生雖然基於其個人權利而有所思考和行動的自由，個人權益需和團體中其他成員的福祉達成平衡狀態。

㈡正義

應是在整個過程中首要的考量，作為處理基本的政府公平性議題之準則。學生在學校中應受到同樣公平且合理的規則管理與對待。

㈢平等

平等並不意味著所有學生都具有相同的能力、興趣和天賦，而是他們每個人都應該有成功的機會，以符合眾人一切平等的憲法權利理念。

二、轉化不可抗拒的國家利益為班規

這個法律概念即多數人的福祉與利益是比個人權利更為重大，這些重大的利益給予教師法律權威，去制定與執行公平與平等的校規。四項不可抗拒的國家利益（compelling state interests）是班規的基礎，例如第一項財產損失與損害對應的班規為：珍惜學校資產、正確使用學校設備、尊重他人的財產。教師應與學生共同制定班規，強調正當行為，以及使學生增能。不可抗拒的國家利益如下：

㈠財產的損失與損害

沒有人有權去破壞其他人或學校的財產，因此教育工作者有責任去避免學校的財產被破壞。

㈡教育目的之正當性

教育的規定和目的，應該是為了要幫助學生在學校中獲得成功的經驗，所以像抄襲、課堂及回家作業、成績、分組分班等事宜，都應納入考量。

㈢對健康與安全的威脅

教師有責任保護學生的身體安全，以及心理和情緒的健康，包括在運

動場、實驗室、體育課，甚至在走廊上的相關規定。

㈣對教育過程的嚴重干擾和破壞

如果學生的權利嚴重地干擾和破壞學校的教學活動，教師有權利及責任去限制學生的權利。

三、處理學生問題的策略

此模式強調教導適當的行為，而不是懲罰不當的行為，揚棄「以牙還牙」的懲罰方式，而是思考學生可以從中學習到什麼。學生所接受到的處分必須與違規行為有邏輯上的關係，而不是故意設計來懲罰學生。在施以處置時教師應考量兩件事情：1.應該做些什麼？例如：賠償和道歉；2.應該學到什麼？將重點放在如何改變學生未來的目標和態度。法律處置主要目的是基於補償而不是羞辱，所以協調會、社區服務、道歉及賠償都適用於對學生的處置。以下的處分符合法律紀律的精神：1.與教師和家長會談，決定大家同意的處置；2.要求學生道歉；3.施予隔離，讓學生冷靜及沉澱自己的想法；4.將學生留校接受教師的關懷與輔導；5.提供專業諮商人員，協助解決其行為問題。

第三節　高度控制紀律模式

高控制紀律模式的哲學信念認為，學生的成長和發展是外在環境制約的結果，而不是他們具有內在潛能，因此教師要選擇良好的行為加以增強，對於不當行為則予以消弱。認同此信念的教師，即會對學生的行為施以監控和控制（Burden, 2013）。

壹　行為改變技術

行為改變技術（behavior modification）是依據行為主義心理學者史金

納（B. F. Skinner）所提出的操作制約理論發展而成，學生行為雖是一組複雜的反應，但主要是受到環境制約，透過操弄學生的環境，增加所欲行為出現機率再給予獎勵，表現出不希望出現的行為則沒有獎勵，在制約之下從事學習工作。然而行為改變技術一詞可能具有負面的涵義，「應用行為分析」（applied behavior analysis）反而較常被使用。行為改變技術包含以下要點（方德隆譯，2014；Hardin, 2012）：

1. 行為改變計畫的目標是可觀察、可測量的行為，忽略內隱行為。

2. 設計一套與行為沒有必然性關係的外在獎懲系統，以鼓勵或處罰學生，例如做回家功課認真給貼紙，結果學生為了得到獎品而認真寫功課。

3. 制約學生的行為，使之從被動化為主動，逐步養成自我約束習慣。

4. 行為會因其立即後果而改變，愉快的後果強化行為，而不愉快的後果則弱化行為；愉快的後果稱為增強物，不愉快的後果稱為懲罰物，例如處罰。

5. 以行為塑造（shaping）來教導新的行為和技能，只要學生更接近終點行為就給予增強，直到最後學會了新技能或新行為。

貳　果斷紀律模式

　　肯特夫婦他們研究教室控制良好班級的教師特質，從中得到原則和方法，而提出果斷紀律模式（assertive discipline），其策略屬於行為改變技術之一，但與之又有差異，其基本原則是：教師有權利教學（a right to teach），同時學生也有權利學習（周新富，2016）。以下就肯特的班級經營策略作一說明（周新富，2016；Hardin, 2012）：

一、建立明確的行為規範或期望

　　在學生常規管理中，教師應使用果斷明確、清晰有力的方式，說明其對學生的期望，並以行動驗證教師是言出必行的。常規管理內涵包含三

項：1.學生必須隨時遵守規定；2.積極肯定學生會遵守規定；3.當學生違反規定時，必須負起其行為的後果。

二、學生正向行為的增強

教師應把焦點放在學生的正向行為上，學生一有正向行為，教師應立即獎賞，其方式包括稱讚、以正向激勵的書面資料通知父母或學生，或賦予學生特殊活動與權限。肯特提出一種記下學生優良表現的方法：利用一個空瓶子和小石子，當教師認為學生表現良好時便向玻璃瓶中放下一顆石子，若學生表現不佳時，在瓶中的小石子便被取出，承諾學生在瓶子裝滿的時候將給予他們獎賞。獎賞的方式可以是教師個人的特別關注、獎品、給予學生特別的權利、團體獎賞等。

三、建立不當行為的處理計畫

學生不當行為發生時，教師要有處理計畫，除了讓學生知道違反規範的後果外，教師還要嚴格執行規範，不能有例外。常用的負向懲罰方式有以下幾項：1.隔離（time-out）；2.剝奪某項權利（withdrawing a privi-lege）；3.留校察看（detention）；4.請求家長的協助；5.將吵鬧的學生送到其他班級；6.錄音或錄影記錄學生不良的行為；7.將違規學生送到校長室。實施方式將於第四章說明。

四、爭取學校行政人員及家長的支持

教師的果斷紀律模式，須尋求校長、學校行政人員或家長的協助，才有更大的效果，其做法為開學初將計畫向行政人員說明，並將獎懲辦法及家長配合事項由學生帶回給家長簽章。教師可以利用召開家長座談會的機會與家長做好溝通，讓家長參與孩子班級的運作，並請求家長在訓練的過程中給予最大的配合與支援。

正向紀律模式

正向紀律模式（positive discipline）是瓊斯（F. Jones）對成千位中小學教師教學的觀察發展而成，他指出典型的教室有50%的上課時間是浪費掉的，因為學生不認真學習，但是某些教師怕學生會公開反抗、敵對和使用暴力，所以不敢要求學生。瓊斯發現99%的不認真行為是以下幾種形式：上課說話、開玩笑、胡思亂想、未得允許任意走動，而反社會行為、危險行為所占的比例很小，不到所有浪費時間的一分鐘（周新富，2016）。其班級經營理念及策略如下（周新富，2006b；張民杰，2011a）：

一、設定限制來掌握學生

在班級經營中，教師如果無法掌控學生，則需花費許多時間於每位學生身上。瓊斯認為設立班規對學生行為有很大的約束力，學生由班規可以明確地了解教師對他們行為的期望，教師必須教導班規、解釋班規，讓學生樂於接受班規。

二、善用肢體語言傳達意圖

肢體語言的使用是正向紀律模式的重點，瓊斯教我們使用肢體語言來傳達意圖，當學生表現與工作活動無關的行為時，可用肢體語言讓學生知道其不當行為已在教師掌控中。教師可運用的肢體語言包含以下數項：

(一)目光凝視

目視是非常有效的教室管理辦法，也是營造良好教室氣氛的方法。善用「眼神的接觸」，才能掌握教室的氣氛。一個有經驗的教師，一定適時地將目光掃視教室的每一個角落，例如教師的目光能給表現優良的學生予以褒揚。更重要的是，它能掌控教室狀況，尤其能對行為失序的學生給予適時的警告，使學生產生收斂作用。

(二)身體靠近

上課行為失序的學生，多數都是位於距離教師較遠位置的一群，當教

師身體走近行為失序的學生身旁時，多數的學生都能迅速回歸正道，縱使教師是一言不發地走近。例如當教師迅速走向行為失序學生時，學生即會匆忙回應，如果教師是輕移地接近，那種效果當然是大打折扣了。

㈢身體姿態

瓊斯認為身體姿態是身體語言最外顯的表徵，學生可以很快地由教師的身體姿態解讀教師的情緒與權威。這種教師的身體姿態表現於教學時，主要由聲量的強弱與語調的高低可以得知；而一個聲音有氣無力的教師，通常是學生表現干擾行為的絕佳對象。如果教師因為生病而身體虛弱，有時反會使學生轉為支持與關心。

㈣臉部表情

教師的臉部表情是顯示資訊的直接表徵，臉上表情能夠顯示以下訊息：獎賞、同意、反對等。教室中常用到的臉部表情如下：

1. 輕輕搖頭能事先制止不良行為的發生。
2. 皺眉頭表示「疑惑」、「不贊成」。
3. 緊閉嘴唇成一直線，代表老師的忍耐已到了限度。
4. 時時表現出「親切」、「溫暖」，讓學生感到老師的「平易近人」，具「親和力」，而非「莫測高深」、「太冷漠」。
5. 當老師發現學生對於訊息感到茫然時，應立即輔以其他方式，如口頭說明、手勢等，以免刺激不當行為的發生。

㈤手勢示意

教師常藉著適當的手勢，以吸引學生的傾聽，並藉以掌控適切的教室氣氛。有經驗的老師都會使用許多不同的手部動作來獎勵或是制止行為，例如伸出食指放在嘴巴上表示「安靜」，全班同學看到後就會安靜下來。

三、以獎勵制度建立合作型態

瓊斯認為內在的激勵才能促使學生獲得特定信念與展現合作行為，此種內在的激勵系統稱之為「喜好活動的時間」（preferred activity time;

PAT），PAT就是指不同的活動或殊榮，如學生出現不當行為時，教師可用碼錶或計時器記錄學生違規時間，以扣除學生所獲得之獎勵時間；另一方面，如學生迅速將教室打掃乾淨，按時回到座位或表現老師許可的行為，學生們可獲得特殊的獎勵。所以老師要建立一套獎勵制度，在學生從事他們該做的事後，獲得他們所喜愛的東西或增強物。

四、要培養多套的處理技巧

多套處理技巧是指教師對不同程度行為問題的處罰方式，也就是瓊斯所說的「支援系統」，這是採用以暴制暴的方式來處理學生的行為問題，這三種層次的支援系統如下：

㈠輕微處罰

班級策略是教師防衛的第一道防線，行動可能是私下的或公開的，其目的是處理立即性的問題以及其所產生的後果，例如困窘、憤恨及報復，所用技巧包含口頭警告、記下學生姓名、地址及電話號碼，然後告知學生父母，但在通知父母之前，要讓學生有更改機會。

㈡中度處罰

第二個層次是學校的策略，紀律問題的處理必須是由教師和學校管理人通力合作，共同協商解決問題，這種策略一般被稱為「校規」，若是學生違反了校規，可以下列方式來處分：警告、與學生討論、暫停學生上課權、剝奪學生某些權利、召開父母親會議、停止到校上學一至三天、開除學籍或特別處置等。

㈢嚴厲處罰

第三個層次是依法送交警察機關或是司法機關，因為教育人員面臨日益增加的暴力威脅。有時候社區會在學校系統和司法單位之間，設立一個緩衝區，通常稱之為家庭法庭，負責處理少年違規事件。

肆 無壓力的紀律

馬歇爾（M. Marshall）擔任過教師、諮商員、校長、大學教授，於2001年出版《無壓力的紀律，處罰或獎賞》（*Discipline Without Stress: Punishments, or Rewards*），提倡此紀律模式，用來教導學生對其教室行為負責任，這模式聚焦在提升責任而不是服從，當責任感提升，服從自然會產生（Marshall, 2001）。以下為該模式的重點（方德隆譯，2014；Marshall, 2001）：

一、無壓力紀律的原則

正向（positivity）、選擇（choice）、反思（reflection）是無壓力紀律的三項重要原則。正向是描述說話的方式，教師使用正向語言傳達正向情緒及清楚明確的指示，並且強調所想要學生表現的行為。選擇是停止強制，而授權（empower）給學生做選擇。反思是描述教師如何影響學生及改變行為的技能，也就是教師詢問反思性的問題，來幫助學生改變行為，例如詢問學生：你這樣做對你有什麼好處？如果同樣情況發生你會怎麼做？你這樣做有沒有達到你想要的目的？

二、社會發展的層級

馬歇爾創立一個社會發展層級理論（social development hierarchy），用每個學生都能理解的術語來解釋人類社會行為。這個理論是以社會發展的ABCD做基礎，A代表混亂（anarchy），B代表霸凌或打擾（bullying/bothering），C代表合作或順從（cooperation/conformity），D代表民主（democracy）。只有D和C層級是可以接受的，二者的差異在動機，D的行為是內在動機，例如發展自我紀律、表現負責任、做對的事情等；C行為是外在動機，例如順從、關心他人、配合他人等。最不被期待的等級是A，班級混亂沒有秩序，任何人為所欲為；B層級是不當行為也是不被接受的行為，例如指揮他人、表現吵鬧、破壞規則、妨礙他人等。當AB層級的行為出現時，教師必須訴諸權威，讓學生改變行為。

三、提升責任系統

無壓力紀律模式採用提升責任系統（raise responsibility system）策略來發展學生的負責任行為，其歷程包含三個步驟：

㈠教導概念

在班級尚未有不當行為發生前，即教導社會發展層級，這項步驟是整個模式的基礎，根據學生的年齡、成熟度來調整教學的內容。

㈡檢查理解

檢查理解是在學生表現A或B層級行為時直接介入，教師不是要處罰學生，而是要幫助學生建立自我控制與社會責任。當不當行為發生時，教師可以採用接近控制與非語言的方式來制止，假如行為持續，教師就要使用問問題的方式讓學生確認其行為層級。

㈢引導式選擇

引導式選擇（guided choices）是用在當學生已經確認行為是在A或B的層級時，還持續他們的行為，這時教師以問問題的方式提供選擇。教師並不採取對抗與處罰，而是要求學生填寫一份三個問題的表格：1.我做了什麼？2.我如何防止再犯？3.我在未來可以做什麼？這個過程稱為自我評鑑，下課時師生以此表格進行討論。假如學生繼續擾亂教室秩序，下一步要求學生填寫「自我診斷轉介表」（self-diagnostic referral），假如達到第三次轉介，教師即將表格寄給家長，進一步行動是將學生轉介給校長。

自我評量 ....

一、選擇題

（　　）1. 下列何者屬於「人本中心」的班級經營取向？　(A)教師自行制定
班規　(B)教師負責班級規劃與組織　(C)教師引導學生共同制定班
規　(D)教師要求學生遵守既定的規範

（　　）2. 葛瑟柯（F. Gathercoal）主張的慎思紀律要把憲法觀點放入規定，
其內涵不包括何者？　(A)有效班規是「只要我喜歡，有什麼不可
以」　(B)學生破壞校產要損害賠償　(C)學生行為干擾教學，學校
有權限制　(D)公平不是用同樣方式對待所有學生

（　　）3. 一學生上課一直照鏡子，成績亦不好，老師說：「妳是阿花啊！」
該生不高興老師如此說她，就開始與老師唱反調或頂撞老師。下列
何者的班級經營理論認為老師在溝通時，要避免使用「溝通的絆腳
石」——嘲諷、羞辱？　(A) Kounin教學管理理論　(B) Gordon教
師效能訓練理　(C) Redl & Wattenberg 團體動力論　(D) Coloroso 內
在紀律論

（　　）4. 相信只有我們可以控制自己的行為，行為是可以被選擇的，強調不
懲罰、絕不放棄的諮商學派是下列何者？　(A)現實治療　(B)人本
學派　(C)心理動力治療　(D)認知行為學派

（　　）5. 「強調與其去記住『所有的班規』，還不如接受和遵守一些基於道
德和倫理信條所訂定的基本行為準則，讓自由、平等與正義作為班
級經營的基礎」，請問此主張屬於哪種班級經營理論？　(A)和諧
溝通　(B)尊嚴管理　(C)果斷紀律　(D)深思紀律

（　　）6. 下列何者較屬於果斷型（assertive style）的教師態度與行為？
(A)建立教室常規，並確實執行，以維持高效率的學習環境　(B)教
師必要時，可以嚴厲指責學生，以展現教師的決斷力　(C)針對學
生正向行為予以增強，避免懲罰學生的不當行為　(D)教師應獨當
一面，避免學校行政人員及家長介入班級經營

（　　）7. 姜老師對班級經營所抱持的基本想法是：「學生獲得獎勵的行為
會重複出現，被忽視或懲罰的行為會減少或消失。因此，可適當

使用增強物，來塑造學生的行為。」姜老師的想法較接近下列哪一選項的主張？　(A)葛拉塞（W. Glasser）的選擇理論　(B)高登（T. Gordon）的教師效能訓練　(C)史金納（B. Skinner）的操作制約學習　(D)雷多（F. Redl）和瓦登堡（W. Wattenberg）的團體動力學

(　) 8. 林老師強調：獎懲對學生是有效的，為營造一個理想的學習環境，要讓學生清楚知道老師的期望，且要貫徹執行。此一觀點符合下列哪一種班級經營的理念？　(A)目標導向　(B)果斷紀律　(C)和諧溝通　(D)權變理論

(　) 9. Albert提出「合作式管理理論」作為教師管理學生的班級經營理論，提出3C的鼓勵策略，下列何者不屬於？　(A)建立學生自信心，讓學生感受到他是「有能力的」（capable）　(B)發展師生正向關係，與人和諧相處（connecting）　(C)鼓勵學生參與班級事務，感到其貢獻性（contributing）　(D)重視學生的需求，建立關懷的（caring）班級氛圍

(　) 10. 在班級經營時，教師不宜運用下列哪一種肢體語言？　(A)經常觸及學生身體以表示親切　(B)運用身體姿勢以傳達教師的情緒　(C)運用眼神接觸，提醒聊天的學生停止說話　(D)走近不專心的學生，讓其注意力集中於課業

(　) 11. 美國學者肯特（L. Canter）及其夫人瑪琳‧肯特（M. Canter）提倡「果斷管教法」（assertive discipline）。其基本理念有三，應排除以下哪一項？　(A)教師在教室裡，必須有相當大的影響力　(B)有決斷能力的老師，才算是個具有影響力的老師　(C)老師在教室裡所表現的決斷能力是可以培養的　(D)教師以威權的方式，主導並控制學生行為

(　) 12. 下列那一項敘述不屬於肯特（L. Canter）的「果斷訓練」之班級經營技巧？　(A)教師在教室裡具有領導和指揮的權力　(B)教師有系統地規劃教室內的「限制設定」（limit setting）　(C)教師傳達「我─訊息」表達教師感受　(D)教師以正向的讚揚，引導並控制學生行為

(　) 13. 黃老師對班級經營的理念為：「教師應發展出明確的行為規則，執

行獎懲時態度必須堅定，且能夠貫徹始終。」黃老師的想法較符合下列何者？　(A)教師效能訓練　(B)操作制約模式　(C)自主選擇模式　(D)果斷紀律模式

(　) 14. 下列哪一個班級經營模式建議教師使用增強原則和程序，以教導學生的學習活動？　(A)行為塑造型　(B)溝通互動型　(C)果斷紀律型　(D)合理邏輯型.

(　) 15. 主張透過師生相互間的對話，讓學生瞭解自身不當行為及問題行為的癥結及其可能產生的影響，並且讓學生學習解決自己的問題行為，是屬於何種班級經營模式？　(A)行為改變模式　(B)果斷訓練模式　(C)現實治療模式　(D)教師效能訓練模式

(　) 16. 下列何者較屬高度教師控制的班級經營取向？　(A)金納（H. Ginott）的和諧溝通理論　(B)史金納（B. Skinner）的行為塑造理論　(C)瓊斯（F. Jones）的正向班級經營理論　(D)葛拉瑟（W. Glasser）的現實治療理論

(　) 17. 主張教師應明確訂定學生該遵守的行為規範和違規的後果，並在爭取學校行政人員及家長的支持之後貫徹執行。這屬於下列哪一種班級經營模式？　(A)有效動力經營模式　(B)果斷訓練模式　(C)教師效能訓練模式　(D)現實治療模式

(　) 18. 陳老師班上有二位同學吵架，並相互指責對方的不是，此時，陳老師建議彼此不要追究，且要求二位學生為對方做一件好事，二位同學承諾並在之後完成這項行為。在處理過程中，陳老師不接受任何藉口，也未加以懲罰，且要求學生表現出具體的好行為，可視為哪一種班級經營學說的運用？　(A)金納（H. Ginott）的和諧溝通理論　(B)庫寧（J. Kounin）的教學管理理論　(C)葛拉塞（W. Glasser）的現實治療理論　(D)德瑞克斯（R. Dreikurs）的目標導向理論

(　) 19. 上課時如果有學生干擾課程進行，林老師通常會即時制止，並提醒學生表現適當的行為。林老師的處理方式較接近下列哪一種理論？　(A)尊嚴管理理論(B)果斷紀律理論　(C)和諧溝通理論　(D)現實治療理論

(　) 20. 運用果斷紀律理論的老師，在面對「數次叮嚀之後，學生小明仍然

在上課時和同學說話」的情境時，會採取下列何種說法或作法？
(A)「小明，你欠修理是不是！把嘴巴閉起來！」　(B)「小明，我已經警告過上課不可講話三次了，現在請你到後面罰站5分鐘！」
(C)「小明，我已經說過很多次上課不可以講話，你還是這樣，不要再講話了！」　(D)「有人上課一直講話，這樣會影響老師的教學，也會干擾同學的學習！」

答案

1.(C)　2.(A)　3.(B)　4.(A)　5.(D)　6.(A)　7.(C)　8.(B)　9.(D)　10.(A)　11.(D)
12.(C)　13.(D)　14.(A)　15.(D)　16.(B)　17.(B)　18.(C)　19.(B)　20.(B)

二、問答題

1. 李老師的班上有許多漫畫迷，他擔心學生看漫畫會影響課業學習，但又不想採取嚴厲強制的手段來禁止學生看漫畫。請問，李老師應採取哪些班級經營策略來引導學生學習呢？請列舉五項。

2. 教師在班級經營中，常運用的肢體語言有哪些？請簡要說明之。

3. 何謂邏輯後果？邏輯後果與人為的處罰有何差異？

4. 阿爾伯特的合作性常規管理提出「三C理論」，請解釋何謂三C理論並說明如何運用。

5. 柯恩所提出的建立社群模式有何特色？試說明之。

6. 內在紀律模式提出「紀律訓練的3R說」、「合理後果的RSVP」，請說明這兩項主張的內涵。

7. 法律紀律模式在處理學生問題行為方面，提出哪些主張或建議？

8. 請說明無壓力紀律模式如何處理學生上課時的不當行為。

9. 在這麼多的班級經營模式中，請問您比較偏愛何種模式？為什麼？

10. 柯老師在上課時，學生總是喜歡和老師抬槓，或聊天講話。王老師建議他使用果斷紀律模式，以維持班級秩序、教學進度和確保授課品質。請寫出果斷紀律模式的5項步驟，並說明其做法。

第**3**章

新學年開始的工作

　　班級經營有一種研究取向認為班級經營和教學是交織在一起的，且專注在預防問題而不是回應問題，這個取向稱為「班級經營即系統」，認為班級經營不是建立在控制和紀律之下，而是重視師生以及學生之間建立良好的人際關係，進而創造出一個正向的社會和情感的氛圍（方德隆譯，2014），包含艾佛森和海莉絲（Evertson & Harris, 1992）、艾默（Emmer, Evertson, & Anderson, 1980）、艾佛森和艾默（Evertson & Emmer, 1982）、科恩等學者的研究都強調有效的班級經營始於學校開學的第一天。從對國小及國中的研究之中，發現學年的開始對有效的班級經營是相當重要的，開學的前幾週是班級經營的關鍵期，尤其是第一週最重要。提倡果斷紀律模式的肯特夫婦，他們認為在學年剛開始幾天，學生總會表現最好的行為，因此這是在班級建立常規訓練的最好時機。新學年的開始，對於新生及重新編班的學生而言，他們心中會想老師兇不兇、對學生好不好，根據老師的反應而決定自己將如何表現。學生心中充滿著不確定感，教師應該好好地運用學生這種不確定感，建立班級常規及秩序，讓學生了解教師的期待，並同意所設訂的標準（周新富，2016）。除了班級常規的建立之外，導師還要在短時間內認識學生，而且要能叫出學生的名字；對於新教室還要規劃學習環境及進行布置。因此開學的前幾週新手教師是相當忙碌的，如果能夠掌握班級經營的要領，就可讓新班級很快上軌道。本章即探討新學年初期教師要如何優先處理哪些班級經營的重要事項，分別就相關研究及理論、開學前準備、教室布置、班級常規等事項作一探討。

第一節　相關研究及理論

　　在1970年代晚期，著重於紀律的班級經營模式受到學者及教師的反對，認為處罰和威脅只會讓學生產生暫時的順從。相當多的學者針對「如何在學年開始階段發展有效的班級經營」這項主題進行研究，建立強調以「預防」為主的新模式。這些研究或理論均指出學年一開始是建立有效班

級經營的關鍵期，教師要有系統地在學年開始前就做準備，然後持續一整
年（方德隆譯，2014）。以下就幾位學者的研究發現做一闡述。

 ## 壹　對國小教師的研究

美國德州大學奧斯汀校區的「師範教育研究發展中心」研究教師的班
級經營效能，從300個中小學教室的觀察中，依教師能否成功建立和維持
良好教室管理而區別出高、低效能組，高效能教師的班級特徵是學生高度
合作、工作的參與、課業的成功，依研究結果該中心編製班級經營手冊，
幫助教師開學初能有效地組織班級，建立班級高度工作參與和表現出適當
行為（Froyen, 1993）。其中艾默等人（Emmer et al., 1980）以八所國小27
位三年級班級為對象，研究教師在新學年開始如何進行班級經營，他們的
研究方法是用觀察法，在開學前幾週密集觀察，以後次數減少，幾個月後
班級之間有很大的差異，有些班級很少有管理的問題，有些則問題極多，
有效能與沒效能教師在班級經營的品質和學生成就有所差異。研究者繼續
觀看前幾週的錄影帶，了解有效能教師開學初如何進行班級經營，發展出
經營的原理原則；研究者教導新任教師這些原則，得到不錯的成效，應用
這些原則的班級教師較少有管理上的問題，學生也花較多時間在學習上，
學業成就也比較高（Woolfolk, 1995）。研究發現有效能的班級經營者有
以下幾個特色（Emmer et al., 1980）：

一、有常規和程序的計畫

有效能教師在新學期的前三週幫助學生調整內心期待，讓學生學習規
則和程序，不只討論班級常規，花許多時間在解釋和複習常規，而且演練
如何遵守程序，例如排隊、教學生對鐘聲等特別訊號的反應。相反地，無
效能教師沒有思慮周全的程序，大部分班級訂有班規，但教師大都直接告
訴學生班規和程序，沒有討論、教導和內化班規。

二、對學生行為的監督較嚴密

第二項主要發現是對學生行為的監督，無效能教師不會主動地監督學生行為，而且教師本人極為忙碌，沒有妥善運用學生的力量；有效能教師則經常與學生相處，且密切注意學生行為，一發現違反班規或程序則予以糾正，除本人之外，也透過小幫手協助，了解學生上課外的行為表現。

三、掌握新學期前三週的重要時期

新學期前三週對常規和程序的教導，會使學生慢慢接受這些規定，成為教室生活的行為模式。《國小教師班級經營》（Evertson et al., 2003）一書的第四章〈展開好的開始〉對開學前幾天安排的活動列舉許多實例，以下幾件事是有效能的教師在開學初期的班級經營所要做到的：1.對學生解釋並提醒常規；2.用各種方法來傳遞常規；3.指令具體清楚、一步一步交待得非常明白；4.教師監督學生行為，有不當行為發生時馬上處理；5.學期初不讓學生受打擾，如果有家長來，先安排好學生的工作，讓他們有事情做之後才去見家長；6.教師的時間控制良好，每當工作完成就會有另一個活動順利接續轉換。

 對國中教師的研究

莫克維滋和海曼（Moskowitz & Hayman, 1976）較早對學年開始的行為進行研究，其研究對象為14位高效能、13位初任國中教師。研究發現初任教師較少花時間在例行活動程序及活動，而高效能教師不只聚焦在開學前幾天的班級經營上，也清楚闡述常規和程序並讓學生練習，還確立違反常規或程序的行為後果。而影響力較大的研究為艾佛森和艾默（Evertson & Emmer, 1982）針對國中數學、英文教師各13位，從事為期一年的觀察研究，該研究依據開學前三週所得資料而區分為高、低效能二組，經過分析、比較之後，得知高效能教師的班級經營技巧有以下特點：

一、花較多時間在建立常規和程序

高低效能二組教師所花在建立常規和程序的時間相差約40分鐘，高效能組在教導上比較成功，會影印給學生或請學生抄在筆記本上。

二、對不當行為監督嚴密且立即處理

高效能教師對學生不當行為的處理是採用嚴密監督的方式，一發現學生有不當行為，則立即予以處理，並且與獎懲制度相結合，讓學生能順從常規和程序。

三、維持學生在工作上的責任感

高效能教師所教班級的學生較能完成教師所分派的工作，因為這些教師會追蹤學生是否完成作業、學業是否有進步，其班級強調工作取向，每天指派作業，要求學生上課做筆記。

四、重視溝通資訊的技巧

高效能教師重視溝通上的技巧，上課時能清楚地呈現訊息，給予學生引導，以達成教學目標；對學生行為的期待、交待的作業也經常溝通，讓學生了解原因及去除疑慮。

五、重視教學的組織性

高效能教師在第一週的上課進行的教學活動時間較少，用較多時間在學生的練習上。在開學前三週的差異，高效能教師做好充分準備，所設計的活動，學生有較高的參與；在上課的發問及作業的指派方面，高效能教師皆多於低效能教師。

 參　班級組織和經營方案

上述兩項研究為班級經營實務奠定基礎，並且發展成小學（Evertson

et al., 2003） 及中學（Emmer et al., 2003）的班級經營的著作，迄今仍被視為美國中小學及幼兒園班級經營重要參考資料（賴麗珍譯，2006）。艾佛森和海莉絲（Evertson & Harris, 1992）在上述基礎之下，共同發展出「班級組織與管理方案」（classroom organization and management program, COMP），協助教師發展一個班級管理架構與支持性的學習環境，認為教學與管理二者關係密切，有效能的經營者要能事先預防問題的發生。

這個方案對改善學生的工作參與、減少學生不當行為、增加轉換活動的流暢及提高學業表現頗具成效。方案共包含八項模組：1.組織班級；2.計畫及教導常規與程序；3.發展學生的責任感；4.維持良好的學生行為；5.設計與組織教學；6.實施教學與維持動力；7.展開好的開始（Getting off to a good start.）；8.氣氛、溝通和自我管理。第七個模組是探討新學期開始如何向學生介紹班級經營系統、如何帶領學生共同參與。與「組織班級」這項模組相結合，探討一開學要如何做好教學設備擺設、學生座位的安排、教室的布置等工作，在每學期開學之前，都要將這些建議納入考慮（Marzano, Marzano, & Pickering, 2003）。以下就這項方案的重點作一說明（周新富，2016；Evertson & Harris, 1992）：

一、特定的教學行為

有效能的班級經營者會設定學生學業成就的期望，並且為學生的工作進行適當的排序、調整、監控與回饋。在教學中這些教師會迅速處理學生的不當行為，以預防不當行為的擴散。

二、提早準備

讓學生在開學第一天就明確地了解班級的規則、程序與教師的期望，如此有助於學生課業與行為上的學習成效，所以教師在開學前就要準備好各項班級經營的規定，整個學年都貫徹這些規定及期望。

三、有效溝通

　　有效的班級經營是以有效的師生溝通為基礎，包括讓學生知道如何參與教室中的教學活動。因此在教學當中，教師不只呈現資訊，更需指出哪位學生、何時與如何參與。例如：我只請安靜坐好，且把書本打開到適當頁數的同學來朗讀。

四、不當行為的處理

　　教師能針對不同的行為採取不同程度的介入，對於輕度的不正當行為採用「低程度介入」，例如採用目光接觸、身體的接近、言語的提醒等技巧來處理。對於較嚴重的不當行為則需要「適度的介入」，例如採用撤除其權利或喜歡的活動、調換座位或隔離處分等處罰。對於很嚴重的不當行為則採用「廣泛的介入」，例如採用同儕調解與衝突解決、召開家長會議、調離現場、寫悔過書、寫行為契約書等。

 ### 王和瑞的教師效能理論

　　王和瑞（Harry K. Wong）夫婦合著《剛開學的日子：如何成為一位有效能的教師》（*The first days of school: How to be an effective teacher*）一書，認為教師最重要的字是「準備」，知道什麼時候要做好準備。而一學年的成功關鍵有二項：建立班級良好的控制、成為有效能的教師。班級控制的方法要掌握三項重點：知道你在做什麼（一致性）、建立教室常規及程序、知道你的專業責任。而要成為有效能的教師，則具有以下的特徵：對學生的表現有正向期待、良好的班級經營者、設計能促使學生精熟的教學活動（Wong & Wong, 2009）。在書中王和瑞強調在學年的第一天就要教導學生紀律及程序，也強調開學第一天安排座位、點名的重要性，這樣學生反抗的情形會比較少發生（郭明德等譯，2003）。

第二節 新學年的班級經營策略

　　由上述研究可以得知開學的第一天是相當重要的一天，這一天甚至可以為一整年定調（The first day of school year sets the tone for the year.）（Classroom Management Resource Guide, 2014）。初任教師或新進教師來到一所新學校，面臨新的環境及挑戰，如能做好開學的準備工作，則其教學生涯將獲得成功的經驗，對其教學承諾的發展有極大的助益。伯登（Burden, 2013）認為新學期的前三週可以為全學年班級經營奠定基礎，因為前三週是教師建立關係、訂定學習期望、強化班級常規及程序的實施時間（賴麗珍譯，2007）。本節將針對開學前、開學第一天、新學期前三週重要的班級經營策略作一探討。

 開學前的準備

　　學校經過約兩個月的暑假之後，通常在每年的九月一日前後開學，有些學校會訂定為期一週的「準備週」，讓老師有一週的前置作業，做一些開學前的準備工作，例如整理物品、布置豐富的教學情境及學習區等。以下為新學年開始之前的準備工作（周新富，2016；賴麗珍譯，2007；Burden, 2013）：

一、認識學校內外環境及資源

　　新進教師和初任教師必須先對學校的內外環境、教學資源有所認識，以便妥善運用相關資源，以下分別就校外及校內說明之。

㈠認識社區的環境

　　開學前先在學校四周的社區逛逛，除了知悉商店的位置之外，也了解社區內居民的居住環境、職業、休閒活動，再逐漸去了解社區內有哪些可以增進學生學習經驗的資源，例如銀行、工廠、郵局、圖書館、書店等。

㈡了解學校內部的環境

在開學前先要對學校內部的環境有初步的認識，例如辦公室、專科教室的位置要熟悉，也要知道有哪些教學資源、設備可以使用，學校的校史、規定和政策也要花時間去了解。對於學校內的行政人員及同事，教師也要儘快去認識，遇到問題以便尋求協助。

二、教學計畫的擬定與教材的蒐集

開學前教師要費心思索新學期要教導哪些課程、需要哪些教學材料，教學準備工作做得好，開學初期的教學才會充實緊湊，其具體工作說明包括：1.擬訂全學期教學計畫綱要；2.蒐集、製作或申購教學所需的教學資料；3.擬定開學前三週詳細教學計畫；4.備一份代課教師檔案夾，讓代課教師了解本班的班級常規及獎懲辦法。

三、建立處理不當行為的計畫

在開學之前教師要依據任教的對象，思考如何處理學生的不當行為，通常教師要思考以下三件事：

㈠要訂定什麼班級常規

班規是建立學生紀律的基礎，為讓其行為合乎教師的期望，教師要訂定幾條明確的班規，並澈底實施。

㈡對於每天例行活動的程序要做怎樣的規定

例行活動程序是指學生在校的生活中，每天都會面臨經常性、重複性的一些活動，教師要對活動的步驟及注意事項加以規定，這些例行活動有到校、早自習、上課、午餐、午睡、整潔活動、放學等，教師要針對重要的例行活動先想好程序要如何做規定。

㈢構思獎懲辦法實施計畫

獎懲辦法的制定是班級經營之中不可缺少的，對於遵守班規及程序的學生要給予怎樣的獎勵？違反者要如何懲罰？教師要在開學前將班級常規的計畫或構想制訂好。

四、為穩固的師生關係打好基礎

教師和學生所發展的關係是影響班級經營成效的重要因素，如果師生關係良好，就可奠定有效能學習環境的良好基礎。在學年開始之前，如果已經拿到學生名單及基本資料，教師可以做幾件事來打好師生關係的基礎：

1. 寄給學生一封個人信件，內容為自我介紹及歡迎學生加入班級。
2. 如想對學生有深入的認識，可以訪談以前教過的教師。
3. 教師要抽出時間閱覽學生基本資料，並能記住每個學生的重要資料，例如姓名、家庭概況、興趣和才能、健康狀況等。對學生的生日可以製表整理，規劃每學期辦理幾次慶生會，或是生日時給學生小禮物。

五、與家長的聯繫

開學前教師先要準備一份簡介信給家長，內容包括致歡迎詞、與老師的聯絡方式、班規、程序及獎懲辦法，開學後於親師座談會討論後交給學生帶回去請家長簽名確認。在取得學生的資料之後，教師可利用時間進行家庭訪問或電話聯繫，除了解學生的家庭狀況及父母的期望與態度外，老師也可以向父母說明學校的教學目的、課程規劃及教育理念。從家長的訪問之中，老師可以知道家長具備哪些專長，必要時可作為教學上的人力資源。

六、教室環境的規劃

教室內的物質環境包含師生座椅、櫥櫃、布告欄、書架、盆栽等，環境的安排必須具有彈性，隨時可以做一些變化，如依個人工作、分組工作、全班活動的需求而調整擺設。開學前對教室環境的安排可以獨自完成的事就先動手，有些事情則可於開學後交給學生來做。安排或規劃教室環境需掌握以下重點：

1. 教學、紀律有關的掛圖或海報要張貼的內容及位置。
2. 構思教室後面的布告欄的布置方式。

3. 設計學生座位安排、桌椅擺設的方式。

4. 如果教室空間夠大，教師可試著規劃學習區。

5. 教室如有櫥櫃，可以先調整好位置並貼上姓名貼紙。

6. 教室內外活動的空間或鞋櫃、空調等物品的清潔工作。

 ## 貳　開學第一天的重要活動

　　開學第一天是教師最忙碌的時刻，如果是國小新生則由家長帶著小孩到校，把教室擠得水洩不通，加上兒童新接觸陌生環境，產生分離焦慮，整個教室變得好熱鬧。國中新生雖沒有這麼混亂，教師們有忙不完的行政事務，教師如已做好充分準備，就能把紊亂的場面處理得極有條理。開學的第一天通常是開學典禮後，導師要利用時間處理行政工作、處理班務及做整潔工作。「班級經營即系統取向」的學者，認為開學第一天有三項主要目標要達成：認識學生、建立期望、激發學習熱誠。但不能花太多時間在認識學生的活動上面，大部分的時間還是要用在教學上（Classroom Management Resource Guide, 2014）。開學第一天教師所要注意及掌握的班級事務如下（周新富，2016；吳明隆，2013；Marzano, Marzano, & Pickering, 2003；Classroom Management Resource Guide, 2014）：

一、建立良好的第一印象

　　開學第一天教師要建立良好的專業形象，在穿著方面應力求端莊不可隨便，除表現朝氣、熱誠外，還要顯現專業能力；在面對家長的詢問時，能展現個人的親和力，很有條理地回答問題，讓家長及學生留下良好的印象。科任（專任）教師的第一節課，要讓學生知道老師喜歡上這班的課，樂意與學生共同學習，讓學生留下良好的第一印象，結束第一節課後，能期待下次課的到來。

二、師生自我介紹

　　教師先簡短的自我介紹，介紹自己的姓名、興趣及教學經驗，不需要

太詳細。再請學生介紹自己讓大家認識，除姓名外還要加上喜歡的活動、愛好，教師此時可以記下學生的興趣。對國小低年級的班級，老師可設計一些有趣的互相認識活動，如點名遊戲、我的朋友在哪裡，以促進學生對班級和同學的安全與熟悉感。有位教師實施一項活動稱為「開學日的信」（opening-day letter），他寫信給學生，信中介紹自己的興趣、告訴學生新學年的希望，再提出一些問題問學生，例如暑假做了什麼事、新學年有何目標、有何專長等，這封信於開學的第一天用投影機呈現給學生看，然後發給學生印好的信，並且要求學生回信給老師，要求學生談談自己，以及回答信中所提出的問題，這是認識學生的好方法。

三、安排座位並製作座位表

開學初可以排排坐為原則，等常規建立之後，再依教學需要變換座位型態。教師可先依高矮順序編排入座，坐定後再檢查是否妥當，排定後製作一張座位表，登記學生的名字，方便以後上課的點名。記得桌椅要配合學生身高、胖瘦，桌子和椅子的高度要配合。教師亦可以事先將學生姓名做成標籤，張貼在桌上，讓學生找到自己的座位，師生認識之後再調整座位。

四、認識教室內外環境

新生在開學第一天，因不熟悉教室內的設施及周遭的環境，所以要引導學生去認識一些重要場所及設施，例如鞋櫃、置物櫃、廁所、洗手臺、遊戲場所等，使用前老師先說明及示範使用方法，告訴學生鞋子怎麼擺放，家裡帶來的書包、外套、水壺放在哪裡？哪裡可以喝水？垃圾要丟在哪裡？讓學生早日熟悉校園環境。

五、討論班級常規和程序

第一天要立即討論重要的班規、例行活動程序及行為後果，確定之後立即將班規張貼在教室醒目的地方，以提醒學生。有時第一天沒時間處理，這項工作可在一週內完成。

六、處理行政工作

　　第一天有許多行政工作需要處理，點名是第一件工作，要學生舉手答「有」，讓老師可以清楚看到學生臉孔。此外可能有些班級還要發課本和習作、填寫基本資料、收發調查表等行政工作，教師要在有限的時間內迅速完成。

七、遴選班級幹部

　　班級幹部是老師的好幫手，能幹、負責、盡職的幹部可以幫老師很多的忙，可以為班上做很多事。新的班級同學之間可能不太認識，可由教師先指定幾位學生擔任重要幹部，等兩週或適當時間之後再重新改選。教師也可以多設一些小幫手或小老師，協助教師處理收發簿本等班務，讓學生有機會為班上服務。

八、分配打掃工作

　　開學的第一天教室可能有些髒亂，櫥櫃、桌椅、地板滿布灰塵，教師要把掃地用具準備好，清潔工作的分配也事先想好，在有限的時間內迅速分配打掃工作，大家一起動手把教室打掃乾淨。

九、安排值日生的輪值

　　教師需要值日生協助教室內的工作，因此要安排值日生的輪值方式，並且要列出值日生所要負責的工作有哪些，如關燈、關門窗、倒垃圾、植物澆水等。

十、實施安全教育

　　開學第一天尚未上軌道，對學生的安全要特別注意，如交通安全、飲食安全、整潔活動的安全、校園工地和死角的安全、陌生人的安全、遊樂和運動器材使用的安全、學習活動和學習工具使用上的安全等等。教師應隨時隨地教導學生，國小低年級學生最好不要離開老師的視線或讓他們任意行動。

新學期前三週的工作重點

　　開學的第一週有些學校稱為「開學週」或「準備週」，開學第一天無暇處理的事要在這一週內完成，通常這一週只能算是「熱身」，讓學生逐漸適應學校規律的作息，然後教導學生接受團體紀律的要求。在學期前三週要教導規則及程序，並嚴格執行，讓學生的行為符合教師的行為期待，而且養成習慣，學生往後的行為就能不至於失控。以下將新學期1-3週教學及班級經營的工作重點作一說明（周新富，2011，2016；謝素貞、邱宜麗、吳淑娟，無日期；賴麗珍譯，2007；Emmer et al., 2003）：

一、說明教師期待及上課的要求

　　新學期的第一次上課，通常中學教師會發給學生教學大綱，說明教師對學生學業上的期待，並對評分系統作一簡要的說明。第一次課可講授簡單的內容，讓學生得到高成功率，分組活動或複雜的工作先不要進行，直到建立良好的行為模式。下課前記得說明下課的程序，確定教材教具歸位且教室整理完畢，當下課鐘聲響起才能下課。

二、安排適應性的學習活動

　　對國小學生而言，情緒穩定、能適應、被了解和有安全感是學期初活動的優先考量，也是奠定未來課程活動的基礎，所以開學初學習活動的安排應以了解學生能力、建立其安全感和信賴感的遊戲為主，不必急於正式上課、做測驗、進行團體或個別的指導活動，應花時間讓新生認識班上學生、學校老師和學習環境。課程上不要安排太複雜的活動，但要有挑戰性，而且所有學生都能完成。開學初的幾天，學生的注意力較短暫，不宜安排長時間的工作。在國中方面，提供明確的評分辦法、討論家庭作業的評量指標、訂定教師期待的學習結果等，都是在這段時間所要建立的學業常規與程序。表3-1至表3-2為國中生開學前兩天的教學流程，重點放在常規的建立，而不強調複雜的學習工作。

表3-1　七年級數學課開學第一天的教學活動

活動	內容大要
自我介紹（2分鐘）	鐘響後，教師站在講臺開始自我介紹，內容包括成長歷程、任教時間、家庭狀況等。
行政工作（10分鐘）	點名，個別與同學討論姓名的正確讀音，填寫表格等。
呈現常規和教學要求（25分鐘）	收回填寫的資料，教師發下印好的常規及程序內容給學生，開始說明及解釋後進行討論，然後要求學生上課要做筆記，筆記列入評分。
內容活動（9分鐘）	教師在黑板上寫下一題數學題讓學生練習，要求學生在筆記本上算，教師巡視行間。
結束及下課（4分）	告訴學生停止工作準備下課，問學生計算完畢請舉手，然後收回筆記。下課前告訴學生注意今天所說的規則和程序，適用在每次的數學課，每次上課都會指派練習題作為作業。等鐘聲響起後下課。

資料來源：Emmer et al.（2003, pp.69-73）

表3-2　七年級數學課開學第二天的教學活動

活動	內容大要
打鐘前	教師進入教室，提醒學生昨天所講的常規。
第一天的程序和熱身（5分鐘）	教師點名，給新來的學生填寫資料。教師將練習題寫在黑板或投影在銀幕上，學生開始計算。
檢查作業（4分鐘）	學生交換作業，教師帶領學生檢視作業，完畢後收回批閱。
行政工作（3分鐘）	教師宣布重新分配座位，以名字第一個字母的順序，要求學生到指定的座位。
呈現教學程序（12分鐘）	說明評分及家庭作業的實施辦法，呈現計分表，每六週算一次平均成績。
內容活動（27分）	發學習單，讓學生先自行練習，教師講解學習單的內容後，再讓學生自行練習。
結束及下課（3分）	收回學習單後討論筆記本要記的內容，等鐘響後下課。

資料來源：Emmer et al.（2003, pp.69-73）

三、建立良好的教室氣氛和師生關係

開學初是師生彼此建立關係，讓學生接納老師和班級的重要關鍵時刻，而良好的班級氣氛和師生關係是建立在師生相互尊重的基礎上，教師對孩子應具有「無條件的積極關注」的態度，接納、關心學生，這樣將能獲得學生的信賴和親近。教師可以採取的具體行動如下：

㈠認識學生

開學前幾天是教師認識學生的最好時機，美國有些中小學會設計一些活動讓學生認識老師，例如教師表演技能或才藝給學生看，可以用開畫展或音樂會等方式，活動目的在幫助學生認識學校教師，先接受老師才能及技藝，再接受教學能力。同時教師也要認識學生，除知道學生的名字外，也要知道學生喜歡及不喜歡的活動、家庭狀況、人際關係，得到這些資訊的方法是填寫調查表、多觀察、多與學生談話、多與家長聯繫，教師了解學生可增進更好的師生關係。教師不妨試著以下列方式來認識學生：

1. 點名時詳細觀察並記錄每位學生外表特徵，藉以加深印象，幫助記憶。

2. 繪製座位表放置講桌上及教師辦公桌上，用來默記學生的姓名。

3. 經常翻閱綜合輔導紀錄表或自行建置的學生基本資料，透過資料了解學生家庭背景、健康資料、學業成績、行為習慣、興趣、專長等。

4. 發作業或學習單時一個一個唱名，請學生來領取。

5. 開學一段時間後可以實施社交測量法來了解班上的人際互動狀況，也可實施「優點大轟炸」的活動，來了解班上同學的優點。

㈡讓學生相互認識

學生相互認識的第一步是自我介紹，但這樣印象還不夠深刻，教師可透過分組教學、進行相互認識的遊戲或經常以唱名方式點名，讓學生先相互認識姓名，然後再一齊玩遊戲和互相談論感想。

㈢輔導新轉入的同學

轉學生對新學校、新班級的種種規定及設施全然不知道，為幫助轉學

生很快適應新學校的生活，老師應利用時間，檢視物品表冊是否齊備，告訴他們有關學校、班級的重要規定事項，並請班上熱心的同學從旁協助。

㈣召開親師座談會

成功師生關係的關鍵面向是成功的親師關係。新學期開始，家長都很想知道學校或導師的一些要求和規定，家長也想讓教師了解孩子的情形，同時教師也很希望聽聽家長的期望或意見，所以開學初應儘早召開親師座談會。在座談會中教師可說明自己的帶班理念、管教後果及期望家長配合事項，以後如果因為學生問題而需要打電話給家長時，家長也比較願意配合教師的請求。

㈤持續教導或複習班級常規和程序

開學第一天與學生討論完班級常規和例行活動程序之後，第二次上課仍然要持續地教導，前三週導師或任課教師能再三地複習與討論，讓學生能熟記這些規定。

第三節　教室環境的規劃與布置

教室環境（classroom environment）主要可區分為物質環境與心理環境，前者指硬體或各項有形的物質，後者指班級成員的心理感受或團體氣氛。教室物質環境所包含的層面很廣，例如採光、通風、溫度、色彩、桌椅排列、櫥櫃的擺設、學習區域的規劃、美化與綠化、教學設備與材料的管理等等，都是這個主題所要探討的範圍，這些物理環境都是為了達成教育目的而設計。然對大多數教師而言，根本沒有影響教室建築設計的餘地，因為通常教師擔任教職時，校舍大都早已完工，在從事教學工作時只能接受既有的環境，所以有些硬體設施很難去更動，教師能發揮所長之處在於如何透過規劃與管理，讓教室環境充分發揮出教育的功能（周新富，2016）。本節即從組織教室的理論與原則、教室布置實際做法、教室座位的安排、設備與教材的管理等四部分來探討。

組織教室的理論與原則

教室環境的規劃與布置是改善學習環境、預防行為問題的方法之一，班級經營的研究顯示環境布置會影響教師和學生的行為，規劃良好的教室能改善學生學業和行為結果，規劃不當的教室未能支持教學活動，反而會對學習造成干擾和限制。布置良好的教室環境是一種有效的教學管理，因為可以預防學生問題行為的產生及建立專心學習的氣氛（Levin & Nolan, 2010）。以下針對組織教室的理論與原則加以探討。

一、高登的環境調整理論

高登（Gordon, 2003）提到教師可以使用某些措施以調整教室環境，從而防範或消除一些學生的不當行為。教師直接從教室環境的調整著手，便可以增加「教與學」時間，其環境調整理論的重點如下（歐申談譯，2013；Gordon, 2003）：

㈠富化環境

富化教室環境使學生得能有多種多樣的刺激、選擇，從而減少倦怠感及其無可避免的後果，例如使用彩色燈光、播放音樂、作實體演示、邀約外賓演講等。

㈡貧化環境

有時候學生不當行為是因環境提供了太多的刺激，教師可採用貧化環境的做法，例如減弱室內光線、把與教學無關器材都收起來、為器材排列時間表並限制使用時間、規定「寧靜時間」。

㈢限制環境

有時候學生行為之所以不可接受，只因該行為發生的地點或時間不妥，團體生活是需要管理的，學生通常都願意接受限制。以下幾項構想可供教師作為限制環境的參考：指定某區域從事某種活動、限制學生於同一時間在同一地點的人數、為設備的使用編排輪流表、規定學生欲參加某種

活動先在名單上簽名。

㈣擴大環境

有時候學生不當行為是因環境受到限制或因時間過長而引起，這時要擴大環境，例如利用圖書館設備、使用小老師、使用小組教學以減少施教人數等。

㈤重新布置環境

有時學生的問題是由於環境布置欠妥，這時教師的做法如下：把無用的器材搬走、為方便討論起見把課桌椅擺成圓圈、將需嚴密監督的危險器物置於學生伸手不可及的地方。

㈥簡化環境

環境過分複雜會造成學生負面的影響，教室環境也可能由於過於複雜而使學生難以適應，教師可以採用以下簡化環境的做法：1.將學生應用的材料、書籍、工具以及設備放在他們拿得到的地方；2.修訂各種手續與規則，化繁複為簡單；3.去掉不用或罕用的設備、器材。

㈦環境的制度化與事先策劃

消除混亂與避免重複的最簡易方法之一便是訂立制度，以事先幫助學生知道應如何作為。例如使用「掛號」方法安排學生與教師個別談話的時間、對複雜的實驗或機械裝置與拆卸過程繪製「流程圖」加以說明、對一些經常發生的問題預先安排處理的方法。

二、教室布置的原則

教室空間的結構與學生桌椅如何安排、教室成員如何走動、師生互動及整體對氣氛和秩序的感受等班級經營內涵有關聯。艾佛森和海莉絲（Evertson & Harris, 1992）提出三項有效組織教室的原則：能見度（visibility）、可接近性（accessibility）和分心（distractibility）。說明教室空間的組織在使教師能看到教室所有學生的活動、學生也能看到黑板或投影片，教師在教室能運用「接近控制」的策略來維持學生的注意力，同時布

置要能最小化學生的分心。教室環境的布置，除了講究美觀、實用、經濟和整體性外，更應著重安全性和教育性。以下歸納組織教室物理環境的幾項原則（朱文雄，1997；周新富，2016；Emmer et al., 2003）。

㈠規劃與布置要與教學活動相一致

教室空間的使用方式，會對學生如何參與課堂活動產生影響，因此教室座位的安排、教材及設備的放置等，都要與教師主要的教學活動形式相結合，例如教師的主要教學活動是講述、示範、背誦，則學生座位的安排就要能清楚地看到主要教學區，教師上課時需要靠近教材教具放置區，以能輕易取得所需物品。如果教師使用的教學形式為分組活動，則座位的安排要能方便組內同學的討論與互動。

㈡規劃與設計要以安全為首要考量

安全是組織教室環境最重要的目標，學生要在教師視線範圍內活動，因為有些學生不敢提出問題，不知如何向老師請求協助；教室內外的通道必須潔淨和寬敞，尖銳、細小的物品是潛在的危險物品，設備要用圓角、無毒的油漆，等等考量都是為了學生的安全設想。

㈢教室要走動容易且儘量騰出空間供學生使用

學生進出頻繁的交通要道，空間要大一些，讓學生走動容易，例如團體討論區、垃圾筒、大門、書架和物品區等。桌椅、櫥櫃等教室內設備之擺置，應考慮是否占用太多空間，教室中很少用或不用的桌椅、櫥櫃，儘量移走，以免占用教室空間。

㈣教師能清楚地看到每個學生

上課主要是教師與學生的溝通互動，所有學生要面對老師，不論是團體教學、分組學習或個別習作練習，不論是哪一種形式的座位編排方式，教師都要能清楚地看到角落的每個學生，才知道學生是否安全或參與活動。如果教師需要轉身寫黑板，也要側著身體注意學生的動作，了解哪位學生需要協助或有潛在的危險。

(五)學生要能清楚地看到教師呈現的教材

教師不論是用單槍投影機、板書等形式呈現教材，每個學生能在不用移動桌椅或伸長脖子情況下，即可清楚地看到和聽到，所以最後一排的學生要在正常音量和視覺所及範圍之內，不能距離太遠。

(六)教材及設備要容易取得

常用的教學設備及材料應放在老師、學生容易取得的地方，以節省時間；如果置物櫃經過妥善規劃，學生將能很快學會將設備或教材放在固定的位置。

(七)教室環境要能引起師生的興趣及愉悅

教室環境要能引起學生和教師的興趣及愉悅，所以要注意家具的擺設、顏色、光線，教室內增加藝術品的展示及綠色植物的擺設，讓教室環境顯得寬敞、舒適、美觀、明亮。教室內的布置除了些許的裝飾外，每一種布置應具有教育的功能，亦即教師的任務在創造一個「學習的」環境，而不是「漂亮的」環境。

(八)教室布置要讓學生參與

教室布置不是全由教師一人包辦，要讓學生一同參與，特別是布告欄的部分，留幾個空白的布告欄，開學後讓全班學生思考如何規劃和布置，也可以將學生分組，在教師的指導下輪流擔任主編，讓學生體會自己動手做的喜悅，同時學會負責的態度。

貳　教室規劃與布置的具體做法

教室是個吸引人、令人覺得舒適的地方，教師有責任營造怡人的環境讓學生有安全感和溫暖的感受，以教室布置的內容看，舉凡教室內的公布欄、黑板、櫥櫃、窗臺、教室角落、走廊、老師辦公桌等，都是布置的對象（鄭玉疊、郭慶發，1998），所以教室布置的內容相當廣泛，以下分項說明之（張新仁，2000；周新富，2016；Edwards, 2004；Emmer et al.,

2003）：

一、整體環境

　　整體環境包括窗簾的安裝，窗臺的綠化、牆柱的美化，櫥櫃的擺設、課桌椅的放置等，教師可在閱讀角地板鋪設地墊，讓教室感到溫馨及舒適。教室內可擺設一些綠色植物，或是用綠色的假花假樹裝飾，師生可因植物轉換情緒、放鬆心情。音樂有令人放鬆的感覺，提供背景音樂有助學習。圖3-1為教室空間規劃的參考圖，可作為規劃教室空間的參考。

圖3-1　教室空間規劃圖

二、牆壁和天花板

　　牆壁可以展示學生作品、教學相關資料、張貼標語或圖片，也可以掛上時鐘、裝飾品及其他有趣的物品，其中最常使用方式為將牆壁設計成布告欄。天花板亦可吊掛一些裝飾品，如風鈴，或吊掛學生設計的作品，但件數不宜太多，位置最好選在空曠的角落。

三、布告欄

　　布告欄通常位於教室後方，一般劃分成三種不同性質的布置：1.張貼班級常規、學校通知事項、政令宣導、活動海報等，最好用浮貼方式張貼，要求各幹部、小老師在階段時間公布後必須移除，增加空間的利用。2.作為單元教學布置，針對正在進行教學的各單元重點，以有趣的圖片或實物加以設計，或是影印一些與教學有關的參考資料，教師可指定學生分組按月更換內容。3.用來展示學生的作品，或規劃成為榮譽榜，將好人好事、拾金不昧、好榜樣、乖寶寶等個人優良表現張貼出來，以收見賢思齊之效；也可張貼班級在學期中所得到的獎狀。空白的布告欄設計好之後，開學後將相關資料陸續張貼上去，但切記不要太過分地裝飾教室，太多的東西會讓學生上課分心，也使教室看起來略顯雜亂無章。

四、地板空間

　　安排家具和設備要掌握一這項原則：教學時能從不同的區域看到學生，學生也能很容易地看到黑板或銀幕。如果教室面積小，則移去不必要的桌椅或設備，把罕用的資料放在儲藏室。在布置的同時，教師檢視教室的空間，找出全班教學時所要站立的位置。這個部分可以細分為以下幾項：

㈠學生桌椅的布置

　　學生桌椅有多種布置方式，開學前先採用傳統直線排列的方式，等到都認識學生，及常規建立之後才變換座位。教室的交通動線要流暢，桌椅要足夠，損壞的桌椅要送修。

㈡教師桌椅、資料櫃及其他教學設備

教師桌椅的放置不要放在教室前面，教室的後面會比較恰當，這樣可實施個別學生的指導或個別談話，學生比較不覺得害羞，也可觀察學生的表現。教學所需要的設備、器具或材料則要放置在教學區附近，以方便就近取用，較少使用的物品則收至資料櫃或貯藏櫃裡面。

㈢書櫃

書櫃可放置書和雜誌，提供學生於活動轉換時間翻閱，位置要放在教室明顯的地方。教師可成立班級圖書館，鼓勵學生多閱讀課外讀物，但需將學生分組或培訓一兩位同學負責借書及還書的登記。為促使書籍定期更新，可以鼓勵同學捐書，一段時間後帶回。教師可運用獎勵、表揚等方法，讓學生有成就感，願意積極參與班級圖書事務，養成良好的讀書風氣。

㈣植物及其他特殊項目

有時教室內外會擺設綠色盆栽來綠化，較常見的是走廊的綠化。有時候為因應節慶或課程，教室內會擺設聖誕樹、寵物或魚缸，這些物品能增加教室樂趣，但要放在不使學生分心、不會干擾到教學活動的地方。

五、置放物品的空間

有些教室會有鞋櫃及私人物品的置物櫃，鞋櫃通常放在門口附近，教室門口是學生每天上學時首先踏入的地方。私人物品放置櫃放在左右兩側或教室後，教師要讓學生在進教室後先放好私人物品，再進行其他活動。教室裡也要有放置教科書、教材或教具的置物櫃，經常使用的物品可放在教學區附近的櫥櫃，較少使用的物品就放置離教學區較遠的角落。

 ### 學習區的規劃

教室布置另一項重點工作是學習區的規劃，學習區（learning centers）或稱為「角落」，在這個學習環境中，學生能依自己的興趣、能力

與發展階段，有效地且有系統地完成某種學習活動（戴文青，1996）。以下為規劃學習區的重點：

一、學習區的內容

學習區可以規劃的內容很多，例如圖書區、益智區、運動區等，在規劃上以不需購買教材及設備為原則。在小學階段，學生通常到角落進行閱讀與科學等活動；國中教室雖然不設角落，但班級學生人數減少之後，教室空間變大了，教師即可發揮創意，設計出適合學生的學習角落。以下列出適合國中小階段的學習區內容（林進材，2005；周新富，2016）：

㈠閱讀區

此區應設於教室的靜僻處，遠離人來人往的通行要道，可以設置在書櫃附近，讓學生可以就近取得書本，周邊可以鋪設軟墊，再放置幾張桌椅，讓學生休息時間到此翻閱課外讀物。

㈡科學區

讓學生從事簡單的實驗、觀察動植物及自然現象，讓學生可以進行探索活動。

㈢電腦區

放置桌上型或平板電腦，要能連上學校的Wi-Fi，讓學生可以利用下課時間上網找資料，或是撰寫報告。老師也可以「上網時間」作為增強物，讓表現好的學生可以於特定時段上網。

㈣遊戲區

讓學生可以在這裡進行下棋、塗鴉、聽音樂等活動，但不能干擾到同學的學習或休息。

二、學習區的管理

學習區如果沒有妥善的管理，很容易看到以下情況：書本丟得滿地都是、雜誌缺頁、各區的材料常混雜在一起、電腦故障未修等，教師只好

不停地幫學生收拾物品。遇到這些情況老師可能會大發雷霆，改善之道不外乎事先的預防及事後的補救。學習區的管理策略說明如下（戴文青，1996；Brewer, 1992）：

1. 應該安排在遠離主要的走動區，而且是在教師可以輕易看到及監控的地方。

2. 規定開放時間，例如下課時間或是午餐過後。

3. 使用人數及時間要加以限制，避免人數太多或被某些同學「霸占」。

4. 適度調整學習區內容，尤其是當學生不感興趣時。

 ## 肆　教室座位的安排

教室內學生座位的安排方式與學生參與課程的程度有密切關係，一般而言，坐在前面及中央的學生參與度比較高，與教師的互動比較多，有時教師會在講桌旁安排特別座，讓上課不專心的同學坐到這裡。座位是學生從事學習活動的地方，當實施不同的教學活動，座位就要跟著調整，例如講述教學與合組學習的座位就有不同的安排。以下針對如何妥善安排教室座位作一說明：

一、教室座位安排的目的

當我們在安排教室布置時，要決定在哪裡放置不同的櫥櫃和教學設備，當我們在決定學生要坐在哪個位置，我們必須思考不同的安排對學生行為有何影響，期望能達到以下三項目的（Ormrod, 1995）：

㈠讓學生的分心降到最低

學生上課說話、玩弄玩具、教師在安排教室方式可以某種程度降低學生不專心行為發生，例如：將愛說話的學生調整座位，把引起學生興趣的教具收好，通道加大，不要在走動時受到干擾。

㈡促進師生的互動

教師必須以某種方式安排桌椅，使教師、學生能很容易見到對方，而且互動方便，越靠近老師的位置越專心，與老師的互動也越多，對班級活動的參與較投入，所以老師會把習慣犯錯、不專心的學生調整到老師前面的座位。

㈢監控學生學習狀況

當進行教學活動時，老師需要能看到全部學生，即使是個別學生或分組教學時，當看到學生傳達出迷惑、挫折或無聊的訊息時，教師最好能立即處理。

二、教室座位的型態

學生座位的安排是相當重要的，不同座位安排會影響行為，教師要了解座位安排影響師生互動和學習結果。座位安排要與教師的教學意圖相結合，例如要限制學生互動，讓學生獨立工作，排排坐是很適當的，要學生進行討論，圓形的安排是最好的（Edwards, 2004）。通常學生的注意力不易維持太久，所以上課時狀況很多，例如講話、走動、玩玩具等行為經常出現，在規劃學生座位型態時不能不把學生的身心發展狀況及行為表現列入思考。以下列出幾種最常見的座位型態，並分析其優缺點。

㈠行列的座位型態

最傳統、最常見的座位型態是的行列（row and column）式，如圖3-2所示，這種座位最適合教師希望學生只注意一個方向時採用，以利教師照應全班學生，在演講或復誦，或是全班在進行座位練習時，最適合採用此種形式（單文經，1998）。許多中學教師偏好這種形式的座位，要轉換成合作學習小組討論形式是有些困難，但是如果實施兩兩配對的合作學習倒能快速因應。

學生面對黑板，行與行之間保持距離，這種座位型態前排和中央地帶的構成「行動區域」（the action zone），教師和學生互動最頻繁、參與最多，學生表現最好的工作行為、最好的態度，易達成高學業成就。區域外

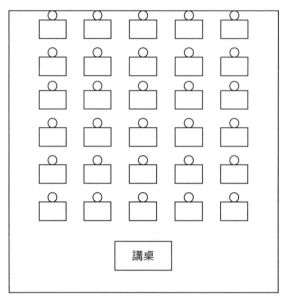

圖3-2　行列座位

的是低自尊的學生，與教師太靠近有恐懼感，這些人上課不專心，通常是學業失敗者，教師對這些學生監督較鬆，同意學生不參與班級活動（Edwards, 2004）。如何解決座位型態所衍生的問題？雷恩（Rinne, 1997）提出教師改變位置的主張。傳統老師的位置是站在教室前面，行動區域內的學生參與最多，教師要改變在教室內的位置，如果需要的話可以拿著教材四處走動。當改變教室行動區域，學生坐在「前面和中央」的新位置將有更多的互動，參與更多的雙向溝通，教師可以全教室移動的方式控制學生的參與，這就是運用行動區域理論來促進學生的參與。

（二）半圓形的座位型態

如果要進行講述教學、戲劇表演、同樂會、全班討論等活動，可將座位排列成半圓形，如圖3-3所示，教師便可隨時走到中央地帶，從事溝通與教室管理（張新仁，2000）。其優點為易於控制教室秩序、注意每個學生的反應、學生的參與感較強；其缺點則是如果老師不能前後來回走動，只一直站在正中央位置，則坐在兩旁前面座位的學生往往會成為死角（李

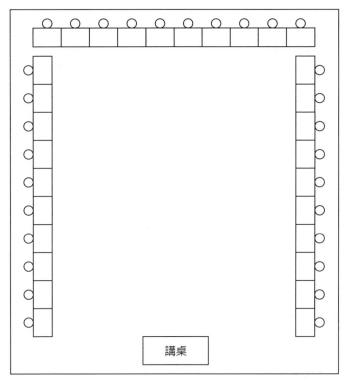

圖3-3　半圓形的座位

佳琪等，2000）。雷恩（Rinne, 1997）認為學生坐成大圓圈或半圓形較容易分心，大於10人的團體這種坐法會增加老師與學生的距離，教師不好移動，半圓形座位雖然教師可以看到每位學生，這樣安排較少有不當行為，但較不能集中注意力。

　　㈢分組座位型態

　　除全班教學之外，教室中的教學活動還有分組討論、小組教學、個別化教學等活動，其座位的安排型態不同於大團體教學，教室內可以規劃出一個區域作為小組教學或個別化教學，以進行補救活動。當全班進行分組教學、合作學習時，就要將全班調整成四到六組，每組4-6人，這稱之為叢聚式（cluster）座位型態，如圖3-4是適合分組教學的座位型態。

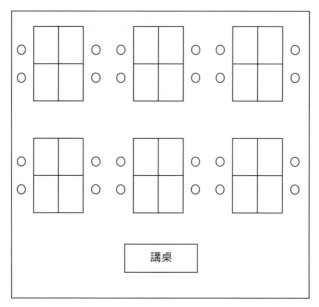

圖3-4　每組四人的座位

三、座位安排的方式

學生個別座位的安排不是整學期固定不變，可以視學生的行為表現調整座位，例如上課愛說話的學生可以調離，容易分心的學生可以調到前排。通常學生座位的安排方法有以下幾種（林進材，2005；周新富，2016；Rinne, 1997）：

㈠按身高排列

依學生身高的高低安排學生的座位是最多教師使用的方式，矮的同學坐前面，高的同學坐後面，其優點是前面的同學不會擋住後面同學的視線。

㈡自由選擇

座位由學生自由選擇，學生可與其好友坐在一起，就人際關係的觀點而言，對同儕感情的增進有所幫助，但缺點是上課愛說話的同學坐在一

起，低成就的坐在角落或後面，人緣不好的沒有人和他坐。自由坐會製造出許多問題，減少學生注意力，造成班級秩序不易控制，提升注意力的策略是維持對學生座位的控制，所以這種方式只能在一些活動課程，或是作為獎賞的方式，讓好同學可以坐在一起一至二週。

㈢抽籤

教師先做好教室座位的籤，抽到那個座位的同學即對號入座，教師再對特殊學生調整其座位。

㈣教師指派

教師指派是教師依據學生名冊做好姓名貼紙，再張貼在桌椅上，開學時學生一進入教室就找自己的座位，等二至四週之後，教師能認識學生再調整座位。教師可用身高排列方式作為安排座位的原則，再結合指派的方式調整部分學生的座位。

㈤定期輪調

依據教室行動區域的理論，教師最好能定期實施輪調的方式，最常用的是排與排的輪調，也可採用不同座位方式補救之。座位排定後，馬上要填寫座位表於在講桌上，並提供給任課教師，以利常規管理。

 ## 伍　不當的座位安排方式

良好的座位安排方式對學生的學習態度及學習效果會產生正面的影響，相對地，如果座位安排欠妥的話，對學生也會有不良的影響，以下幾種不當的座位安排方式教師應避免之：1.依能力安排座位；2.男女分排坐；3.固定按身高排列（李佳琪等，2000）。依能力安排座位主要是激發學生的競爭，只要考試成績較佳就能坐到中間排，但對低成就的學生不公平，有被教師冷落的感覺。甚至有些教師還標示出天堂區、地獄區、健康區、癌症區，容易形成標籤化作用。

陸 教室物品的管理

　　教師除將教室布置成美麗、溫馨的學習園地之外，平時也要做好教室內各項物品的管理工作，教室內的物品包含營養午餐的餐車、課桌椅、儀器設備、教材教具等有形的物質。艾默等人（Emmer et al., 2003）就具體列出教室內的用品有以下幾類：1.教科書及其他教材，如字典、書籍等；2.經常使用的物品，如打掃用具、粉筆、板擦等；3.教師的物品；4.電腦、單槍投影機等儀器設備。這些設備和教材教具，在管理時要掌握以下要領（林進材，2005；林榮梓、楊喬羽，2003）：

一、課桌椅

　　保持整潔，要求學生不在抽屜裡亂堆雜物，教導學生只要離開座位，一定要將椅子放進課桌下，要嚴格禁止學生在桌面上寫字或亂畫。教師的桌子、抽屜、櫥櫃等要加以整理，避免對學生有不好的示範。學校總務處會訂定課桌椅的使用辦法，教師要配合學校的制度來運作。

二、教學設備

　　投影機、電視機、手提錄放音機、電腦等設備要確定可以使用，有損壞立即送修，這些器材要妥善保管，避免失竊。教學設備的清潔工作也是重要的工作，要定期擦拭灰塵。

三、教學用具

　　黑板、板擦、粉筆或白板筆是上課最常用到的教學用具，下課時可安排值日生或小幫手擦拭，要禁止學生拿粉筆在黑板上亂畫，以免造成浪費。教室內如有地毯，則要用吸塵器定期整理，學習區也要指定專人定期整理打掃。這些工作可與班級的整潔工作相結合，適度地把工作分配給學生，讓他們從小就開始學習勞動教育。

四、櫥櫃

書櫃應放在適當的位置，以供學生取用方便，架上的書最好依類別排放整齊。教室內的櫥櫃除書櫃外還有置物櫃、工具櫃、講桌等，老師可建立認養制度，每一件物品請一位專人看管，認養制度可以和美化綠化工作相結合。

五、打掃用具

教師可購買自黏標籤紙，在打掃用具適當位置黏貼使用者班級、姓名，再用透明膠布密封，延長標籤壽命。用具損壞，通常須由各班的班費來購買，惡意破壞者則需負責賠償。

六、其他物品

教室內如有窗簾、地墊要記得定期清洗，布告欄張貼的資訊要經常更換，書籍破舊掉頁則要黏貼或裝訂，教室內零碎的事情相當多，有賴教師細心地處理。

創新班級經營案例（一）：在新學年度的相關準備工作

正老師（2017）在新學年度重要的準備工作有以下幾項：

一、了解班級概況

開學前先閱讀輔導紀錄本，從8月中開始進行家庭電話訪問，了解學生學習狀況、身體狀況或人際關係是否有需要特別注意的地方。

二、教室座位安排

有試過小組坐、兩人坐、三人一排坐，也有試過ㄇ形座，哪一種最適合自己的教學方式，可以嘗試後再調整。ㄇ字型的好處是該專心聆聽時抬頭就可看見老師，當需要討論時，內圈後轉就馬上可以進行。

三、教室角落規劃

幻想可以有一個獨立的遊戲角，上學年就用帳篷和櫃子當作屏風隔成小空間，但是教室變得比較窄小。

五、給家長的一封信及資源調查

給家長的這一封信，是要讓家長知道老師的用心良苦，以及班級的規範。資源調查除了人力外，也調查家長可以提供的資源，充實教室物資，如洗手乳等。

六、掃地工作安排

安排內外各一位打掃長幫忙老師注意掃地區域，並進行檢查。班級值日生的工作也很重要，會安排一位同學來督促值日生完成工作。

創新班級經營案例（二）：教室布置比賽

學期初要教室布置比賽，同學意興闌珊，以往教室布置都是學藝股長和少數同學出力完成的，這次換個方式，大家集思廣益合力創作，以小組比賽的方式進行。老師預先規劃六個區域，將全班分成六組，各負責一個區域。活動的總召集人仍為學藝股長，負責統整各組設計的內容。教師說明完成期限及基本規則，並提醒各組使用的材料費要列出收據或發票，比賽後向總務股長請領。

工作開始先由各組選出組長一人，以抽籤或意願安排各自的布置工作，各組分工如下：1.相片組，負責拍攝或蒐集有關班上的生活照，一個月換一次；2.新知組，製作有關文學、休閒、體育等各方面的資料，加入美工，一個月更換一次；3.美術作品組，請美術、家政老師選擇優良作品以供張貼；4.榮譽組，班上有同學得獎時製作紅榜公告在班上，或張貼段考前十名及進步前五名的名單；5.公告組，負責張貼各處室發下的通知及文件；6.保管組，負責教室布置的維護及整理。學期末可以票選出最賣力盡責的組別予以獎勵，但不能選自己的組別（徐雅楓主編，2001）。

自我評量 ....

一、選擇題

(   ) 1. 下列何者是最有效的預防型常規經營策略？ (A)隔離愛講話的學生 (B)剝奪學生下課自由活動的時間 (C)學生做好清潔工作時給予鼓勵 (D)教學風格生動活潑而且有趣

(   ) 2. 下列何種班級情境佈置對學生的學習最有助益？ (A)定期更換節慶活動圖片或照片，以營造歡樂氛圍 (B)大量張貼優秀學生的學習單或作品，以展現教學成效 (C)配合課程張貼每位學生的學習作業，以收相互學習之效 (D)張貼各式各樣標語或行為準則，以規訓學童不良舉措或品行

(   ) 3. 何種紀律模式認為在學年剛開始幾天是建立常規訓練的最好時機？ (A)法律紀律模式 (B)果斷紀律模式 (C)正向紀律模式 (D)合作性常規管理

(   ) 4. 王和瑞（Harry K. Wong）夫婦認為在學年一開始的時候所要掌握的班級經營重點為何？ (A)教導學生紀律及例行活動的程序 (B)建立良好的教室氣氛 (C)認識學生及促進同學的相互認識 (D)妥善處理行政工作

(   ) 5. 艾佛森和海莉絲（Evertson & Harris, 1992）在「班級組織和經營方案」中，針對學年一開始的做法提出四項建議，下列選項何者錯誤？ (A)對常規、程序和後果做好計畫 (B)有系統地監控學生學習工作和行為 (C)安排適應性的學習活動 (D)與學生溝通教師的期望

(   ) 6. 班級經營的起點在於教師先要？ (A)認識家長 (B)認識課程 (C)認識學生 (D)訂定班規

(   ) 7. 請問下列哪一個是屬於預防性的班級秩序管理？ (A)運用走動和停駐 (B)增強與消弱 (C)適時發問 (D)改進教學

(   ) 8. 以下有關教室布置的描述，何者正確？甲、教室布置首應考量學生的安全和健康 乙、教室布置應配合課程和學習需要適時更新 丙、繽紛和變化的布置將妨礙學生的專注，因此教室情境應簡單

和不變　丁、為避免窗外人員走動干擾學生專注力，應將靠走廊的窗戶貼滿窗花　戊、讓學生參與教室布置，可刺激其創作和發表意願，並培養負責的態度　(A)甲乙戊　(B)甲丙丁　(C)甲丁戊 (D)乙丁戊

(　　) 9. 張老師在下課時無意間發現小明很喜歡在黑板上塗鴉。下列何者是較適當的處理方式？　(A)劈頭便罵，要小明不要在黑板上面亂畫 (B)不以為意，因為那只是小明的個別喜好而已　(C)了解塗鴉的內容，將他的興趣與學習內容結合　(D)走到黑板前看清楚，只要沒有寫罵人的語句就可以了

(　　) 10. 下列何種教室座位安排比較適當？　(A)依照能力的高低　(B)採男女分排座法　(C)按固定身高排列　(D)異質分組式排列

(　　) 11. 有關「教學步道」的規劃與設計，下列哪一項敘述正確？　(A)教學步道旨在美化校園，和環境布置的旨趣相同　(B)教學步道的內容不必配合課程，以增廣學生視野　(C)為使教學步道具有特色，應避免植栽與遊樂設施　(D)教學步道依學習重點設計，使學習的主題更明顯

(　　) 12. 下列何者較符合教學情境布置的原則？　(A)以教師想法為據，指導學生完成　(B)以增進認知領域學習成效為考量　(C)教室布置不必經常更換，以免無謂浪費　(D)教室布置應符合班級的特色

(　　) 13. 下列有關座位安排的敘述，何者有誤？　(A)直列式有利於師生眼神接觸和非語言溝通　(B)圓桌式雖有利於學生合作學習，但易使學生分心　(C)馬蹄式有利於教師隨時走到中央位置，注意每個學生的反應　(D)在直列式的座位安排下，坐在前面和中央的學生，通常有較高的參與感

(　　) 14. 下列有關教室布置的敘述何者為誤？　(A)布置要考慮教育性和環保　(B)布置要留意溫度、通風和光線　(C)布置要固定，一勞永逸不再更換　(D)布置要考慮安全，避免出現有毒物品

(　　) 15. 有關教室布置的敘述，下列何者比較正確？　(A)教室布置工作應由教師負起全責加以完成　(B)教室布置是學生的責任，教師不必關心　(C)為避免勞師動眾，教室布置最好以一年更換一次為宜

(D)教室布置的空間規劃，宜考量有助於單元教學目標的達成

( ) 16. 使學生得能有多種多樣的刺激、選擇，從而減少倦怠感的做法稱為？ (A)富化環境 (B)貧化環境 (C)擴大環境 (D)簡化環境

( ) 17. 教師規定每天的某一時間為「寧靜時間」，請問這是環境調整理論的何種策略？ (A)富化環境 (B)貧化環境 (C)限制環境 (D)簡化環境

( ) 18. 以下何者是最不恰當的座位安排方式？ (A)自由選擇 (B)按身高輪流 (C)按名次高低決定選位子順序 (D)抽籤

( ) 19. 請問在班級經營時，教師如果為利於進行大班討論、合作學習、乃至其他分組活動，請問較適宜採用下列何種學生座位安排方式？ (A)行列式 (B)圓圈式 (C)叢集式 (D)馬蹄式

( ) 20. 下列何者不是艾佛森和海莉絲（Evertson & Harris, 1997）所提出的有效組織教室的原則： (A)能見度（visibility） (B)變化（variety） (C)可接近性（accessibility） (D)分心（distractibility）

答案

1.(D) 2.(C) 3.(B) 4.(A) 5.(C) 6.(C) 7.(D) 8.(A) 9.(C) 10.(D) 11.(D) 12.(D) 13.(A) 14.(C) 15.(D) 16.(A) 17.(B) 18.(C) 19.(C) 20.(B)

二、問答題

1.認識學生、記住學生的名字是班級經營的重要工作。試列舉五種在開學兩週內認識學生的有效方法。

2.新接班級的教師在學期開學之前要做哪些準備工作？

3.開學的第一天最忙碌，老師要掌握哪些工作重點？

4.班級管理有所謂的「把握關鍵期」，請問關鍵期是哪個時期？為什麼這個時期很重要？

5.規劃學習區要考慮哪些因素？如何妥善運用學習區的各項資源？

6.如果你是導師，你在安排學生的座位要考慮哪些原則？

7.學生座位的安排有哪幾種方式？請說出各種方式有何優缺點。

8.高登在《教師效能理論》一書中提到環境調整理論，請問教師可以使用哪些

策略來調整教室環境？

9.傳統的行列式座位容易構成「行動區域」，請問何謂行動區域？教師要如何解決此一問題？

10.有關新學年的準備工作，除了文中所提到的做法之外，請問你還有哪些創意的做法？

第四章

班級常規的建立與執行

　　學生紀律問題的處理一般分為三層面，第一是預防（prevention），即預防班級問題的發生，或是將問題降至最小，積極而有效地教學是預防策略之一，在各項教學活動進行過程中，經常眼神掃瞄全班，走動巡視行間，隨時監督留意學生的反應和行為。制訂班規和例行活動程序也是常用的預防策略，經由教學讓學生自動表現出符合教師期望的行為。當學生違反班規或程序，教師就要進入第二個層面，即採取「行動」（action）來停止學生不當行為的持續進行，這些行動又稱之為「介入」（intervention）。第三個層面是「解決」（resolution），教師需要尋求一些方法管理那些不遵守規則，同時侵犯到他人的權益的學生，這類學生約占班級人數的10%，這就是所謂的70-20-10原則，70%的學生很少違規，20%的學生雖有違規但不嚴重，10%的學生是經常違規，且情節重大（Curwin & Mendler, 1988）。班級是一個團體，團體的運作要能夠順暢，一定要有規範（norm）的約束才行，如此班級的紀律（discipline）才能建立。班級紀律是由班級常規（classroom rules）和班級程序（classroom procedures）組合而成，班規是指一般性的期望或標準，是用來「要求」學生的言行舉止不能踰越；程序則指經過認可的做事方式或行為準則，例如上廁所的程序，這兩項利器交織成綿密的一張網，構成廣義的「班級常規」，約束每位學生的在校行為。常規和程序的發展是教師的責任，教師必須去建立一系列適當且適切的班級常規程序，以鼓勵學生對於自己的行為負起責任（方德隆譯，2014）。班規的建立與執行主要是採用道德勸說的方式讓兒童建立紀律的觀念，兒童時期強調外在控制，隨著年齡的增長，自我約束會逐漸取代外在加諸的紀律，進而產生內在約束。本章先針對「班級常規及程序」的建立作一探討，其次討論學生違反班規教師的處理方式。

第一節　班級常規的基本概念 ✍

　　日本國民的奉公守法是全世界有名的，日裔美國學者谷內（Taniuchi, 1985）為了解日本小學生的生活和學習規矩，到日本進行18個月的研究，對象是幼兒園及國小一年級的學生，所用的方法是觀察及訪談。其研究結果如下：1.日本老師認為例行活動程序的訓練很重要，是培養良好品德的重要方法；2.國小一年級開學第一週是訓練行為規範的重要時段；3.生活和學習習慣要有耐心地一遍又一遍重複練習，才能變成習慣，其訓練方法不像一般人認為的權威式訓練；4.日本小學生的規矩是從幼兒園開始建立的（引自張秀敏，1995）。一般人都認為班規只對教室秩序的維持與管理有幫助，但這篇研究肯定學校的班級常規對日後兒童道德發展有很大的影響。視班級經營為紀律的學者，認為班級常規的建立與執行是做好班級經營的重要策略之一，因此對建立班規的流程相當重視。

壹　教室內的不當行為

　　「不當行為」（misbehavior）這個名詞被廣為使用，但有些教師認為這個名詞帶有偏見，比較喜歡使用「不適當行為」（inappropriate behavior）、「破壞行為」（disruptive behavior）或「適應不良行為」（maladaptive behavior）。伯登（Burden, 2013）認為不當行為係指在某一特定時刻，學生行為表現妨礙學習活動之進行、打斷班級活動之流暢性及破壞教室活動，例如學生的行為干擾到教學，干擾到其他人學習，破壞別人的財物即稱之。查爾斯（Charles, 2008）對不當行為採用廣義的界定，認為不論是故意或不注意的行為，只要是干擾教學或學習，威脅或恐嚇他人，或是踰越社會道德、倫理或法律的標準，即稱為不當行為。

　　教室中常見的不當行為多半是「不認真行為」（off-task behavior），是指學生行動不集中在教學活動，包括白日夢、傳紙條、亂畫、不注意等行為，尚不被視為破壞或不當行為。學生的不認真行為要與故意的不當行

為有所區別，不當行為是要受干涉及制止，不認真行為則需要視情境而定（Levin & Nolan, 2010）。其類型包括以下幾項：1.聊天，如小聲交談（不是討論教學的部分）、傳紙條；2.干擾，如大聲交談、丟東西、推拉、打架等方式干擾到其他同學；3.個人需求，如削鉛筆、上廁所、喝飲料、離開座位拿東西等；4.不參與，如上課做與教學無關的事，但不干擾別人；5.上課睡覺（Myers & Myers, 1995）。班級常規的制定主要是針對與教學有關的不當行為，至於比較嚴重的不當行為如偷竊、肢體衝突、暴力鬥毆等行為的處理，則於第七章討論。

 班級常規的意義

班級常規簡稱班規，是班級成員行為的指導方針，亦可稱為「行為標準」（behavioral standards）、期望（expectations）或「規範」（norms）。以下分別從狹義及廣義兩方面來說明其意義。

一、狹義觀點

艾佛森等人（Evertson et al., 2003）對班規下這樣的定義：班規是指教室行為的一般標準或期望，包括教師接受、認可的、期待的教室行為，和教師不認可的、不允許的、禁止的教室行為。班級常規通常是一般性原則的規定，班規往往包括幾項行為表現，適用於多種活動、多種情境。張秀敏（1995）認為班規是教室行為普遍性、一般性的標準，並不只是用於某種特定的活動，例如尊重別人，學生在教室，在學校各種場各種情境，都應表現尊重別人的行為舉止。以下為班規的範例（張秀敏，1996；Cangelosi, 2008；Emmer et al., 2003）：

㈠適合小學的班級常規
1. 對師長、同學要有禮貌。
2. 今天的功課今天做完。
3. 要保持環境整潔。

4. 上課要專心聽講。

5. 和別人說話要輕聲細語。

6. 要注意安全。

7. 在教室保持安靜。

8. 要愛惜公物。

㈡適合國中的班級常規

1. 上課要做好事先準備。

2. 上課鈴聲響立即在位置上坐好準備上課。

3. 對所有人要尊敬、有禮貌。

4. 當教師或學生在發言時要坐在位置上專心聽。

5. 尊重他人的所有物。

6. 遵守學校的校規。

㈢幼稚園到中學階段通用型的班級常規

1. 有禮貌、仁慈地互相對待。

2. 尊重學校和同學的財物。

3. 聽從老師的要求。

4. 課前要做好準備。

5. 在課業上盡最大的努力，有需要可請別人幫忙。

6. 不以暴力解決衝突。

二、廣義觀點

學生在學校裡不只有坐在教室內聽課，他要參與許多的活動，例如升旗、午餐、午睡、打掃等等，這些活動如果管理不好，全班的秩序會大亂，學生的不當行為也會層出不窮，所以教師有必要擬訂一天當中重要活動的程序，引導學生表現適當行為。「例行活動程序」（routine procedures）簡稱為「程序」（procedures），是廣義班級常規的一部分，「例行活動」指的是每天不斷重複的行為模式，為建立和規範這些例行活動，教師訂定各種行為期待或標準要求學生遵守，當學生違反時則需受到懲

罰，因此例行活動的管理也是班級紀律的重要一環（周新富，2016）。建立活動程序主要在達成三項目的：1.增加教師與學生對所知覺教室事件的一致性；2.減少教室環境的複雜性，增加教學環境的預測性；3.可充分地使用時間（Burden, 2013）。

具體而言，程序即是指導學生「如何去做」，例如怎麼寫習作、上課的準備工作、上課時想上廁所等，教導學生如何遵守例行活動的行為規則。至於廣義班規的內容，饒德斯等人（Rounds et al.）分成七大類：1.程序性的規矩（procedure rules）；2.學業上的規矩（academic rules）；3.說話和吵鬧的規矩（taking and noise）；4.走動的規矩（mobility）；5.道德上的規矩（ethical rules）；6.學校的規矩（school imposed rules）；7.其他（引自張秀敏，1996）。李佳琪等（2000）認為班規的內容包含11項：1.服裝儀容；2.整潔工作；3.集會；4.上課；5.下課；6.運動；7.午間活動；8.放學；9.其他校內生活；10.居家生活；11.上下學。

 ## 訂定班規的目的

為何要訂定班規，其目的何在？許多老師都會有這樣的疑問。班規是班級中的社會規範，是對班上學生的行為所設定的限制，用來引導學生能自動自發地表現出符合常規的行為。學者坎格羅斯（Cangelosi, 1993）認為訂定班規有四項目的：1.最大化學習行為，最小化分心、破壞行為；2.促進學習環境的安全和舒適；3.預防班級活動受到別班和班級外的人之干擾；4.維持可接受的行為標準。

伯登（Burden, 2013）認為班級常規在達成以下目的：1.維護教師教學權；2.維護學生學習權；3.維護學生心理和生理的安全；4.維護師生的所有物。吳清山等（2002）認為班級常規的目的有六項：1.維持秩序；2.培養習慣；3.啟發興趣；4.增進健康；5.發展自治；6.增進情感。

歸納上述學者的意見，制訂班規主要是要最大化學生的學習行為，讓學生分心、破壞行為最小化，讓教師的教學及學生的學習能夠順利進行；而在道德教育方面，是要建立學生行為的指導方針，進而發展學生的自我

紀律。

 ## 程序的内容

　　例行活動程序通常包含教室內及教室外的活動，教室外像是上體育課，教室內又可區分為上課及非上課時的程序，以下針對上課時的程序內容加以說明（張秀敏，1995；Emmer et al., 2003；Jones & Jones, 2013）：

一、一般程序

　　即開始上課程序，上課時有效地執行這些程序是重要的，其內容包括五項：

(一)點名

　　用座位表點名，剛開始上課的幾天要以唱名方式點名，直到記住學生的姓名後才使用座位表點名，成績簿上要註明缺席學生。

(二)前一天未到

　　問明原因，表示關心，請其辦理請假手續，可利用下課時間向缺課同學說明前一節課的重點及要繳交的作業。

(三)遲到

　　學校對遲到學生大都有一致的處理方式，可以與學校的做法相一致，有些老師只要學生遲到，沒有正當理由，即令學生放學後留校；有些教師第一次警告，第二次放學後留校或其他處罰，並對遲到者記錄次數及時間。

(四)離開教室

　　上課時需要離開教室，例如上廁所、去飲水機裝水、到教師辦公室，或是下課要去上體育課、到專科教室等，學校有統一規定，也允許教師有自己的要求。有效能的管理者不鼓勵學生上廁所或喝水，除非緊急情況，過於自由會導致管理上的問題。是否同意學生上課時間到置物櫃拿教材？

通常教師不同意，要求未帶課本的學生坐在座位上，或與他人一起看，學生因未帶教材而扣分；另一處置是同意他去拿書，但給予處分或視為遲到。建立程序後要讓非教學目的而離開教室的學生越少越好。

二、使用教材和設備

教室內有不同的教材和設備，說明哪些可以使用，什麼情況使用，教室內有些物品不希望學生使用或碰觸，要說明清楚並解釋理由。教室內使用教材和設備的程序包括以下各項：

㈠學生的設備和教材

包括削鉛筆機、學生桌椅、特別設備如顯微鏡、地球儀、百科全書、字典，要建立使用這些項目的程序，要求學生在下課削鉛筆，不能等老師到教室或開始上課才去，假如在作練習時需要削鉛筆，一次只能去一個。

㈡教師的物品和設備

包括教師桌椅、置物區、資料櫃及個人物品，要明確告訴學生，未經允許不得擅自拿取，把這樣的期待告訴學生，在說明解釋時要面露微笑。

三、結束上課

任何教學活動所需設備或物品要歸還或放回原位，清潔工作也要在下課前完成，老師再提醒學生下次課要帶的物品，在下課鐘聲響前要留足夠的時間給學生處理這些事。

四、座位上練習

上課時經常會在座位上寫習作或學習單，教師通常要巡視教室監督學生，以及提供個別的回饋，相關程序的要求要前先說清楚，這些程序如下：

㈠同學的交談

有些教師不同意學生在練習時交談，要求學生作自己的作業，不互

相討論，有些老師同意學生小聲地討論。不准講話較容易監督，一開學就要開始要求，如果同意學生相互交談討論，老師必須作一些特別的限制，例如要求小聲交談，「小聲交談」的定義也要說清楚，以免造成全班的吵雜。

□得到協助

學生在練習時如果需要協助，教師可要求學生舉起手，老師走過去或學生來找老師，一次來一人，以免學生聚在老師桌前聊天。假如老師選擇在一個定點協助學生，定點的選擇要能夠掌控全班同學，老師也要一邊走動，一邊要求學生迅速工作。

三離開座位

練習時教師要說明什麼情況才能離開座位，例如問問題、交作業等，只有必要的情況才可以，丟垃圾可等到下課，且規定一次只能一人離開座位。

四完成作業

還沒下課學生已完成作業，教師可以加派較難的作業給學生作，但要給額外的分數，假如很多學生提早完成作業，這表示作業分量不夠，或時間太長。

第二節　制定班規的原則與流程

艾默等人（Emmer et al., 2003）對國小教師班級經營的研究發現有效能的教師和無效能的教師都訂有班規和例行活動程序，但有效能的老師能將這些規矩融入教學工作中，很有效率地教給學生；有效能的教師，開學第一週花很多時間向學生解釋班規，並時常提醒學生，但是初任教師沒有規定例行活動程序，例如如何上廁所、喝水，所以學生隨意地在教室走來走去。此一研究說明班規訂定之後還要教導以及提醒，才能發揮班規的效

能。李輝華（1994）在《教室管理》一書中，列出了傑出教師創造良好教室秩序的11項原則：1.開學後立刻把教室規則訂好；2.和學生一起訂定教室規則的內容；3.讓學生熟悉教室規則的內容；4.讓學生家長知道教室規則的內容；5.以身作則；6.做好教學準備；7.處理學生違規行為時態度要堅定且前後一致；8.學生犯錯後以一對一的方式處理；9.學生若犯了錯留到下課後再處理；10.如果學生繼續犯錯則加重處罰；11.學生表現好時即給予獎勵。這11項的前四項原則是有關班規的制訂，有五項是有關班規的執行。本節即針對制訂班規的原則、制訂程序加以說明。

 ## 壹　制定班規的原則

本書所稱的「班規」包括規則和程序，為了使班規能發揮功能，班規的內容應以具體及可觀察的行為標準來制定。以下提出制訂班規內容的原則（李輝雄，1994；周新富，2016；Jones & Jones, 2013）：

一、適用多種情境

班規的內容以一般性、適用多種情境為原則，必要時可訂定管理特殊行為的班規，如不允許吃口香糖。

二、以積極正向的用語敘述

積極正向的常規比消極負向來得好，告訴學生「要如何做」比告訴他們「不能做什麼」要來得好，正向的常規可幫助學生學習如何表現適當行為。例如「不准大聲對人說話」這條班規，最好改成「對人說話要有禮貌」。

三、內容具體而明確

班規中提出的行為應是可以觀察、可測量，如表4-1所舉的範例。涉及態度的內容易引發爭議，例如班規為「對別人要和氣」，對「和氣」的定義要詳加解釋，且每位同學對「和氣」的見解不同，因此爭論會經常

表4-1　良好的與不適當的班級常規比較

良好的班級常規	不適當的班級常規
管好自己的手腳 （Keep your hands and feet to yourself.）	尊敬他人
準時完成作業	三思而後行
走廊用走的	不要奔跑
準時到課且事先準備好上課用品	做好學習準備
經過同意才能離開座位	負責任
經過允許才可以發言	做個好學生
該工作時要工作（Work when you are supposed to.）	盡力而為
遵守指示	尊重教師

資料來源：Newcomer（2007, p.2）

發生。如能指明特定的動作、時間和狀況更好，例如「上課發言要先舉手」、「準時完成工作」。

四、用語須簡潔易懂

　　班規的用語須簡潔易懂，使學生知道如何去做，以免教師須耗時費力地向學生說明，況且長篇大論的內容易引起學生困惑。

五、師生共同制定

　　以民主方式師生共同制定班規，教師與學生共同擔負建立班規的責任，因為經由學生自己參與討論所建立的班規，通常會認為比較合理，也樂於遵守。

六、內容不要太多

　　班規的內容不要太多，3-5條應足夠包含重要的行為領域，太多項目學生不易記住。

七、內容合理可行

班規的內容要合理可行，學生做不到的要求要避免，例如「考試得高分」就不是每個人做得到；另外，班規的內容要與校規相一致，不能牴觸。

在教育現場也有老師表示自己不喜歡條列式的班規，而採用一句醒目的話語代表班規，代表老師對學生的期許，以及學生努力的方向，像國中一年級就是「淨、靜、勤、進」，國二是：「珍惜你所擁有的」，國三是：「Go Go Go」（張民杰，2008）。上述教師的做法稱之為「班級願景」可能比較恰當。當然教師可以發揮創意，並不是班規就一定要條列式的規定出來。

 貳　建立班規的步驟

肯特的紀律模式建議教師在第一次上課時，就和學生討論班規，並且告訴學生在每次違背規則時將會受到何種懲罰，再要求學生帶回家給父母看，簽名後隔天交回（Canter, 2006）。張秀敏（1995）對國小學生的研究結果發現：不論哪一個年級都需要建立班規和例行活動程序，開學初是建立班規和程序的重要時機，建立時均要有清楚的規定、說明理由、示範、練習、密切監視、適時的提醒、回饋或實施獎懲等步驟來配合。以下綜合學者的看法，將制定班規的步驟說明如下（方德隆譯，2014；周新富，2016；Jones & Jones, 2013；Evertson et al., 2003）：

一、與學生討論建立班規的目的

告訴學生建立行為標準的重要性，可舉交通規則的例子說明，使班上成員同意遵守；另外幫助學生去思考常規會帶來哪些好處，例如：每人為所欲為，教室將會吵鬧得無法學習。從教師的引導中，讓學生充分發言討論。

二、討論班規的內容

　　通常班規訂定的方式可分成四種：1.教師決定所有的班規再告知學生；2.教師自行決定班規，但納入學生的建議；3.採用民主模式，班規由教師提出草案後，再與學生共同討論，讓每位學生有參與決定的機會；4.上述三種方法的整合，教師提出重要的行為標準，其餘讓學生參與討論。因應不同教育階段的學生，教師有不同的做法。班規列出後，教師帶領學生逐條討論，問學生是否接受這些行為標準。或許有些學生會對某條常規有意見，表明他無法遵守，教師先問其他同學是否同意，然後表示並非期待同學要一直表現得很完美。假如學生表示某條常規不能接受，教師澄清常規的內涵後，如果學生仍然堅持，教師可以選擇刪除，或教師與反對的學生以小團體討論方式溝通後再來討論。

三、得到學生的承諾

　　班規討論通過後，教師可以印成紙本讓每位學生簽名，表示同意遵守班規。有些教師會把班規讓學生帶回去給家長簽名後再交回，家長可提出意見，作為修訂的參考，這樣做的用意，一方面是為了避免家長的誤解，一方面是在尋求家長的支持與合作。當學生們的意見成了班規的一部分後，即會產生一種參與感，因此會比較願意遵守這些規則，而不去破壞它們。

四、班規的教導

　　班規訂好後要進行教學，其中有關程序的教學要在全班第一次參與活動之前，先說明程序如何進行，以後要連續說明幾次。教導學生學習班規的方法有三個步驟：

(一)說明及示範

　　用語言說明及解釋程序或規則是教導的第一個步驟，例如對所謂「乖」的行為應說明是指「坐好、不講話或專心學習」，對「尊重」這個名詞也要加以敘述說明。接著教師要提供行為的典範，讓學生以具體的動

作示範出合乎班規旳行為，例如要學生排隊，則應示範如何排隊。如要教導學生正確使用削鉛筆機、排隊打飯菜等程序，教師最好能先請學生示範正確的行為。至於低年級的學生則可以使用布偶劇、說故事、運用口訣等方式來教學，例如學生在上課時七嘴八舌地講話，教師說：「小手擺後面，眼睛看前面」，學生接著說：「嘴巴閉起來」，反覆多次，當班級太吵時，老師就說前半句，學生即刻接「嘴巴閉起來」，提醒學生該收心上課別太吵。

(二)演練

演練（rehearsal）的目的就是讓學生有機會學習適當的行為，一方面也藉此了解學生是否真的了解這些規定，對年紀越小的兒童越需要多演練幾次。在演練時，教師可採用角色扮演的方式進行，幫助學生認清哪些行為是違反班規，哪些行為是適當的。有些程序如升旗的排隊、學生桌椅的使用、收發器材簿本等，可以讓學生現場練習，至於不能演練的程序如分組討論、離開教室上體育等，則以發問的方式請學生回答，判斷是否了解。

(三)回饋

在演練過程中教師要仔細觀看，對行為表現良好者給予增強，表現不當者提出改進意見。如果很多學生有困難，教師須以不同的方式重新教導程序，教導的步驟還是要依說明、示範、練習來進行。

五、班規的監督與維持

要維持學生良好的行為，密切監視、提醒、實施獎懲這三個步驟要澈底、一致且公平的實施，再建立績效責任，則班規可維持得更好。有時教師無法時時刻刻監督學生行為，教師可選出「小幫手」、「班級幹部」幫老師執行，或是運用同儕力量來互相監督，例如：某個學生偷摘花，發現的學生便會結合眾人的輿論，讓他了解這種行為是不被允許的，而自行改過，或者是交由教師來處理。教師也可於班會時間讓學生討論違反班規的事項，對班規的執行狀況能有更好的掌握。

六、班規的複習與修改

要使學生熟記班級常規，除了在開學初訂定時的密集教導外，每隔幾週都要複習班規，最好是開學第一週每天複習，第二週複習三次，以後每週一次，讓學生將班規牢記於心。在每次的長假之後也要複習班規，因為有些人可能已經忘記，這時的複習變得很重要。此外，也要將班規書寫在壁報紙上，張貼在明顯位置，隨時提醒學生不要忘記。班規在實施一個月後可進行更換或修訂，將班規拿出來討論，再決定是否要修改。如果所訂的班規全班都已能做到，或者是新的問題行為產生，則需對班規作適度修改。

第三節　上課以外的重要程序

學生在學校一天的活動中，上課以外的例行活動相當多，如果教師未能掌握管理要領，將會使班級秩序產生紊亂，例如對重要活動程序未做出明確的規定，或是規定後無法貫徹執行。程序的功能是使教室中的活動成為「慣例」（routine），傳達給學生在特定的時間、特定的活動所要表現出的行為，因此教導及練習是需要的，讓學生理解之後，並期望學生能夠自我督導，持續表現出符合程序要求的行為（Hardin, 2012）。以下綜合學者的看法，將教室一天中的重要程序及行為要求說明如下（教育部，2011a，2011b；張秀敏，1998；周新富，2016；Burden, 2013）：

壹　晨間的利用

指導學生正確的運用清晨時間，給予適切的提示與鼓勵，是培養學生良好學習態度，增進學習效果的重大關鍵。導師應用心思考，妥善規劃，以協助學生有個美好的一天，其實施方式如下：

1. 約7：30到校，各校到校時間不一，國中有早自習，教師要在早自

習開始就到校。

2. 指派值日生整理教室環境清潔。

3. 指導學生早自習或是晨間活動，例如母語教學、讀經教學、作業活動、跑步等。

4. 參加教職員晨會。

5. 指導學生參加升旗，教師協助整理隊伍、督促聽取報告、維持秩序。

6. 尚未到校學生打電話與家長聯絡。

7. 收齊回家作業、早自習作業、聯絡簿。

8. 加強各學科練習，如國文背詩一首、英語聽力訓練、數學題目演練、音樂欣賞等。

 ## 整潔工作

整潔工作（clean-up time）是要培養學生的責任感，讓學生參與整潔活動就是培養責任感的一種方式，所以整潔活動的目的不只是為了教室的清潔，而是為發展學生的道德感、責任心、自我規範。當學生從事打掃活動，導師需隨時督導，並注意學生安全。以下是教師在整潔工作時所要掌握的重要事項：

1. 讓班上同學清楚了解個人打掃的責任區域。

2. 指導學生正確使用清掃工具。

3. 督導學生確實做好整潔工作。

 ## 集會時間

學校重要的集會時間有：週會、升旗、朝會等活動，主要在實施生活常規訓練，同時也配合相關教育活動的進行或宣教。導師為班級靈魂，應親自參加各種集會，藉以了解活動進行的過程與內容，進而指導學生配合或執行。以下是集會時，教師所要掌握的要領：

1. 指導學生在走廊排隊並輔導隊伍行進順序、維持秩序。

2. 親自出席並隨班指導，以身作則。

3. 清查學生出缺席人數，進而了解缺席原因並做適當處理。

4. 學生身體不適時，應做適當處理。如請其至陰涼處休息，或送至健康中心。

5. 指導學生聽講秩序及禮節。

 ## 午餐時間

　　午餐不只滿足學生營養需要，也是分享經驗的重要時間，成人與朋友一起用餐享受快樂時光，學生也可比照，所以午餐還有人際互動的功能，提供建立良好同儕關係的機會。所以午餐有二個目的：滿足營養的需求、與同學及老師快樂地分享經驗。在指導學生午餐的例行活動中，有一些原則可供教師在管理上的參考：

㈠建立午餐時間的程序

　　建立可預測的例行活動可讓學生知道每天將發生的事，幫助學生發展自我規範。最重要例行活動是建立午餐的時間流程，每天同一時間用餐，用餐前要洗手，老師要提醒兒童到洗手臺洗手，其他程序如打菜的順序、打菜工作的輪流、用餐時是否放音樂、餐後的清潔工作與收拾等。

㈡提醒學生要有好的衛生及營養習慣

　　用餐時教師要仔細觀看學生的偶發事件，必要時要加以干涉，例如邊吃邊玩、浪費食物等行為。鼓勵學生適量飲食，不加以強迫，因學生的胃口有很大的差異，不餓時強迫進食是無用的，尊重學生對食物的愛好，當學生有不喜歡吃的食物，老師要多鼓勵學生均衡飲食，避免養成偏食習慣。因新冠疫情的關係，用餐時要使用隔板，每個人要安靜地進食，避免不必要的交談。

㈢用餐後的清潔工作

午餐時間教室髒亂是無可避免的，用餐後要整理，以保持教室乾淨。用餐時間結束後，要安排輪值人員協助整理桌椅、收拾廚餘等善後工作。

㈣養成飯後刷牙的習慣

飯後可訓練學生養成刷牙的習慣，教師從旁指導，從小訓練學生養成良好衛生習慣。

伍　午休時間

大部分老師會覺得午睡時間是一天中需要實施嚴格監督的時刻，因為要求不想睡覺的學生要小睡片刻是一件很困難的事。以下是午睡時間的一些管理原則：

一、建立安靜的環境

午睡時間一定要很安靜，要將被打擾的機會減到最低，特別是剛開始要午睡時。教室的光線要暗一點，但起碼教師能看清楚學生的面貌，以便介入問題，教師要慢慢走動，避免突然地動作。與學生溝通時一定要壓低音量，接近學生說話，而不是對著全班講話。

二、午睡的環境越舒適越好

如果能夠舒服地躺下來睡覺最好，但教室環境不允許時，只好讓學生的頭趴在桌上睡，因為不舒服，學生很難入睡，可建議學生帶枕頭或毛巾到校。

三、處理有行為問題的學生

安靜是午睡所必備的，學生的噪音和交談會吵到其他人，假如學生的行為嚴重干擾到別人，邏輯的結果是他必須離開教室，教師須安排另一個環境看管有問題的學生。有時導師也會利用午休時間督促學生補寫作業、進行補救教學，或實施個別談話，因為這是一天中可以彈性使用的時間。

第四節　違反班規的處理

根據張秀敏（1996）的研究，教師在建立班規時，最容易產生以下
的缺失：1.班規訂得不合適，例如太多條班規、太多負面行為、不曉得要
訂哪些班規；2.班規和例行活動程序混淆；3.班規的建立只是說沒有教；
4.開學初幾天沒有教導班規，開學後發現學生行為不妥再教導；5.班規訂
定之後，沒有確實要求，澈底執行。要發揮班規的功能，應要克服這些缺
失。當班規制定完成，也經過教導之後，學生都了解內容，此時就可以開
始執行常規。所謂「徒法不足以自行」，若不能澈底執行，就形同具文。
班規要能發揮作用，必須與獎懲制度相結合，教師要明確地訂定一套獎懲
辦法，對遵守班規者給予獎勵，破壞者告知行為後果。對上課不專心的學
生，教師先提供情境協助，努力使學生將注意力放在課業上；如仍然無
效，採用中度反應，例如邏輯後果和行為改變；再無效則是嚴格反應，如
處罰（Burden, 2013）。有了完善的獎懲制度，班規才能落實。本節分別
就果斷紀律、喜樂時間方案、代幣制等三種方案說明違反班規的處理。

壹　擬訂班級紀律計畫

第二章提到肯特的「果斷紀律」，強調不當行為會導致特定的後果，
其基礎是建立在「干涉主義」的理念，所以有學者就批評該模式太過嚴
格。早期的版本被批評為過於關注負向的處置方式，後來經過幾次的修
訂，2010年的版本就比較能兼顧學生的自尊，而且不會太過嚴格（方德隆
譯，2014）。對於學生嚴重的違規行為可以參照該紀律模式，擬訂適合自
己班級的紀律計畫。以下略述肯特的處置方式（方德隆譯，2014；New-
comer, 2007）：

一、規劃紀律階層

肯特建議教師能夠發展出一套明確的行為計畫，包括班規及獎懲。負面結果的設置必須是有教育性的，不是報復的，教室內的負面結果階層從最少侵擾到最大侵擾（intrusive），這些處置要合乎邏輯後果，且與班規有關。例如第一次違反規則時給予口頭警告，隨後如果再犯，處置的強度將會逐漸升高，到第四次違規時，即通知家長。如果學生仍持續違反，該生就會被送到校長室。如果學生對這些處置仍充耳不聞，且其行為嚴重阻礙教學的進行，這時可以在計畫中再加入一項「嚴厲的計畫」（severity plan）：立即送至校長室，不必給予警告或透過紀律階層來處置。

二、記錄及追蹤學生的不當行為

為使紀律階層運作順暢，教師必須有一套系統來記錄學學生的不當行為，在1976年肯特建議當第一次違規時，可將學生的名字寫在黑板上，第二次違規則在名字後面作一個記號，若再違規則再作記號，看一天內違反了幾次規則。然而有家長認為這個方法會使學生感到丟臉，因此建議老師另外用卡片或紙張來記錄，記錄每位學生一天所累積的行為，當天即進行獎懲，不要拖到次日。

三、班級紀律計畫的舉例

紐坎蒙（Newcomer, 2007）以國中生為對象，設計紀律階層如表4-2，其紀律計畫共分六個層級，從提醒班級常規到送至校長室，視不當行為的情節而定。同時他也建議教師建立「學生行為緊急計畫」（behavior crisis plan），要思考以下幾項重點：1.哪位教師或行政人員可給予協助？2.送學生離開教室時，其他學生要做什麼事？3.危機結束後要做什麼？該如何與學生交談？要不要通知父母？

表4-2　紐坎蒙的班級紀律計畫

層級	處置
層級一	班級常規的提醒
層級二	個別班級常規的提醒
層級三	環境的改變，例如調整座位
層級四	通知父母
層級五	放學後留校
層級六	送校長室

資料來源：Newcomer（2007, p.4）

另一學者坎格羅斯（Cangelosi, 2008）在一所國中看到果斷紀律計畫的實施情況：

1. 每班教師向學生詳細說明班規。

2. 一天當中，如果學生上課時第一次違規，教師將其名字寫在黑板的特定區域，並註記違反哪一項規則。

3. 學生第二次違規時，仍在學生名字後面寫上所違反規則的標號，教師不對違規行為作任何評論。

4. 第三次違規時，學生必須離開教室到校長室去。

5. 一節課違規不超過一次的學生不作任何處理。

6. 一節課學生兩次違規，放學後要去找老師談話，討論違規行為，並提出預防再犯的措施。

7. 第三次違規的學生，家長必須到校討論該生的違規行為，並提出預防措施。

四、評論

紀律階層的模式很受教師的歡迎，主要的優點是簡單容易使用，尤其是對新進教師。研究也顯示教師使用果斷紀律，能大幅改善學生的行為。要使計畫更能發揮成效，教師在使用時要先取得學校行政人員和家長的支持。然而這種模式也遭到批評，教師發現要中斷教學才能處理學生的違規

行為，有些教師也認為這種方式太強調處罰學生，當學生違反規定時，只有一種處理方式，而不考慮學生的動機和理由；有學者也認為這種模式只能讓學生短暫地停止行為，未能引導學生養成自我約束力和責任感（方德隆譯，2014；叢立新譯，2007）。

 貳 **喜樂時間方案**

喜樂時間（preferred activity time, PAT）方案是團體結果（group conse-quence）的一種形式，所謂團體結果是指教師以全班學生所累積的行為表現，作為增強學生的依據，通常是採用全班或小組（team）每位學生得分的總合。例如「好行為遊戲」（good behavior game）就是這種方案的一例，教師可將全班分為兩隊，每次學生違反班級常規，該隊即給予一個符號，一節課或一段時間後，看哪一隊得到的符號較少，就可以得到特別的獎賞或特權，例如較長的下課時間、先吃午餐等；如果兩隊所得符號比預期的少，則兩隊皆可得到獎賞。研究指出這種遊戲方式雖對學業成就的改進效果有限，但對好行為的增進確有幫助（Woolfolk, 1995）。教師採用團體結果方案時，並非一定要將全班分為小組方式來進行，也可以全班的行為表現作為增強的依據，這個方案對與程序有關的班規效用頗佳。以下就瓊斯（F. Jones）所提出的「喜樂時間」作一說明（邱連煌，2000；Woolfolk, 1995）：

一、教師給學生喜樂時間

教師定期給予學生一定數量的喜樂時間，一般是15分鐘，這段時間是讓學生從事他們所喜愛的活動時間，是老師特地撥出來專作此用的額外時間，不是作息表上就已存在的自由時間，國小的兒童約每小時給一次，每次PAT用完後，才給予新的PAT。

二、PAT的加分、扣分與計分

PAT加分的基本原則是：學生替老師節省一分鐘，便還給學生一分

鐘，加分有兩個方式：「速成加分」與「自動加分」，譬如從一種教學活動變換到一種活動，平時需要花五分鐘，學生不拖拖拉拉，只用三分鐘，所餘兩分便歸入PAT的總積分。「自動加分」是老師看到學生鈴聲一響都已安靜就座完畢，老師可酌情加一分鐘。扣分是在學生上課說話、拖延上課及做功課時間、有人找不到書本等情況下，其基本原則是扣分不可超過加分，讓加分的機會多於扣分。計分的工作由老師負責記錄，老師可在黑板上記錄加分及扣分，一段時間後結算PAT共有幾分鐘。團體酬賞亦可以個別學生的行為表現為依據，如果某位特定學生能配合上課活動，或從不參與活動的學生，能變成主動參與討論，則全班可享有額外的自由活動時間。

三、同儕壓力的處理

PAT屬於全班學生的公有財產，如果有人自私自利，濫用公帑，必遭大眾制裁，違規學生無端浪費公產，勢將激起同學們的不滿，所以還是收斂為妙。同學們對違規學生所施的壓力，僅需幾一句話即可奏效，例如：「你們別浪費時間啦！」「不要說話好不好！」

四、PAT的活動

PAT要用於學生們所喜愛的事情上，是他們所感到興趣的活動，但平日卻無機會去做，教師得費心去蒐集資料，了解哪些活動既有趣又有利。通常PAT的活動可包含兩類：

㈠個別活動

個人自由選擇，各人做自己所喜愛的事，如畫畫、看故事書、寫作業等，唯一限制是不得騷擾別人，攪亂教室秩序。

㈡團體活動

團體活動是最受歡迎的活動，例如各種球賽活動，也可以用於複習課程內容，以便準備考試。

代幣制

紀律階層只有處罰沒有獎賞，代幣制（token economy）可以幫助老師解決這項問題，學生不管是學業或行為方面只要有良好的表現，即可獲得「代幣」的獎勵，代幣的形式有很多種，例如塑膠假錢、郵票、分數、貼紙、星星、記點卡、笑臉記號、榮譽卡、假鈔等，學生將這些代幣蒐集起來，當達到一定的數量，就可以拿來兌換自己所喜歡的增強物，這一整套的設計即稱為代幣制，適用在各種教育體系，針對不同的年齡層的學生需要變化的是代幣的設計及增強物的類型（周新富，2011）。對於學生的違反班規行為，除了扣代幣的設計之外，也可以規劃幾次違規行為記缺點，記滿幾次缺點要接受處罰。

一、代幣制的實施步驟

代幣制應用在年紀越小的學生效果越好，所以中小學階段相當適合採用代幣制，其實施步驟如下（李佳琪等，2000；賴麗珍譯，2007；Edwards, 2004；Woolfolk, 1995）：

㈠詳細列出可以得到代幣的行為表現

實施代幣制的第一步驟，要把可以得到獎勵的所有行為列出一張清單，例如：上課專心聽講、參與討論、拾金不昧、熱心服務等，可以得到幾枚代幣；違反班規的行為則要扣幾枚代幣等。

㈡選擇一個適當的代幣

可以設計榮譽卡來代替代幣，上面蓋活潑可愛、形象正派的動物圖案，增加學生的喜歡；也可用假鈔做代幣，可以教導學生金錢計算與使用。

㈢列出代幣可以兌換的增強物

學生要蒐集幾點才可兌換增強物，這點一定要在計畫實施的時候同時公布，讓學生清楚知道哪些增強物是他所想要的、要得到某項增強物要如

何努力等；但要注意，這些增強物的樣式要能包含物質性、社會性或活動性，如此才能滿足不同學生的需求。同時獎賞清單所列的兌換點數不能難以達成，要列出一兩項小獎，讓需要得到立即滿足的學生可以及早兌換。獎賞清單請見表4-3。

㈣依學生需要修正獎賞清單

有時候學生會因需要不同而對獎賞清單中的獎賞不感興趣，或是因為自己已得到太多類似的獎品而產生飽足厭煩，所以老師要常常更換清單的內容，最重要的是，獎賞物對學生要有吸引力，才會努力表現去爭取。

二、使用代幣制的注意事項

教師在使用代幣制時，應注意下列事項（張德銳，2000；Edwards, 2004；Woolfolk, 1995）：

1. 給予代幣時，稱讚也要出現，假如稱讚沒有出現，學生行為正向的影響不一定能出現。

2. 應逐漸以間歇性增強來取代連續性增強。例如：開始時答對一題可獲得一個代幣，一段時間之後要答對三題得到代幣，依此類推。

3. 對不同特質的學生宜設定不同目標，如對調皮學生要求合作行為，高成就學生要求更深入學習，或請其擔任小幫手。

4. 實施代幣增強計畫時，要先與校長等行政人員討論，再取得支持。因為有些特權如提早吃午餐、多上一節體育課等，可能與行政要求牴觸，所以要事先討論溝通其可行性如何。

5. 代幣制實施上有以下的缺點：(1)增加教師經濟及工作負擔；(2)學生太在乎獲得獎賞與否，而有過度競爭情形；(3)習慣受到獎賞的學生，一旦未能獲得獎賞，心理可能常產生焦慮和不安。因此在實施時要審慎為之，儘量避開上述缺點。

表4-3　代幣制的獎賞清單

獎賞物	時間	積點
由由活動時間	10分鐘	20
看電視	30分鐘	45
看漫畫書	5分鐘	15
聽錄音帶	10分鐘	20
作美勞	5分鐘	10
模型泥土一盒		55
粉蠟筆一盒		45
彩色相簿一本		50
玩玩具	10分鐘	25
借一本書	48小時	35
借一套遊戲	48小時	50

資料來源：張德銳（2000，頁173）

創新班級經營案例：代幣制

　　林香吟（2014）在國一班級實施代幣制，來建立學生良好班級常規與營造積極班級氣氛。當學生表現符合目標的行為，則給予5-10個代幣，如有特殊良好表現則一次給予50個代幣。當學生表現出違反目標行為時，則一次最少扣5個代幣，最多扣30個代幣，詳細目標行為表請參見表4-4、表4-5。學生所獲得的代幣，則可用於換取增強物，增強物類型有三：兌換物質獎品、兌換自由權利、兌換喜愛活動的時間。其中兌換物質獎品採拍賣制，教師不定時準備實體禮物，學生使用累積代幣當作叫價籌碼，價高者得。兌換自由權利則指學生可在班上享有的自由或特權，例如選擇喜歡的座位或掃除工作等。而喜愛活動時間則是針對全班表現良好時，則可換取一至兩堂課的導師時間進行學生喜愛活動，例如觀賞影片、打球等。經行動研究發現代幣制能協助學生養成良好常規及有效營造積極的班級氣氛，但對於少數學生則需搭配其他管教策略，例如善用小組的同儕力量。

表4-4 學生目標行為價值表

層面	目標行為	價值表
班級常規	該週沒有任何違反校規與班規（包含相關規定程序細節）之行為。	每週30個代幣
例行工作	1. 各科作業按時繳交。	每件10個代幣
	2. 掃地時間認真執行打掃工作。	每週30個代幣
學生投入	1. 擔任班級幹部盡心負責。	月薪100個代幣
	2. 爭取班級榮譽（例如：代表班級出賽）	依情形核定，最低50個代幣
	3. 全班於班級競賽表現良好。	依情形核定，最低200個代幣
	4. 小組於分組競賽中表現良好。	全組組員可獲30個代幣
同儕和諧	1. 隨機有良好表現（例如：友愛同學等）。	教師適時給予不定時不定率獎勵
	2. 小組於分組競賽或合作學習過程中能互助合作。	每次全組組員可獲10個代幣
工作導向	1. 各科平時考達個人適性標準。	每次10個代幣
	2. 定期考查達個人適性標準。	每次50個代幣
	3. 定期考查達個人適性標準且比上次考查成績進步。	每次50個代幣

資料來源：林香吟（2014，頁86）

表4-5 學生非目標行為扣取代幣價值表

層面	非目標行為	扣取價值表
班級常規	1. 上課鐘響後未進教室或未安靜等候教師。	一次扣10個代幣，同一件行為採累積計，犯幾次扣幾次
	2. 罵髒話、開黃腔。	
	3. 違反校規（例如：服儀不整）。	
	4. 排隊或行進中嬉鬧聊天。	
	5. 因故不能到校未依規定請假。	一次扣10個代幣
	6. 上課中未舉手或未經老師同意便發言。	一次扣5個代幣
	7. 未依相關規定程序細節（例如：繳交作業規定程序、繳交物品規定程序等）執行相關工作。	

層面	非目標行為	扣取價值表
例行工作	1. 執行班級工作不盡責（例如：整潔工作、值日生）。	一次扣10個代幣
	2. 無正當理由延遲到校或未到校。	
	3. 未攜帶上課教材或指定攜帶物品。	
	4. 未依規定時間完成作業。	
學生投入	1. 擔任班級幹部未能完成應盡責任。	依情形酌量扣回月薪
	2. 於班級競賽中未能完成所分配工作。	一次扣30個代幣
同儕和諧	1. 欺負或謾罵同學、打架等。	一次扣20個代幣
工作導向	1. 上課睡覺、私下講話、不專心聽講。	一次扣取5個代幣
	2. 小組競賽表現不佳之組別。	全組組員扣取10個代幣
	3. 小組該週與上週相比退步最多之組別。	全組組員扣取10個代幣

資料來源：林香吟（2014，頁87）

自我評量 ....

一、選擇題

(　　) 1. 游老師進行班級經營時，學生累積滿十個笑臉章，可選擇兌換第一等級的獎品，或可選擇不兌換，將十個笑臉章轉換成一張榮譽卡，每累積五張榮譽卡，則可兌換學生更喜歡的高一級獎品；依此類推。游老師此一學習獎勵的設計，主要希望培養學生哪一種能力？ (A)自我認同　(B)延宕滿足　(C)場地獨立　(D)觀點取替

(　　) 2. 班級秩序的維護一直困擾許多新進教師。請問下列哪一作法最為適當？　(A)課堂設計許多活動與作業，降低學生違規機會　(B)訂定嚴謹的班規，並確實執行　(C)發展學生的班級自治能力　(D)使用獎懲手段

(　　) 3. 詹老師和五年甲班的同學共同討論訂定班級的行為規範，下列哪一條班規較為適當？　(A)破壞班級榮譽者，罰站十分鐘　(B)上課說話的同學，剝奪下課時間　(C)上學遲到者，罰放學後關鎖教室門窗　(D)被學校糾察隊每登記一次，罰款五元，充作班費

(　　) 4. 在維持班級秩序的技巧中，下列何者屬於「支持自我控制」性質？ (A)增強良好的行為　(B)讓學生遠離違紀行為的情境　(C)輕聲和學生對談　(D)和違紀學生建立師生行為公約

(　　) 5. 以下何種懲罰類型學者認為對於兒童的傷害最小？　(A)體罰 (B)權力剝奪　(C)口頭斥責與恐嚇　(D)給予厭惡性刺激

(　　) 6. 張老師以瓊斯（F. Jones）「喜好活動時間」的班級經營策略，使學生形成特定信念與培養合作行為。下列何者是較正確的運用方式？　(A)學生在喜好活動時間內，給予明確的學習內容與期望 (B)學生在喜好活動時間內，教師使用邏輯後果代替處罰　(C)計算學生違規時間，用以扣除學生已獲得的獎勵時間　(D)學生表現良好的時間比預期多時，給予飲料加以增強

(　　) 7. 班規的制定應符合什麼原則？　(A)內容詳盡　(B)採用正面措詞 (C)項目應多　(D)內容應以固定為宜

(　　) 8. 下列對班規訂定的敘述，何者是錯誤的？　(A)由班長帶領學生訂定以落實班級自治　(B)常規的條文約十條左右　(C)教師在開學

時要先表達對班級期望後再定班規　(D)常規條文應採正面的文字敘述

(　) 9. 下列有關班級經營的敘述，何者正確？　(A)廣義的班級經營意指常規或秩序管理　(B)學生在教師引導下共同制訂班級常規，班規要詳細且數量越多越好　(C)當學生表現正確行為時，教師報以微笑稱許之，這是社會性增強　(D)在班級中發生的任何衝突狀況，需進行全班學生的會商，以尋求問題解決之道

(　) 10. 六年乙班的班規規定，如果班級整潔秩序比賽全校冠軍，所有同學都能得到飲料一份。請問這是屬於何種策略？　(A)前事策略　(B)預防策略　(C)行為教導　(D)後果策略

(　) 11. 下列何者不是正確的班級執行原則？　(A)預防重於治療　(B)注重命令而非合作　(C)正向的引導　(D)對事不對人

(　) 12. 周老師先分析學生的先前經驗及背景後，再設定班規，而後制定適當的獎懲標準。周老師的班級經營屬於哪一取向的做法？　(A)行為主義　(B)心理分析　(C)人本主義　(D)現實治療

(　) 13. 「開班會」、「訂班規」、「整潔活動」這類事項，其性質屬於班級經營的哪一項？　(A)教學活動　(B)親師合作　(C)學生自治　(D)教室布置

(　) 14. 有關「例行活動程序」的敘述何者錯誤？　(A)例行活動指的是每天不斷重複的行為模式　(B)例行活動包括到校、離校、午睡、打掃等活動　(C)例行活動程序是班級常規的一部分　(D)當學生違反程序時不需受到懲罰

(　) 15. 李老師在進行班級經營時，當學生出現教師期望的良好行為，即給予記點加分，以兌換其喜歡的增強物。請問，教師的這種做法，比較接近下列哪一種的獎賞類型？　(A)社會性　(B)活動性　(C)代幣式　(D)物質性

(　) 16. 對於班規的敘述，下列何者正確？　(A)教師應該避免花時間在班規上，以免耽誤教學時間　(B)班規可包括引導價值、期望的規定，以及何時、何地該做何事、不該做何事的規定　(C)學生不喜歡甚至討厭班規　(D)公布班級規則，學生就能瞭解遵守。

（　　）17. 身為導師，建立班級常規是一件重要的工作，下列何者不符合班級常規建立的原則？　(A)班規最好是師生共同訂定　(B)訂定好的班規需隔一段時間再行修訂或更換　(C)每一條規範，僅表明一件具體行為　(D)須與教師教學釐清界限，不要混淆

（　　）18. 教師為了鼓勵學生踴躍發言，只要舉手發言，就給予一張好寶寶卡；集滿十張好寶寶卡的學生，平時成績加一分。這種教學策略屬於下列何者？　(A)間歇增強　(B)後效契約　(C)代幣制度　(D)祖母法則

（　　）19. 班級幹部草擬班級公約草稿，準備提交到次日的班會中議決，導師在一旁聆聽他們的討論。下列哪一位幹部的看法較不適切，需要導師給予建議？　(A)班長：屬於校規、例行事務或個人基本行為規範等項目，不需要列入班規　(B)風紀股長：重要的班規事項應該在不同條目中多次重複出現，以達到強調的效果　(C)副班長：班規是正式的規範，不要使用嬉鬧搞笑的文句呈現，同學才會重視與遵守　(D)學藝股長：班規應廣泛涵蓋同學的班級日常生活行為，但條目不宜過多，以5-7條為佳

答案

1.(B)　2.(C)　3.(C)　4.(A)　5.(B)　6.(C)　7.(B)　8.(A)　9.(C)　10.(D)　11.(B)　12.(A)　13.(C)　14.(D)　15.(C)　16.(B)　17.(D)　18.(C)　19.(B)

二、問答題

1. 教師和學生共同訂定班級常規時，應把握哪些原則？試根據前述原則列出五條班規。

2. 如何以民主的方式訂定班級常規？當訂定好班級常規之後，老師要如何進行教學？

3. 當學生違反班級常規時，請問教師要如何處理？

4. 訪問國中小學教師，其所帶的班級是否有訂定班級常規？如果沒有，是為什麼？有的話請帶回班上與同學分享。

5. 何謂例行活動程序？中小學有哪些重要例行活動需訂定程序？

6. 何謂代幣制？實施代幣制要注意哪些事項？

7.教師要如何訂定整潔工作這項例行活動的程序？

8.教師要如何營造一個良好的午睡環境？

9.閱讀下文後，回答問題。五年級的課堂上，初次帶班的陳老師在班規中已明訂回答問題前要先舉手，但小高沒有舉手便搶答，老師仍幫他加分，一開始其他同學表情略微不開心，但還是安靜地放下手。第二次，同學開始出言抱怨「啊不就好棒棒」、「吼！一直插嘴餒」。第三次，同學大聲表達「吵死了」、「小心我打你」，小高立刻向老師告狀「老師，愷愷說要打我」。聽小高這麼一說，愷愷很不高興地從座位站起身，舉起椅子衝向小高，教室頓時陷入一片混亂。

問題：陳老師雖明訂規則，卻默許小高違反規則並加分。從行為主義的觀點，老師的行為有何不妥之處？你認為當小高第一次出現違規搶答的情況時，老師宜採取何種做法？寫出兩項。

教學相關活動的經營

　　導師帶班帶得好不好，通常有兩個衡量標準：一是所帶的班是否「氣氛和諧、井然有序」；另一則是學生的學習是否有「認真學習、有所成就」。前者是由「管理任務」發揮作用的結果，後者是由「教學任務」發揮作用的結果，這兩項任務構成了教師專業工作的主要內涵。從班級經營的立場而言，管理與教學兩項任務是相互影響、密不可分的（單文經，2000）。國小的「科任教師」和國中的「專任教師」特別適用這項原則，他們在教學時要花不少時間在學生的常規管理上面，以致教學活動的時間縮短了許多。如果科任或專任教師能在教學活動方面妥善地安排與設計，讓學生認真參與教學活動，就可以做好預防的工作，進而消弭學生不當行為於無形。本章針對教學活動的進行當中，教師如何流暢教學、如何管理學生的分心行為、如何安排作業及如何提升學業成就等四部分作一探討。

第一節　全班教學活動的管理

　　在教室中全班（whole-group）教學是最常見的教學形式，教師需要使用特定的教學技能來協助學生維持適當的行為。庫寧（Kounin, 1970）在《教室的常規與團體管理》（*Discipline and Group Management in Classrooms*）這本書中，提出他的教學管理理論，探討如何使用兼顧班級秩序的教學技術。這是庫寧集三十多年的研究成果而成的一本書，從80個國小教室師生互動歷程的觀察中，分析出高效能教師班級經營技能的特徵，並發現出幾個使學生更專心且能減少不當行為的團體管理原則。庫寧的班級經營理念是以「教師為中心」的模式，強調「動力」（momentum）觀念在班級經營的應用，因此其理論被視為「有效動力模式」。以下分別就其理論之基本理念及管理策略說明之。

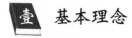 **壹　基本理念**

　　庫寧的教室觀察發現某些教師行為會產生學生的高成就，且會減低紀

律問題，最有效能的教師在班級經營上都採用預防策略而不是介入策略，以下的幾個基本理念教師要能掌握（周新富，2014；單文經等譯，2004；Kounin, 1970）：

一、教師行為的重要性

庫寧不認為教師的人格特質對有效的教室控制特別重要，重要的是教師要能有「管理團體」的能力。也就是必須：1.了解教室每個角落中任何時間發生的事情，且能把這些訊息傳達給學生；2.能同時進行多項活動；3.能中止不當行為。因此，教師若要維持良好的教室秩序，以及建立活潑的教學環境，必須維持適切的教學動力及團體焦點（group focus）。

二、教師要激發學生學習興趣

如果學生對學習活動已感厭倦，則興趣會較低，學生會覺得無聊，因而會表現出與正進行之活動無關的行為，這種情況庫寧稱之為「過度飽和的教學」（satiation）。最常見的是教師花太多時間教導同一教材，以致學生對該主題產生厭倦。為激發學生學習的興趣，在教學上可以採取幾個步驟中止這種現象：

1. 使學生感覺自己有進步（progress）。
2. 變化（variety），有變化性的課堂活動，有助於維持學生注意力、減少學生厭煩。因而教學型態、教材內容困難度、教材呈現方式、群體位置編排及教材的使用均要富有變化。
3. 提供富挑戰性的活動（challenged），有挑戰性的學習活動更有可能吸引學生注意，避免無聊情形發生。

三、維持團體焦點

教師使用適切教學策略和活動，會使學生專注於課堂的學習，學生的問題行為將可減到最低。全體學生若能一直專注於相同事物上即稱之為團體焦點，團體焦點包括「團體警覺」（group alerting）與「團體責任感」

（group accountability），前者指教師設法使學生融入學習任務活動、維持注意力、隨時準備行動的程度，例如在點選學生回答問題營造懸疑氣氛；後者是教師促使學生對自己學習活動的表現負責任，例如教師運用檢核表與學習活動卡等紀錄的表件讓學生自我評估。此外，教師也要設計高參與形式（high-participation formats）的教學活動，當學生無法回答老師的問題時，也可以使用其他表現方式。

四、不當行為要立即處置

當學生有不當行為發生，教師須立即作有效的處置，學生的不當行為一有徵兆，絕不可隨意忽略它，因在最輕微的時候矯治最容易，若等它坐大，要改正就難了，且會影響其他同學。

 貳　教學管理的策略

庫寧的教學管理模式強調教學前要做好計畫及準備工作，教學進行時要以有效的技巧「預防」（preventing）學生干擾行為的出現，因此庫寧提出的班級經營策略大都與教學活動有關，以下就重要策略說明之（周新富，2014；單文經等譯，2004；Charles, 2008；Kounin, 1970）：

一、漣漪效應

當教師糾正學生不當行為時，對其他學生亦會產生影響效果，叫做「漣漪效應」（ripple effect），這種效應對國小兒童影響最顯著，在適當情境下，運用訓誡的方法可達到「懲一儆百」的功效，但訓誡的內容要明確、語氣要堅定，表情要心平氣和，不可憤怒。使用漣漪效應要儘量避免產生負面的後果，如果教師在施行責罰的當時，不但在情緒上表現憤怒，而且在言辭上又對學生的人格加以批評，如此不但對糾正錯誤行為未必有效，反而會引起其他學生的同情，因此對教師的做法產生反感。假若受罰者是班上部分學生視為領袖人物，則教師責罰所產生的漣漪效應可能更嚴重。

二、掌控全局

一位教師要具有「掌控全局」（withitness）的能力，這項能力包含兩項次能力：1.定時監控學生的行為，當有不當行為發生時，教師能立即反應及處理；2.預知問題的能力，能洞悉教室中即將發生的事情，當不當行為尚未顯現之際，而能預先處理。有些個性好動或比較調皮的學生，很喜歡在教師不注意的時候表現一些不正常的動作，藉以引起同學們的注意。如果教師在此種情況之下讓學生們了解他洞悉教室內的一切，讓學生們警覺到教師「腦後有眼」，他們就不會「輕舉妄動」。具有掌控全局能力的教師，不管教學情境如何，都知道學生的行動，當發現學生的不當行為時，要「中止」（desists）其行為，以堅定而明確的語氣告訴學生什麼行為才是正確的。

三、同時處理

善於維持教室秩序之教師所具備的另一種行為特徵是「同時處理」（overlapping）的能力，即在同一時間能處理兩件事，例如上課時某甲提問題請老師回答，而同時教室後面乙和丙卻發生爭執，教師不能慢條斯理地先回答學生的問題，而後再去排解學生的衝突。在這種情形下，教師必須使用語言或手勢，兼顧兩邊學生的問題而同時予以處理，如此使學生深深覺得他們隨時都受到教師的注意。缺乏經驗的教師，有時因集中處理一個學生的問題，拖延時間過久，而使全班學生精神渙散以致影響到學習。

四、平穩順暢的教學活動

教師若能使教學活動的變換非常平穩順暢（smoothness），則能減少紀律問題，學生能持續專心學習，如上自然課時，老師介紹完理論部分之後，接著要分組實驗，教師事先做好規劃，保持教學活動轉換的順暢，這對團體管理非常有效。老師若能流暢地銜接教學活動，避免「急動」（jerkiness）或「滯留」（dwelling），維持活動的運行，則有助於教室內學生行為的控制。

㈠急動

「急動」是指教學活動轉換太快，原因有四：1.插入（thrust），指教師突然宣布進行某一活動，未先衡量學生是否已準備好接受此訊息，因此不能有效集中注意力，而導致教室內的秩序紊亂；2.晃盪（dangles），指一項教學活動未完成就進行另一項，而後再回到第一個活動；3.截斷（truncation），指一項教學活動未完成就進行另一項，但不再回到第一個活動；4.搖擺不定（flip-flop），搖擺不定只有活動轉換的時候才產生，教師結束了第一個教學活動，進入第二個活動，而後又回到第一個教學活動。

㈡滯留

「滯留」指教師在教學活動中浪費過多的無謂時間，使教學的速度變慢，通常滯留包括以下兩種現象：過度滯留（overdwelling）及支離破碎（fragmentation），二者與教學動作及流暢度的需求有關，會使學生喪失對課程主要活動的興趣。過度滯留產生於教師花費太多時間在引導與解釋，或是過度注意學生的行為，以致忽略了應該如何使學生能以最有效的方式獲得對教材內容的了解。支離破碎是指教師將一個原可簡單而完整進行的活動，分割成一些不必要的小步驟。當課程活動可以讓學生集體操作時，教師卻採用了個別操作，這就是所謂的「集體的支離破碎」。另外有兩項減緩教學速度（slowdowns）的現象：1.小題大作，指教師利用一項議題進行教學時，花費比學生理解所需更長的時間，進行滔滔不絕的談話。2.刺激導向的教學（stimulus bound），或譯為「本末倒置」，指教室內其他因素影響課堂教學的動力，使教師的教學失去焦點；例如：教師看著教室水族箱內的魚，突然停止教學，問學生有沒有餵過魚。

第二節 激發注意力與學習參與的策略

庫寧所提出的預防策略強調教學動能，教師如能善用這些策略，可以

讓學生保持參與學習活動，並減少潛在不當行為的發生。激發及維持學生注意力與學習參與的策略還有一些技巧，例如使用「引起動機」的策略來引起學生的注意力；有些學生的注意力不能維持太久，因此尚需使用一些強化行為的策略，例如正增強、稱讚、鼓勵等，讓學生在上課時持續參與學習活動。本節分別就激發注意力與強化學習參與兩部分加以探討。

 ## 提升學生注意力的策略

　　國小一節課有40分鐘，國中有45分鐘，通常學生要5-10分鐘才能靜下心來學習，能專心聽課的時間不到30分鐘，學生投入時間與學業成就是呈正向關係。引發和維持學生的注意是教師的重要責任，假如學生不投入學習，他們不可能學會教材，也可能會破壞秩序。為使學生能夠集中注意力在學習上，以下提供幾項具體的策略（Burden, 2013）：

一、開始上課引起注意的方法

　　開始上課時可使用特定的策略吸引學生的注意力，教師可以採用以下的策略：

㈠以物質的方式

　　以物體刺激學生的多重感官，例如視覺、聽覺、觸摸、味覺等方面的刺激，其方式有以圖片、地圖、板書、音樂、操作物品等，教師的移動和聲調的表達亦被視為物體的刺激。

㈡以挑釁的方式

　　以獨特或不符合的事件營造挑釁式的（provocative）引起注意，例如介紹相反的資訊、扮演魔鬼代言人、讓學生無法預料等。

㈢以強調的方式

　　強調特定主題或事件，例如對某項主題提供「現在請仔細注意」、「以下兩項相當重要」等線索。

二、教學時監控學生的注意力

監控包含經常觀察班級和小組，注意秩序是否混亂，學生知道老師會觀察學生的注意力，上課時就會比較注意。每隔一段時間，教師要以目光巡視學生的注意情形，對於容易分心者教師要做紀錄，並且利用「接近控制」的策略來維持學生專注課業的行為，有時教師須走到學生的身旁，且不影響其他學生的學習。移去干擾源、解除疑惑、改變環境、變化教學方式等皆是情境上協助學生能集中注意心。

三、每隔一段時間要刺激注意力

當教學成為可預測、重複性時，學生的注意力就會渙散，教師可在教學中，以提供新教材的線索，來刺激學生的注意力，例如教師說：「我們要花最後15分思考流水如何侵蝕，並看看人們用什麼方法來預防。」也可用帶有挑戰的語氣說：「這是一個相當困難的問題，看你們能不能算出來。」

四、使用幽默

學生喜歡幽默的老師，教師的幽默感可以維持學生的注意力。教師可以分享有趣的經驗、說笑話，但要注意笑話不可用來嘲笑或貶低學生。

五、使用發問維持注意力

發問可檢視教學目標是否達成，對維持注意力有所助益。其方式如下：

㈠團體參與

使學生對團體的活動能做最大的參與，不使學生有坐冷板凳的感覺。在教學活動中，作答、解決問題、整理教材及完成工作，均可以最大參與形式行為出現，例如某生回答完一正確答案後，全班同學一齊復誦一次。

㈡隨機指定

讓學生知道老師會觀察和評定其學習表現時，通常對學生負起學習之責有所助益，其使用技巧如讓學生先寫下答案，再隨機叫學生回答。

㈢製造緊張氣氛

讓學生於所有時間皆關注於學習活動，使用技巧如提出問題讓學生思考解決方法、隨機點名學生作答、改變反應形式等，其他如分組競賽、搶答遊戲也可穿插進行。

㈣相互回饋

為提高注意力，教師可以在甲生回答後，請乙生起來作指正或批判，可增加同學間的相互回饋。

六、增強學生的努力

使用增強物的方式亦是維持學生注意力的有效方式，這部分將在下小節中詳加說明。

七、中止教學

當大部分學生無法維持注意力時，可考慮中止教學，如果教師為了趕進度而持續教學，將會發現學生都沒在聽課，教師還得另找時間重新教學。這時候教師要有其他替代方案，例如寫學習單、自行練習等。

 ## 使用增強物的策略

獎賞（reward）是正增強（positive reinforcement）的一種方式，在學校中應用得最廣，在使用上可分為個人和團體，團體主要是以班級為主，常見的團體獎賞方式是公開表揚、獎狀、榮譽牌（旗）等，前文提到瓊斯的「喜樂時間」也是團體獎賞的方式，本小節探討個人的獎勵方式。獎賞是因為學生表現出目標行為，教師給予增強物（reinforcers），這是強化學生表現正向行為的一種方式。當學生表現合適、良好的行為，教師如果

能予適當的獎賞，則學生將來表現合適、良好行為的次數會更多（周新富，2006b）。

一、增強物的類型

獎賞的實施一般是給予增強物，增強物可分成兩大類：原級增強物（primary reinforcers）及次級增強物（secondary reinforcers），前者指能滿足基本需求的物品，例如水、食物；後者是在課堂上最常使用的，其力量來自於學生賦予的重要意義，例如金錢、證書、遊戲、稱讚等（Alberto & Troutman, 2006）。愛德華（Edwards, 2004）認為增強物的類型可分為三種，如表5-1所示，這三種增強物分別是：可以吃的、物質性的、活動性的。

表5-1　增強物種類一覽表

可以吃的	物質的	活動的
1. 烘焙食物 2. 糖果、巧克力 3. 冰淇淋、優格 4. 飲料 5. 水果 6. 口香糖 7. 點心：爆米花、洋芋片	1. 藝術和手工用品 2. 徽章（紀念品） 3. 書 4. 娛樂用品（CD、DVD、遊戲軟體） 5. 文具 6. 聚會用品汽球、服裝 7. 錦旗 8. 海報 9. 玩具和遊戲軟體 10. 運動用品	1. 使用電腦上網 2. 聽音樂 3. 提早吃午餐 4. 選擇座位 5. 擔任幹部 6. 到圖書室 7. 額外課外活動 8. 玩遊戲 9. 舉辦同樂會 10. 照顧教室內寵物 11. 戶外旅行 12. 出席／不參加集會 13. 自由時間 14. 使用顯微鏡 15. 一節課與朋友交談 16. 設計考卷 17. 其他特權或優先權

資料來源：Edwards（2004, p.54）

二、獎賞的注意事項

在實施獎賞策略時，教師要考慮一些注意事項，才能使獎賞成為有效地強化行為策略（張文哲譯，2009；Alberto & Troutman, 2006；Grossman, 2004）：

(一)選擇有效的增強物

獎賞類型不僅有物質上的獎賞，亦有精神上的獎賞，其效果常因學生身心發展之不同而有所差異，教師在運用時，必須先對學生的興趣、需求人格特質等方面有適當的了解後，加以彈性交互運用，才能彰顯獎賞效果。為避免學生只選擇原級增強物，教師可考慮「配對」（pairing）的方式，第一次給予原級增強物，下一次則給予次級增強物，逐漸撤除原級增強物。

(二)避免獎賞副作用

獎賞如果濫用，常常造成學生彼此競爭或不重視的心理，獎賞如果不用，會導致學生得過且過、漫不經心的態度，為了避免學生對獎賞產生依賴心理，或爭強鬥勝、彼此嫉妒的心理，教師不妨改用團體獎賞的方式，或是個人和團體獎賞交互使用，以促進團體的凝聚力及人際關係。

(三)精神獎賞重於物質獎賞

當學生表現良好行為時，立即以物質獎賞，有時會造成學生唯利是圖，誤把獎賞手段當成目的，此乃失去獎賞的意義和價值。所以教師不要一味地使用物質的獎賞，為培養學生的自尊和自律，不妨多用稱讚、微笑、鼓掌等精神獎賞方式，慢慢取代低層次的物質獎賞。

(四)要調整增強物出現的時間

實施增強時要考慮「增強的時制」（schedules of reinforcement），即考慮增強的頻率或時間點。在開始建立新的行為時，老師要採用連續性增強呈現增強物，只要一有好行為立即增強，當學生已養成良好習慣，增強方式要改成間歇增強。「間歇性時制」（intermittent schedules）分

為兩類：「比例時制」（ratio schedules）、「時距時制」（interval schedules），這是指學生連續表現幾次好行為之後，增強物才會出現，也就是逐漸提高增強的比例或延長增強的時間，這是學生可以預測的增強方式，稱為「固定比例」、「固定時距」。最後再改成變動性（variable）的增強方式，稱為「變動時制」（variable schedules），何時會出現增強物，學生無法預測，但為了得到該增強物，會一直表現好行為。

㈤運用普馬克原則

所謂普馬克原則（Premark Principles）即用高頻率行為（學生喜愛的活動）增強低頻率行為（目標行為），當低頻率行為伴隨著高頻率行為，則低頻率行為出現的可能性大大提高。例如：你做了什麼事，然後就可以做什麼事。瓊斯稱之為「祖母法則」（grandma's rule），教師可以告訴學生寫完數學作業即可到外面玩，運用此一原則之前，教師要能知道學生最喜歡的活動與最不喜歡的活動是什麼。

三、建立獎賞的計畫

教師可擬訂獎賞的計畫，將獎賞分為免費且經常（free and frequent）、間歇（intermittent）、強且長期（strong and long term）三個層級，如表5-2所示。第一個層級是每天使用，例如口語稱讚、微笑、豎大拇指等；第二個層級是更強的獎勵但不經常使用，例如打電話給家長、給予特權等；第三個層級是最強的獎勵，包含戶外教學、校長的認可、每週明星學生等，時間上是每月或學期獎勵一次（Newcomer, 2007）。在美國的中學，教師或行政人員經常使用這種校外教學活動，來表彰各年級GPA（學業平均成績）進步或本學期學業目標達成的學生。例如科羅拉多州的櫻桃溪學區為八年級學生舉辦年末校外教學，去一所當地主要的遊樂園，以獎賞他們在最後一個學期傑出的學業成就（賴麗珍譯，2007）。而「每週明星學生」即教師選出一位符合目標行為的學生，在教室的布告欄張貼學生的照片，邀請同學寫出對他的稱讚，教師可以寫信給家長告知此事。這位學生在一週中有一些特權，例如向同學朗讀最喜歡的書、擔任排長、

表5-2　正向行為獎賞的計畫

免費且經常	間歇	強且長期
口語稱讚 微笑 貼紙 蓋印章 豎大拇指 寫家庭聯絡簿	打電話家長 特權 額外電腦時間 特別座位	戶外教學 參與特殊的課程方案 校長的認可 每週的明星學生（student of the week） 榮譽榜

資料來源：Newcomer（2007, p.4）

選一個活動或遊戲讓全班參與等。教師在擬訂獎賞計畫時可與學校的計畫相結合，以免增加教師的經費開支。

 ## 參　使用社會性增強物

　　有學者提出「社會性增強物」（social reinforcers），可用來滿足學生心理上、精神上的需求，如口語稱讚、微笑、注意、點頭、擁抱、座位安排等，或稱為精神性增強物（Alberto & Troutman, 2006），其中稱讚及鼓勵是最常使用的獎賞方式。

一、稱讚

　　稱讚（praise）或稱「認可」（recognition），可用語言、書寫或是肢體語言來表達，是一種簡單易行的社會性獎賞，與物質性獎勵相較，稱讚不必花錢，而且隨身攜帶，隨時可以使用。它主要是用來增強學生的適當行為，並在學生正向行為時給予回饋。以下分別就稱讚的要領、注意事項作一探討（單文經等譯，2004；Burden, 2013；Wolfgang, Bennett, & Irvin, 1999）：

㈠稱讚的要領
　　稱讚即是對人說出好聽的話，不過使用要避免千篇一律地說：「謝謝你！你真是個好孩子！」學生聽久了，會認為這是教師的口頭禪，而沒有

獎勵的成分，所以稱讚的內容要經常更換。以下是稱讚的要領：

1. 內容要具體

稱讚時要注意稱讚學生的「行為」，而不要只稱讚孩子本人，例如稱讚學生是「好女孩」是一般性的用法，沒有稱讚到她的特別行為，如能這樣說：「謝謝妳把黑板擦乾淨」，學生才會清楚了解老師的稱讚與她的行為有關，這就是所謂的「具體性」（specificity）。老師看到小偉午餐前洗手，就稱讚小偉：「小偉的手變得又白又乾淨，可以準備吃午餐了。」以後小偉洗手的時候就比較不會抗議了，這表示洗手行為被稱讚強化了。

2. 態度要真誠

稱讚時不能只靠語言，眼光接觸、面部表情、聲調也是很重要的，老師的態度應該誠懇和真實，以自然和舒適的方式表達出來。假如學生只是完成例行工作，教師卻給他過多感情的稱讚，這種稱讚有點過當，學生會懷疑稱讚的真實性。稱讚時也要避免暗含批評的意味，例如：「你今天表現得很好，但是我很難忘記你上次的錯誤。」這種稱讚含有批評的意味，未能發揮應有的效果，應該要避免。

3. 要有立即性

在學生表現良好行為之後，馬上給予稱讚，這是稱讚的最佳時機，可鼓勵學生繼續表現良好行為。例如午餐前學生仍認真抄筆記，老師就稱讚學生：「你真是一位認真學習的好孩子，但要吃午餐了，要做準備了。」

㈡稱讚的注意事項

使用稱讚並不是完全沒有後遺症，其中之一是會使學生養成依賴老師的稱讚才開始行動，例如為了得到老師的稱讚才安靜地寫作業，使用稱讚要注意以下事項：

1. 避免濫用稱讚

不具意義或是敷衍了事的稱讚要儘量避免，應是以學生的表現為基礎，學生是不會被空洞的稱讚和虛情的鼓勵所騙。

2. 使用鑑賞式稱讚

吉諾特將稱讚分成評鑑式稱讚（evaluative praise）、鑑賞式稱讚（appreciative praise）兩類，前者具有破壞性，後者具有生產力。鑑賞式稱讚著重在學生的努力成果，而不是評鑑人格或是評判學生的品格。例如小華是學校足球隊員，在比賽時表現傑出，鑑賞式稱讚如下：「小華，謝謝你對足球的努力，你對球隊的成功會很有幫助。」評鑑式稱讚則是：「小華，你是位很好的足球選手，保持練習，球隊就靠你了。」吉諾特告訴我們：只有不針對學生品格或人格進行判斷的稱讚，才會使教室成為一個安全且讓學生勇於嘗試錯誤和犯錯的地方。

3. 注意學生的個別差異

稱讚大都是私底下表達，但很多情況是公開表達，在決定如何表達時，要考慮學生的人格特質，有些同學不喜歡受到老師的稱讚，這時就要私底下進行。

二、鼓勵

德瑞克斯的紀律模式主張教師應該使用鼓勵（encouragement）來代替稱讚，因為學生會對稱讚產生依賴，而鼓勵可以增加學生的自信（單文經等譯，2004）。鼓勵是一種針對努力的肯定，對學生的貢獻表示欣賞，鼓勵可以幫助學生看見自己的能力，因而學生可以評估自表現，進一步提升自我價值感（郭明德，2001）。

㈠稱讚與鼓勵的差異

稱讚與鼓勵二者是有區別的，前者是外在的獎賞，對學生的好行為給予認可，通常一個人的行為必須滿足他人的標準，才能得到別人的贊同，這是針對學生行為結果的評論；而鼓勵是針對行為的過程，給予認可與肯定，通常是依據學生在活動情境中的努力、進步情形，不是工作做得好或壞（郭明德等譯，2003）。稱讚與鼓勵所傳遞訊息的差異可參見表5-3。

表5-3　稱讚與鼓勵的訊息比較

稱讚的訊息	鼓勵的訊息
太棒了！	這份報告最困難的部分是哪裡？
這是我幾年來所看到的最好報告。	你可以提供我一些建議，讓我知道如何以更有效的方法呈現給學生？
我非常地以你為傲。	你一定很為你自己感到驕傲！
我早就知道你會做得很好。	如果你必須要再做一次這樣的報告，你會用什麼不同的方法來進行？
現在這是所有的學生所應該要做的樣子。	你覺得花這麼長的時間才完成這份報告的感覺怎麼樣？
我將要把它展示在布告欄上，讓所有的人都看得到。	如果我將你的報告展示在布告欄上讓其他人看，這樣可以嗎？

資料來源：郭明德等譯（2003，頁6-29）

㈡鼓勵的實施方式

　　長期處於沮喪、挫折的學生，會造成較低的自我概念、較低的自尊，進而影響其自信心，一個好老師就要懂得透過鼓勵的技巧提升其自尊，在進行鼓勵時，有三個要點要掌握（Rodd, 1996; Wolfgang, Bennett, & Irvin, 1999）：

1. 注意學生的長處與優點

　　所有學生有長處和特徵，要尋找優點，不是評論缺點及學生正向的努力。例如：學生畫畫時不要下「全部的顏色都模糊不清」的評論，而要說「整張紙都畫滿了顏色」，這樣的評論才是鼓勵；不要只談論學生的攻擊行為，學生專注地做實驗也是值得老師鼓勵的行為。

2. 注意過程不是結果

　　家長及學生在學習方面大都屬成就取向，追求學業或運動等領域的成就。當老師過於重視學生的成就，這就在教導學生分辨誰輸誰贏。在鼓勵學生的做法上，教師要把注意力集中在學生於情境中的努力、進步、投入。例如：老師看到大華花了很多時間在畫畫，老師可以告訴大華：「你花了好多時間畫出這麼棒的一幅畫！」這樣的敘述對學生的鼓勵不是集中

在活動的結果，而是學生在該情境中的奉獻。

3. 不要太過強調錯誤

學習過程會出許多錯誤，犯錯是無法避免的，但學生被教導成害怕犯錯而受到別人批評，錯誤是一種學習的機會，可以改進自己的表現，指出太多的錯誤，會使學生因怕犯錯而不想參與活動，因而使學生減少學習機會，進而導致自信心下降。老師要經常給學生提供這樣的鼓勵：「只要你去試試看，我相信你一定可以做到。」「我明白你很用功在學習。」「我發現你真的很認真在學習，不過有時有些事很難學會，不要灰心！」雖然學生沒有成功，但對自己還是相當有自信的。

第三節　作業指導及其他教學活動的管理

每天早上老師都會這麼問學生：「家庭作業完成了嗎？」家長也經常問孩子：「功課寫完了沒？」教師為提升教學成效，不論在學習的前中後，都可能安排作業活動，而作業的訂正更是讓教師了解學生的學習狀況和熟練程度、進行補教教學的依據。因此作業的安排和訂正是教學活動中重要的一環，指導得宜可能激發學生學習動機，增進成就感（薛耕欣、蔡佳蓉、王瑞霆，無日期）。除作業指導之外，教學活動的轉換管理及督促學生複習功課，皆是導師教學活動管理的重要一環，策略運用得當，對學生學業成就的提升有很大的幫助。本節即探討作業指導、教學活動轉換、複習功課的管理策略。

壹　作業指導

作業泛指教師依據教學進度或需求所指派之活動與課業練習，學生通常在上課期間記載於聯絡簿內，並利用課後時間完成且於指定時間內繳交之功課，因此也稱為「家庭作業」，但完成地點不限於家中，也可於在校時間、安親班等課後照顧機構完成。當完成家庭作業的過程遭遇困難時，

學生就其所處的環境尋求合適的資源予以協助（呂玟霖，2016；Cooper, 2006）。而家庭作業的類型可以說包羅萬象，包括抄寫、查字典、閱讀、撰寫、筆記、演算、訂正、繪圖、製作、蒐集、整理、調查、觀察、實驗、報告、訪問、參觀、飼養、栽培、表演、欣賞等，不管是靜態還是動態的學習活動都有（黃政傑主編，1997）。以下僅就作業設計原則、作業管理原則，以及作業指導常見的問題及因應等三項主題作探討。

一、作業設計原則

教師在指派作業之前，必須依據作業的目的而做好規劃，也應依教育的原則來設計，以發揮引導的功能。如果是要在教學中實施，則作業的數量不宜過多，且不宜偏難；如果是要讓學生帶回家作或是繳交期限較久，則可設計比較有創意的作業。以下列出設計作業的一些原則供作參考（薛耕欣等，無日期；賴清標，2002；臺灣省政府教育廳，1994）：

1. 作業的難度應符合學生程度、能力和興趣，並考量學生個別差異。

2. 作業的內容需符合教學目標，如此才能有意義且有效用。

3. 作業的時間要適當，勿使學生感到過度負擔及壓力。

4. 避免指派機械式抄寫的作業或過多的計算，教師應保持彈性，選擇適當的作業項目，力求變化，以提高學生學習興趣。

5. 假期作業可特別安排一些有益身心的活動，如寫日記、郊遊、參觀文教機構、運動、音樂欣賞、做家事等。

6. 作業設計應顧及分散練習的原則，並啟發思考、創造及觀察等。

7. 作業除學生獨立完成、設計成分組合作或親子活動等方式。

8. 學習單的設計內容，可包含課前的資料蒐集和預習、學習過程中的立即練習或形成性評量，以及課後學習重點的歸納整理或加深加廣的延伸學習活動。

9. 學習單的設計應求生活化、創意化、統整化，並鼓勵親子共同參與。

10. 教師可指導學生逐一彙整學習單，綜合成學習檔案（learning portfolio）。

二、作業管理原則

有效能的教師應不只是讓學生對自己的課業和行為負責任而已，還要教導學生培養責任感。為了使學生發展成獨立的學習者，教師必須要對學生的作業進行管理（方德隆譯，2014；林雅琪，2010；吳心怡，2016）：

㈠對於作業的要求

提供清楚、明確且具體的說明，要指派的作業和重要說明都需要寫在黑板，或以單槍投影機呈現，並提供口頭說明，讓每位學生都能了解；如果可以，教師可提供期待的作業範本給學生參考。對於大範圍或較困難的專題與作業，必須發展分階段任務，且在每一個分階段都給予清楚的期限和目標。

㈡督導學生的工作

教師要持續追蹤學生正在做些什麼工作，在督導過程中，當發現有學習緩慢的學生要提供協助，例如安排小老師協助學習緩慢的學生完成作業，並且鼓勵其他學生繼續努力。若發現學生無法完成作業，應診斷學生無法完成家庭作業的原因是什麼，透過自身的專業素養，診斷問題行為的前因後果，才能擬訂各種因應對策。

㈢建立作業繳交的程序

為使教師能夠保留完成作業者的正確紀錄，應告知學生作業在什麼時候繳交和交給誰，誰負責同學登錄缺交者的名單。例如作業的收發程序，收的程序如下：1.選出各排（組）負責收一個科目的作業；2.負責人做初檢工作，檢查是否寫完整，有無錯誤？經更正補充後，打開至批改部分再交出。教師批改後請負責人領回作業，經登記成績後發回給各排（組）同學，有錯誤者監促其更正。如不需立即發回的作業，可放置於教室的櫥櫃中，每排用橡皮筋圈起來。

㈣掌握批改作業要領

批改學生的作業是為了提供回饋、修正和再確認某些學生是否學會正確的概念或知識。為避免積壓，必須講求有效的批改技術，如果是選擇題可請小老師幫忙，教師可視科目的性質決定批改方式，並養成按時批改作業，按時發還作業的習慣。對於學生個別或共同的錯誤要記載下來，除作個別指導外，上課中也要提醒同學加以改正。為鼓勵學生的興趣和努力，應就作業的正誤程度和整潔情形，在簿本上批註分數、等第或評語。對於優良作業，也要實施獎勵或表揚。

㈤處理補交作業要建立常規

學生會因為缺課而錯過了作業的指派和指示，或是因為作業偏難無法完成，因而造成缺交的情形。教師要向學生說明缺交作業的處理方式，例如補交的時限、是否扣分、如何處分等。

三、作業指導常見問題及因應

在班級中經常遭遇的作業指導問題有二：1.作業缺交問題，例如不寫作業、作業未帶以及家長未簽名，其中不寫作業的狀況是最為棘手的。2.作業品質不佳的問題，包括完成度欠佳和書寫態度草率，前者如部分內容缺漏或空白未寫、書寫格式錯誤等；後者如字體潦草難辨、答案過於簡略、內容錯誤率高等狀況。在處理上述問題有以下的策略（林雅琪，2010；呂玟霖，2016；吳心怡，2016）：

㈠作業缺交因應策略

對於作業缺交因應策略，大部分教師採行的是要求學生下課時間完成，並了解原因。為了讓教師能更清楚知道作業缺交的情形，以便提醒缺交者儘速補交，有以下的策略可供參考：1.事先選出班上所需要的「簿長」，如生字簿長、國習簿長等；2.簿長每日早自修檢查登記繳交情形；3.詢問遲交原因，如有不可抗拒之理由則可以斟酌情形給予特殊處理；4.隔天簿長進行催交，沒交者告知老師，並於聯絡簿告知家長協助催交；5.再隔一天簿長繼續催交，如再沒交則電告家長；6.以扣分、下課補寫或

其他懲罰方式來因應作業缺交。

(二)作業品質不佳的因應

為提升作業品質，教師常要傷透腦筋，其中「作業訂正」經常被教師認為是學生學習過程中不可或缺的重要一環，針對學生的錯誤處要求改正。教師也利用各種獎懲辦法，對作業品質良好或準時交的學生獎勵，而作業品質不佳或遲交的學生予以處罰，鼓勵學生把作業寫得工整、用心、內容充實，例如對於優良作業的獎勵。家長參與策略也是可行的方式，但只有部分家長能配合，其做法是鼓勵家長幫助孩子檢查作業、教導孩子不會的問題，以及幫助孩子發展相關的學習技巧等。展示優良作業可供同學觀摩學習，以發揮「楷模學習」的成效。對於少數屢勸不聽的學生，教師只能以個別指導方式，不斷重複說明、示範、鼓勵。

 ## 貳 其他與教學相關的管理策略

有效能的班級經營在教學管理方面有以下幾項指標：能充分掌握教學目標、妥善規劃教學活動、活動的轉換流暢、時間掌控得宜、注重個別學生的學習（Emmer, Evertson, & Anderson, 1980）。幾年前國內推動的「教師專業發展評鑑」的教學觀察表，亦將教學活動轉換與銜接能順暢進行列為重要指標，由此可知教學轉換活動的重要性。

一、教學活動轉換的管理

班級的教學是以活動為核心，大部分的學習工作是在活動之中發生。就活動的組織而言，中小學中常見的順序如下：1.上課開始的例行活動；2.檢查前一節課的作業或家庭作業；3.內容發展；4.座位工作；5.綜結（closing）。此一順序轉換的活動很少，教師可以很平順地檢查功課或作業，呈現新的教材，並且有一段練習的時間。如果在同一節課中，進行兩種不同類型內容的教學，讓教學活動的變化比較多樣，則活動與活動之間的「轉換」也就增加，例如教學活動的順序為：1.上課開始的例行活

動；2.檢查前一節課的作業；3.第一次內容發展；4.第一次座位活動；5.檢查工作結果；6.第二次內容發展；7.第二次座位工作；8.綜結（單文經，2000）。

(一)轉換的定義

轉換（transition）是指正在進行的班級社會互動之中，因活動的時空脈絡改變而形成的點。在活動與活動之間、概念與概念之間、一堂課與另一堂課之間、一個單元的各個段落之間、一個單元與另一個單元之間，都可能發生較重大的轉換活動，甚至於師生間來回兩次對話之後，也會發生輕微的轉換（張民杰，2011a）。

(二)轉換活動常發生的問題

在轉換期間，學生經常會浪費時間、逃離功課或是表現不適當行為，教師必須如同在做教學計畫時，謹慎地處理轉換活動。以下是幾種常見問題（單文經，2000）：

1. 學生在一開始上課時大聲講話，教師在點名時受到打斷，內容發展的活動因而遭到耽擱。

2. 在轉換活動時，特別是在教師交待一件功課時，學生聊天打混太久的時間，遲遲不開始工作。

3. 學生在快要下課之前，還沒有做完指定的工作，就開始喧嘩吵鬧，把全班弄得一團亂。

4. 當教師要求學生由一項活動換到另一活動時，有一些學生仍然在進行著前面的活動。

5. 總是有幾個慢郎中，在轉換活動中拖拖拉拉，因而拖累了全班的活動。

6. 在轉換活動時，常常有學生離開自己的座位找同學聊天，或是常常找教師問問題，或是提出上廁所的要求，或是丟東西到字紙簍。

7. 教師因為找東西、點名、收取報告，或是和個別學生談話，因而耽擱了活動開始的時間，結果讓全班同學空等待。

㈢轉換活動的管理策略

轉換的快慢涉及教學節奏（pacing）問題，太快則會導致學生不了解，太慢則許多學生覺得厭煩無聊，快慢之決定則視學生之反應而定。有效的轉換活動可以省下很多的教學時間，且可以減少學生的不當行為，以下提出促進教學活動轉換順暢的策略（方德隆譯，2014；張民杰，2011a；張芬芬，2000）：

1. 給予學生明確指示

轉換若要順暢，教師應給予學生指示（direction），以清楚而容易理解的方式來表達訊息和指示，讓學生了解要怎麼做及該如何表現。以想要有效地進行小組教學為例，教師第一步驟就是要先把座位做妥善地編排，然後給予各小組工作明確的指示，指示包括：(1)工作的目的及內容；(2)必須用到的材料；(3)完成每項工作所須花費的時間；(4)活動結束要繳交的成果。例如告訴學生小組工作是討論，時間20分，要繳交討論紀錄。

2. 建立轉換的程序

建立程序也是節省非教學時間的好方法。從進入教室上課、公布事項、分發教材、收取學生作業或考卷、離開教室等，都可建立程序。例如建立下課的程序，要求學生一直做功課，直到教師做出下課的訊號，然後開始清理書桌準備下課。

3. 將前後兩活動明確劃分清楚

除非前一活動或步驟已經結束，否則不要進入下一活動，以免分散學生的注意力，產生零亂的場面。有些教師會要求學生將前一活動的相關東西全部收好，再開始下一活動，這對國小中低年級的學生能產生「清場」的效果。

二、提升學業成就策略

臺灣的教育始終存在著「讀書第一、升學至上」的迷思，不論孩子的資質如何、性向是什麼，一律要考出好分數才能得到肯定，以致學生的考試壓力、升學壓力是有增無減（陳威任、陳膺宇，2013）。因為家長重視

考試成績，所以校長對於學生的成績也特別重視，任教班級的段考平均成績，就成為教師教學績效一項重要指標。在班級經營方面，教師可以在師生互動過程中傳達對學業成績的重視，以可透過一些策略的運用來提升學業成就，以下分別說明如下（陳威任、陳膺宇，2013；教育部，2011b；Burden, 2013）：

㈠引導學生發掘讀書和學習的樂趣

目前因過度的升學壓力，使得填鴨的教學方式大行其道，許多學生一看到書本就味如嚼蠟。教師應以豐富的學養、風趣幽默的談吐、親切的態度，使得學生如沐春風，引導學生發掘讀書和學習的樂趣。

㈡開學就宣布教師對學習成效的期望

教師一開學就宣布對考試成績的期望及實踐步驟，學生有了可以遵循的目標，只要老師鞭策鼓勵，學生自會依其目標前進。若到了期中，教師才宣布期望，這時學生早已有其他目標，或已懶散成習慣，要重新振作已不容易。

㈢培訓小老師協助課業指導

培訓各科小老師，協助分組初步檢查作業，指導同學訂正作業，可以減輕教師的負擔，也精進自我學習，享受服務他人的樂趣，建立人際關係。對於表現盡責又熱心的小老師，要提供獎勵，同時提供進步獎鼓勵進步的學生。老師更要指導小老師的「教學技巧」，這樣小老師才會有成就感，願意繼續為同學服務。

㈣全班於段考前進入備戰狀態

在段考前教師要排定週複習進度，搭配小考複習進度，密集做考前總複習。早自習若都安排小考看似全班安靜秩序良好，但是會寫的同學可能練習很多遍了，不會的答案猜一猜一下就寫完了。建議導師寧可安排一、二次讓同學先相互討論，再小考，現學現賣，增加印象，這種方式對需要背誦的科目很有效。如有自習的時間要訓練學生自己複習教材，做好考前的準備，教師再予以指導。

㈤實施異質性分組並設定獎勵目標

合作學習法強調小組分工合作、分組競賽，分組是採用異質分組，訓練學生在課業學習上既合作又競爭。為鼓勵組與組之間的競爭，教師可以使用以下策略：假設每小組有學業成就不同的ABC三類同學，三類學生的標準分數均不同，A類達標準分就可為全隊獲得5分，B類達標準分就可為全組獲得3分，C類達標準分就可為全隊獲得2分。每週以各科小考成績計算，算出每週週冠軍、每月月冠軍、段考總冠軍，各給予不同的獎勵。

㈥善用讀書計畫提升段考成績

國中生經過第一次段考後，就可以訓練為自己安排讀書計畫。先設定每科期望分數，再列出自己可以自由運用的時間，安排出每週的讀書計畫。國小階段著重在寫功課，但到國中強調的是準備考試，扣除寫功課、補習以外的時間，還需要多花時間練習或熟記重點。學習方面的輔導，教師有需要讓學生及家長了解並且實踐。

㈦對學生的表現提供回饋和獎勵

在教學過程中的回饋包括作業、平時考、段考，教師須定期透過回饋讓學生的表現得到增強，進而引發其內在動機。因此需要訂定獎勵的計畫，對達成特定目標的學生給予獎勵，但是不能只針對高成就學生，每位學生都有機會得到獎勵。

創新班級經營案例（一）：指導學生做好時間管理

國中生有一部分的人覺得時間永遠不夠用，每天都睡眠不足。也有學生覺得上課好無聊，學校老師每天小考考不完，不管念不念都一樣考不好，每天被父母逼著去補習，成績還是沒起色。小雅最近老是遲到，每天都要媽媽不斷催促才起床，回家吃飯、洗澡總要拖到9點、10點才能準備功課，寫功課也是慢吞吞的，拖拖拉拉搞到12點左右才上床。媽媽對於這個慢郎中女兒真是傷透腦筋。親師懇談時，小雅媽媽將困擾告訴陳老師，希望導師幫忙想想辦法。導師覺得「時間管

理」是國中階段需要好好指導的學習技巧之一，可以讓國中生活在課業、活動參與及休閒的時間分配達到平衡。導師所用的策略有二：1.協助學生做好「一天的時間管理」；2.培訓「小老師」協助課業指導；3.教導如何妥善安排假日生活（教育部，2011b）。

創新班級經營案例（二）：失敗的教學經驗

剛接這個班級時，即感受到不尋常的氣氛，想讓班上同學共同參與教室布置，發現他們興趣缺缺，好像是老師故意找麻煩一樣。班際躲避球比賽時，自己班級的加油聲稀稀落落，好像輸贏事不關己似的。成績好的同學都不願意擔任小老師，好像怕別人的功課贏過他們。總覺得這個班級就像一盤散沙，成員間冷漠缺乏互動。於是我嘗試用「合作學習法」來改變班級同儕之間的關係及班級凝聚力。首先進行分組，但是有些人分不到組，最後在抽籤決定下才搞定。分組討論時，有的組七嘴八舌，有的組則噤若寒蟬，輪到各組上臺報告時，組員互相推託，拖好久才有人上臺。當我告訴他們小組的成績就是組內每人的成績時，有的人直呼不公平，因為有人沒做事，為什麼可以同分呢？持續了兩週的「合作學習」就在效果不佳和教學進度的壓力下草草結束。我就在這樣冷漠、自私、散沙般的班級中，度過了我的第一年教學生涯（張德銳、吳明芳，2000）。對於這樣的班級到底要怎麼教，才能帶班級的合作氣氛？

自我評量 ....

一、選擇題

( ) 1. 上國語課時，小明不專心聽課，頻頻和鄰座的小華踢來踢去，偶爾還發出聲響，王老師未立即處理，導致其他學生仿效而秩序大亂。此屬於下列何種現象？ (A)霍桑效應 (B)漣漪效應 (C)蝴蝶效應 (D)月暈效應

( ) 2. 老師在上課前告知學生：「如果這一節大家認真上課，下課前就說一段你們愛聽的歷史故事。」這是利用何種策略提高學生學習動機？ (A)提供行為後果的增強 (B)啟發興趣並激發好奇 (C)提示努力之後的情境 (D)增進學生的學習信心

( ) 3. 在班級經營時，教師運用學生具有高呈現頻率的行為，以提昇其僅具有低頻率的行為，並透過師生約定的方式，促其表現出期望的行為。此作法屬於下列哪一種策略？ (A)條件契約 (B)行為制約 (C)逐步養成 (D)系統減敏

( ) 4. 吳老師上英語課時，教導「附屬子句」的用法，學生精熟後，距下課還剩約15分鐘。為了運用剩餘時間，吳老師繼續講解這項主題，但學生卻顯得興趣缺缺，並開始交頭接耳。請問，根據庫寧的觀點，這位老師的教學發生下列何種現象？ (A)全面掌控 (B)搖擺不定 (C)支離破碎 (D)過度飽足

( ) 5. 讚美可以增進學生的學習動機，進而提升教學效果。下列何者最符合有效讚美的原則？ (A)以我的觀察，這件事你整體做得相當不錯！ (B)上次你的演講很流暢，我特別喜歡你的題目！ (C)你能解釋自己對「$a^2 + b^2 = c^2$」的算法，很好！ (D)你的英文單字背誦進步了，還比小華多記了五個，讚！

( ) 6. 「教師提昇學生的信心時，應多使用鼓勵，少用稱讚。」下列何者較具有「鼓勵」性質的意涵？ (A)你真是聰明！十分鐘就把數學第一部份題目做好了！ (B)你十分鐘就把數學第一部份題目做好了，真是不簡單呀！ (C)只有數學高手才能在十分鐘內把數學第一部份題目做好！ (D)看到你把第一部份數學題目做好了，希望你繼續保持，加油！

（　）7. 維持上課秩序，以利教學進行，是教師做好班級經營的要務。下列哪一種方式較<u>不適當</u>？　(A)教師要建立個人的權威　(B)教師善用輔導與管教辦法　(C)儘量讓教學變得生動有趣　(D)教師事先與學生約定獎懲方式

（　）8. 學生為了引起教師的注意，頻頻出現「不舉手就講話」的行為。教師較不宜採取下列何種處理方式？　(A)即刻予以制止　(B)予以懲戒處分　(C)予以漠視不加理會　(D)提醒尊重他人發言權

（　）9. 賴老師想透過社區服務，培養中學生的責任感。賴老師應採用下列哪些策略？甲、早些傳達社區服務的要求　乙、建立監督學生工作的程序　丙、檢核學生的社區服務歷程　丁、嚴格規定社區服務的時間　戊、密切監督學生的工作情形　(A)甲乙丙　(B)甲乙丁　(C)乙丙戊　(D)丙丁戊

（　）10. 下列何者不屬於欣賞式稱讚（appreciative praise）？　(A)某生足球踢得很好。老師：「你是天生的足球好手，比賽得分就靠你了。」　(B)某生數學考100分。老師：「由於你這次細心檢查，所以數學考了滿分。」　(C)某生鋼琴彈得很好。老師：「你很認真的練習彈琴，所以這次進步很多。」　(D)某生很會寫電腦程式。老師：「你願意接受挑戰，且耐心解決程式問題。」

（　）11. 教師對於班級中表現良好的同學，可給予不同類型的獎賞。下列有關獎賞類型的敘述，何者正確？　(A)和這位同學握一下手，是為活動式的獎賞　(B)給這位同學一個微笑，是為社會式的獎賞　(C)記這位同學一次優點，是為物質式的獎賞　(D)送這位同學一份禮物，是為代幣式的獎賞

（　）12. 德瑞克斯認為：稱讚與鼓勵不同，因為稱讚乃是在學生將工作做得很好時才給予的。下列哪一句話最符合德瑞克斯所謂的「稱讚」？　(A)我可以感受到你很認真　(B)你剛剛彈的那首曲子真的很動聽　(C)一起參加週會的感覺很好　(D)我發覺你真的很喜歡彈吉他

（　）13. 下列何者有助於李老師保持全班學生的注意力？甲、同時讓每個學生都參與活動　乙、嚴厲糾正或懲罰不專心的學生　丙、指名個別學生，再出題命其回答　丁、隨時環視全班並機動調整教學活動

(A)甲乙　(B)甲丁　(C)乙丙　(D)丙丁

(　) 14. 班級進行清掃活動時，林老師看到小旭認真地在清理責任區的樹葉。依據欣賞式稱讚原則，有關林老師稱讚小旭表現的敘述，下列何者較適切？　(A)你這麼認真打掃，老師好高興！　(B)你掃得這麼乾淨，真是謝謝你！　(C)你很有責任感，把地掃得真乾淨！(D)你每個角落都有掃到，掃得很乾淨！

(　) 15. 下列何者屬於社會性獎賞？甲、觀賞影片　乙、自由時間　丙、口頭讚美　丁、全班鼓掌　戊、文具禮品　己、獎卡積點　(A)甲乙(B)丙丁　(C)丁己　(D)戊己

(　) 16. 老師轉身寫黑板，蔡一林就開始和同學聊天。此時，不見老師轉過身來，老師一邊抄黑板，一邊說著：「蔡一林趕緊抄聯絡簿，不要再聊天了！」請問老師所展現的班級經營技巧為何？　(A)引導想像　(B)後設分析　(C)公平公正　(D)全面掌控

(　) 17. 王老師知道班上同學喜歡打球，但不喜歡寫數學練習題，因此要求全班同學完成數學練習題後才可以去打球。王老師運用了何種賞罰原則？　(A)代幣原則　(B)普利馬克原則　(C)社會性酬賞原則(D)社會互賴原則

(　) 18. 班級經營中有關獎懲的原則，下列何者不正確？　(A)實施代幣制獎勵，可由同學依自己的需求，選擇不同的原始增強物　(B)「口頭斥責」比「剝奪學生喜歡的活動」，對學生的傷害較小　(C)避免太常獎賞，以免有些學生若未被獎賞就會不安　(D)對年紀小的孩子，物質性獎賞較有效；但應逐漸減少，改為社會性獎賞

(　) 19. 教師要求學生在二十分鐘內正確做完數學題目練習，完成的同學可以自由閱讀。教師提供的是下列哪一種增強物？　(A)活動增強物(B)代幣增強物　(C)原級增強物　(D)社會增強物

(　) 20. 九年三班的葉大雄上學經常遲到，但是今天卻準時到校。身為該班導師的你，採取下列何種反應最適宜？　(A)立即以口頭讚賞葉大雄的準時上學　(B)交付葉大雄每日早自習點名的責任　(C)給葉大雄記個優點，予以特別獎勵　(D)哇！今天變天了，葉大雄準時上學了

(　) 21. 下列哪一項做法運用了社會性增強的技巧？　(A)學生犯錯時，立

即給予懲罰　(B)學生答對時，給予讚美和肯定　(C)讓成績優秀的學生免除勞動服務　(D)獲得全校第一名的學生頒發獎學金予以鼓勵

(　　) 22. 下列哪一項屬於無效的稱讚？　(A)你代表班上同學比賽得到佳作，我們與有榮焉　(B)你有今天的好表現，那是因為你能一直超越自我　(C)這次本班成績進步，是因為命題老師多半是本班的任課老師　(D)這次班級獲得團體總錦標，那是各位用汗水所編織出來的結果

(　　) 23. 謝老師上課時運用點名提問，使學生投入學習活動與維持注意力。這符合庫寧教學管理模式中的何種技巧？　(A)團體警覺　(B)進度管理　(C)過度飽和　(D)背後長眼睛

(　　) 24. 當學生完成閱讀心得報告，獲得學校評為「特優」時，教師宜採取下列哪一種讚美較能激發學生的學習動機？　(A)你真棒，真是太好了！　(B)你拿到特優，真是全班的表率啊！要繼續保持下去喔！　(C)你拿到特優，真是太棒了！繼續加油，學業成績就可以拿到第一名喔！(D)你很用心讀完整本書，努力完成心得報告，拿到特優，真是為你高興！

(　　) 25. 老師聽完小穎彈琴後，對她說：「妳的琴藝進步不少，應該花了很多時間練習。」此較屬於哪一種稱讚的方式？　(A)鑑賞式稱讚　(B)評價式稱讚　(C)三明治效應稱讚　(D)迂迴溝通術稱讚

答案

1.(B)　2.(A)　3.(A)　4.(D)　5.(C)　6.(D)　7.(A)　8.(B)　9.(A)　10.(A)　11.(B)
12.(B)　13.(B)　14.(D)　15.(B)　16.(D)　17.(B)　18.(B)　19.(A)　20.(A)
21.(B)　22.(C)　23.(A)　24.(D)　25.(A)

二、問答題

1. 某生經常在課堂上製造事端以引起師生的注意，不僅干擾班級秩序，並且影響教學進度。面對此一情況教師應如何處理？

2. 小華上課時喜歡跟老師唱反調。老師說坐下，他就是要站起來；老師說故事時，他就不斷喊：「不好聽！不好聽！」為了避免產生漣漪效應，教師應如

何有效處理？試至少列舉四種策略。

3.庫寧（J. Kounin）班級經營研究的重點偏重教師的教學活動，他針對預防學生在教學時產生干擾行為提出了哪些策略？

4.獎賞的實施一般是給予增強物，教師可以使用哪些增強物？

5.請就稱讚與鼓勵的差異作一比較，並說明其適用時機。

6.為使學生能夠集中注意力在學習上，教師須使用哪些教學策略？

7.對於何謂教學活動轉換？對於教學活動轉換所引發的問題要如何管理？

8.有關學生缺少作業的問題一直困擾著許多教師，請提出五項可以讓學生準時交作業的策略。

第六章

學生不當行為的管教

在二十一世紀，教師需要擔心打架、武器、霸凌、髒話、不尊重教師，還有根本不理會規範，對部分學生來說，獎懲只有短暫的效果，學校應全盤思考要用什麼策略處理學生問題（方德隆譯，2014）。教師是權威的化身，他們為社會執行教育工作，期待教師在教導兒童的行為與發展方面是一位有權威的專家，因此被賦予法定權威，擁有管教學生行為的法定職權，而能將學生塑造成為合乎社會期待的良好行為。雖然教師的工作負荷量相當大，但是維持班級秩序、約束學生行為，這是確保教育成效的基本條件。如果教師藉著嚴格命令與高壓手段使學生臣服，這種方式不一定有效，也違反人性的尊嚴。為了使教師的權威運作更理性化，命令（command）是教師常用的方式之一，例如明確的指導方針與禁止某些行為是絕對必要的，要求（request）、用道德或謹慎的方式（moral and prudential appeals）進行管教，這樣才會像是教師應有的表現（簡成熙譯，2017）。就像在處理學生抽菸的問題，不能使用體罰的方式，而是要依校規的規定來處理，同時要加上「道德勸說」的方式說明不能抽菸的理由，當道德勸說無效時，教師還有更多的權威方式可以運用。為防止教師使用不當的管教方式，教育部制訂相關的管教辦法，以免傷害到學生的身心發展。前文提到違反班規的處理方式，主要是針對上課的行為，此外因學生之間的衝突所產生問題要如何處理，也是教師管教的重點。本章分別從正向管教、處罰及與教師管教有關的法令規定三部分詳加探討。

第一節　正向管教

正向管教的概念始於1920年代學者阿德勒與德瑞克斯的倡導，最初是用來教導家長如何管教自己的小孩，後來再推及學校教師的班級經營方面（吳清山、林天祐，2010）。在班級經營的理論中，尼爾森等人（Nelsen, Lott, & Glenn, 2013）曾經發表「正向紀律理論」（positive discipline theory），以其思想為基礎，逐漸發展出正向管教（positive discipline）的管教策略。

壹　正向管教的意義

　　在解釋正向管教之前，首先對「管教」作一解釋。管教是「管理」和「教導」之義，是針對學生需要強化或導正的行為，所實施之各種有利或不利之集體或個別處置，其方式須正當、合理且符合教育目的。而懲戒、體罰兩個名詞經常容易與管教相混淆，在此加以釐清。所謂懲戒即是懲罰、處罰，是指教師於教育過程中，為減少學生不當或違規行為，對學生所實施之各種不利處置，包括合法妥當以及違法或不當之處置；違法之處罰包括體罰（corporal punishment）、誹謗、公然侮辱、恐嚇及身心虐待等。體罰則是教師處罰學生的方式，包括親自、責令學生自己或第三者對學生身體施加強制力，或採取特定身體動作，使學生身體感受到痛苦的行為，例如打手心、學生兩人互打巴掌、半蹲半小時等。由以上的說明可知三者的目的都是在矯正學生的不良行為，使其表現良好行為，而三者的差異是管教範圍最廣，其次為處罰，體罰的範圍最窄，其中管教是合乎專業權威，也是教師的職責，身為教師即有管教學生的責任（吳清山，2008）。然而《教育基本法》（2013）明定禁止體罰，教師體罰會受到懲戒，嚴重者會受解聘處分。教師在處罰學生時，務必遵守相關法令所規定之事項。

　　「正向管教」屬於管教的一種方式，是在管教時教導學生了解社會認可的行為，並對於表現學生社會認可的行為時給予及時的鼓勵，以引導學生朝著正向、積極行為表現的一種管教方法（吳清山、林天祐，2010）。「正向管教」是教育部積極推動的重要政策，也就是不使用威脅、處罰方式處理學生的不當行為，而是著重在預防工作上，其核心理念是「訓育原理輔導化」的具體實踐，是推動人權教育的必然趨勢（周新富，2019）。正向管教與美國七千多所學校所採用的「正向行為支持」（positive behavior support, PBS）頗為相似，該模式的重點在於防止行為問題，而不是對問題做出反應；該方案花較多的時間在教導學生規則和程序，提醒學生在班級和校園裡該有何種行為表現，教導與同學互動有問題的學生利社會的技能（prosocial skills）（方德隆譯，2014）。

貳　管教學生的目的

　　管教是教師為了幫助學生在學校表現出合宜行為所做出的指導，以期預防、終止、導正不當行為，最終目的在幫助學生學會自我控制，減少教師需一直介入的情況。因此管教包括消極與積極的目的，消極目的在避免破壞秩序或不當行為的發生，積極目的在培養學生遵守法紀的良好習慣（盧玉燕，2013）。綜合言之，教師管教學生之目的包括四項（學校訂定教師輔導與管教學生辦法注意事項，2020）：

1. 增進學生良好行為及習慣，減少學生不良行為及習慣。
2. 培養學生自尊尊人、自治自律之處世態度。
3. 維護校園安全，避免學生受到霸凌及其他危害。
4. 維護教學秩序，確保班級教學及學校教育活動之正常進行。

 參　正向管教的原則與具體策略

　　盧玉燕等（2016）的調查研究發現最令教師感到困擾的三類管教情境分別為：1.課堂上違規行為和其他反覆的違規行為，例如上課說話、亂丟垃圾等；2.學習意願低落；3.同儕糾紛。為符合正向管教的目的，教師要如何因應情境及對象之不同，而能實施有效的管教策略。

一、正向管教的原則

　　正向管教的過程不用處罰，也不是縱容，而是運用相互尊重和合作的方式，在溫和而堅定的教導下，幫助學生培養面對人生任務所需的自律能力（曾端真，2011）。正向管教重視學生的權益及人權，以學生為中心，因此具有以下五大核心內涵：1.去除學生的疏離感、幫助產生歸屬感；2.師生間相互尊重，教師時時給予學生鼓勵；3.考量學生之個別差異，幫助學生終身成長發展；4.教導學生社會及生活技能；5.教師要引導學生發現自己的長處，並肯定自我（吳清山、林天祐，2010）。為符合上述內涵，教師在實施正向管教時應注意七項原則：1.重視學生的尊嚴；2.發展

正面的社會行為、自律能力和人格；3.鼓勵學生儘量、主動參與；4.重視學生的發展需求和生活品質；5.重視學生的動機和生活觀；6.確保公平、零歧視和正義；7.促進團結（李美華譯，2007）。

二、正向管教的具體策略

聯合國教科文組織所撰寫的《正向管教法》一書提到正向管教有下列四步驟：描述適當的行為、清楚說明原因、必須進行確認、強化適當的行為。而具體的正向管教策略有以下幾項：1.上課引起動機；2.直接具體說明課程；3.示範好行為；4.豐富教室環境；5.共同建立清楚明確的規則；6.正向增強作用；7.教導自律觀念；8.製造成功經驗；9.團體合作的學習方式；10.適時使用幽默；11.使用正向語言和身體語言；12.即時稱讚；13.建立良好師生及親師關係（李美華譯，2007）。

在《學校訂定教師輔導與管教學生辦法注意事項》（2020）（簡稱注意事項）的「附表二、適當之正向管教措施」中舉例說明教師得採取適當之正向管教措施，例如：學生上課不舉手就發言，教師要這樣回應：「上課時，在沒有舉手並被邀請發言時，請你不要講話。」其策略為「清楚明確規範」，當告訴學生不能做出某種行為，要清楚說明或引導討論不能做的原因。當學生生氣時動手打人，教師針對不對的行為或不好的行為加以糾正，教師要這樣管教學生：「你生氣時容易出手打同學，對自己、對同學都不好；但老師並不認為你整個人都不好，老師了解你有時也會幫一些人的忙；希望你發揮會替別人著想、幫忙別人的優點，以後不再打人。」要具體告訴學生是「某行為不好或不對」，不是「孩子整個人不好」。教師對於正向管教策略在實務上應用認為有其困難，主因是管教策略會受到情境影響而有所不同，不同情境適用不同的管教策略。

 ## 正向管教的應用情境

當學生表現出輕微不當行為時，適合使用正向管教的策略。這裡所謂「輕微不當行為」是屬於發生在教室的不當行為，例如上課不按時進教

室、上課未攜帶學用品、上課不專心聽講、輕微干擾教學、不遵守上課規範之行為，庫寧稱之為「必須制止的事件」，意思是事情已到了足夠嚴重的程度，如果不及時處理，教室的秩序就會帶來更多難題（Arends，2009）。教師對於學生輕微不當行為的反應方式不外非語言和語言介入兩種方式，以下分別敘述（周新富，2016；盧玉燕等，2016；陳玫妏譯，2019）：

一、非語言介入策略

非語言介入策略不外以肢體動作或發出信號等方式，提示學生老師已注意到你的不當行為，請自行調整行為。比較常用的方式有：眼神暗示、輕拍肩膀、改變說話語調等。

㈠有計畫的忽略

所謂「有計畫的忽略」（planned ignoring）是指當學生的問題行為不足以破壞學習秩序時，老師可以不去注意，假裝沒有看見這些問題行為。因為有的時候最好的行動是不要有行動，但是老師必須確定某些問題行為使用忽略是很安全的做法，如果當學生身體受到另一學生的傷害時，就不能使用忽略，忽略不能用在與學生安全有關的情況，很多行為適合用忽略法，例如看窗外、與同學小聲交談、固執行為、分心、滑稽動作、不小心撞到人、偶爾帶錯書、因心情不好而與人爭吵等。忽略須一些時間才能收效，也有可能行為變得更嚴重，如能將獎勵適當行為與忽略不當行為結合，效果會更佳。

㈡發出信號

信號介入（signal interference）在告訴學生的行為是不適當的，也稱之為「警告」或「暗示」（cueing）。這種方式可以是傳送事實的提示或線索，也可以是非口語的，對特別學生維持眼神的接觸，要他繼續或中止這個行為，這樣對自尊的威脅較小，但傳送出堅定的訊息。也可使用聲調或叫學生的名字，告知學生他的行為引起老師的不悅。上課不聽課，看漫畫書或做自己的事，雖然是不嚴重的不當行為，但干擾到學習，故需要制

止。處理時不停止講課，或不要公開阻止這些行為，以免影響不必要的注意，通常有四種處理方式：

1. 使用肢體語言

老師以眼光接觸、手指靠近嘴唇、蹙額、眉毛上揚、凝視等肢體語言，讓學生知道其行為不被接受，凝視某位學生也經常能有效地引起學生的注意。

2. 身體接近

老師朝不當行為學生的座位移動，站在哪裡，直到問題行為停止為止，這是利用「接近控制」的策略來維持學生專注課業的行為。

3. 意味深長地停頓

當教師看到一再出現的干擾行為，這時只需要停止教學，就能製造一種不舒服的靜默。這項策略會把教室內所有的注意力，引導到犯規學生身上。靜默和明顯打斷教學流程，會成為讓學生停止干擾行為的有力動機，但是如果學生的動機在與教師競逐團體的注意，這項策略會有反效果。

4. 走到教室前方並停止教學

如果整個班級都沉浸在不專心或干擾行為之中，教師可以走到教室前方，沉默地站著，然後對全班學生一一做目光接觸。

二、語言介入策略

語言介入是制止不當行為最常用的策略，在使用這種策略時，教師要遵守「對事不對人」這項原則，不對學生亂貼標籤，避免使用「懶惰」、「不成熟」等帶有負面的名詞，才不會傷害學生自尊。描述學生的違規行為時，語氣要冷靜、內容要具體。以下將說明語言介入策略的做法：

㈠簡短的口語提示或發問

當一位學生表現出不當行為，或者看起來有麻煩，只要注視著這位學生，叫出他的名字，就有不同的結果。同樣地，你可以簡單地問：發生了什麼事？對許多學生而言，教師只需這樣做就夠了。教師也可要求學生回答問題，或是採用隨堂抽問方式，促使學生專心聽課。

㈡直接說出

解決問題的方式越簡單越好，老師可以用語言溝通方式，直接說出（direct appeal）學生不當行為和建議學生如何做，例如叫學生名字，並指出不當行為請其改進，「小英，請把雜誌拿走！」「請你的眼睛看著考卷。」教師以不帶威脅的口氣，直接要求停止不想要的行為。

㈢穩健的訊息

當教師指出學生的行為時，有時語帶諷刺或輕視，學生的不當行為暫時停止，但有可能會因此懷恨在心，因而進一步表現不當行為。「穩健的訊息」（sane message）是以不生氣的方式來傳遞訊息，先描述學生的不當行為，再解釋為何老師要制止，最後再提出老師期待的行為。例如老師上課時說：「大華，你和小英上課不斷地交談，這樣讓上課無法專心，請你翻到課本第九頁，完成最後兩道練習題。」這種表達是有效地介入方式，可以說出教師期待的行為，亦可讓學生學習如何適度表達心中的情感。

㈣我訊息

「我訊息」（I-Message）溝通方式是由三部分組成：1.教師對學生不當行為，做不帶責備的描述，例如「當我發現紙張滿地都是時……」；2.陳述該行為所造成的具體後果，例如「我不得不花很多時間來收拾」；3.教師表示自己對該行為的感受，例如「我真擔心你們會被學務主任處分」。完整的「我訊息」其組合順序為「行為─後果─感受」，這項訊息的效果之所以較佳，其原因有三：促使學生由衷改變行為的可能性較高、對學生最小程度的否定評價、不損害師生關係。以下再說明「我訊息」的實例：「當你把腳放在走道上時（行為的敘述），我往往被絆倒（實質的影響），我真擔心自己跌倒受傷（感受）。」即使省略一部分也無妨，例如：「當你不把門鎖上的時候，我的東西經常失竊。」三項組合的順序也不是一成不變。「我訊息」的使用會讓學生聽起來是老師開誠布公的敘述，使學生覺得老師是一位開朗、真實的人。

(五)跳針唱片

跳針唱片（broken-record）是肯特所提出的策略，代表教師的堅持，做法是不斷複述教師最初的訊息。這對於轉移教師注意力的學生特別有用，無論學生如何爭辯，教師的要求只是複述最初的要求，像一張跳針的唱片一樣，一直重複相同的旋律。每一次傳達要求時，教師都應該使用精確的字眼、相同的聲調、相同的音量。

(六)私底下與學生討論行為問題

有時候教師的暗示不足以改變學生的不當行為，老師私底下需要與學生討論原因，公開指出不當行為會引起其他學生的注意，變成是增強不是阻止，或是引起當事人的不安或窘困，造成往後上課時的焦慮。私底下的溝通讓老師有機會解釋為何某些行為不被接受，也可了解學生不當行為的動機為何。

第二節　處罰的介入與實施方式

當使用正向管教處理學生的輕微不當行為，但是學生的不當行為並未改善，依然干擾著教學秩序，或是學生不當行為情節比較嚴重時，此時即要對學生的行為進行消弱，通常是施予學生「負面結果」（negative consequences），即是處罰或懲戒。教師在使用處罰策略時，要了解處罰只會增強低層次的道德發展，對發展高層次的道德感助益不大，如果過於強調處罰而忽略了學生行為的動機，則會導致一些處罰的後遺症，像是造成學生的反抗或是師生衝突。因此教師需要了解處罰的優缺點，在實施時能避免產生後遺症。

 壹　處罰的介入時機

當學生的紀律問題已嚴重干擾到教學活動的進行，教師就要思考要

不要介入。《注意事項》（2020）認為學生有下列行為教師應施以適當輔導或管教：1.違反法律；2.違反校規；3.危害校園安全；4.妨害班級教學及學校教育活動之正常進行。其中以第四項最常在教室內發生，更具體地說，當學生有以下的行為表現時，即要使用處罰來介入（Henley, 2010; Grossman, 2004）：

一、危險的傷害行為

學生粗魯的遊戲、打架、傷害自己或他人的行為屬之。

二、心理上的保護

霸凌、嘲笑、恐嚇或謾罵他人的行為。

三、保護學習的持續

當學生干擾別人的學習時，例如大聲說話、任意走動等，即需予以制止。

四、保護財產

學生破壞學校公物，或同學的私人物品。

五、避免太過興奮

當有學生太過興奮（excitement），該行為會散布至全班，導致秩序失控。

六、執行學校的政策或價值

當學校行政單位要求對學生的某些行為加以限制，教師應予以執行，例如不能在走廊奔跑、上課不能使用手機等。

七、試探的行為

學生拒絕遵守指示，企圖挑戰老師的權威，其他同學也正在看老師怎麼處理。

 ## 貳 以處罰介入的原則

當紀律問題發生，教師要以迅速、有效的方式處理問題，以避免小問題擴大。在處罰學生時要尊重及維護學生的學習權、受教育權、身體自主權及人格發展權，而且應該考量學生身心發展之個別差異（注意事項，2020）。使用處罰介入策略時，除遵守上述兩項基本考量外，教師也要考量聲音的語調、接近學生、肢體語言等因素，都會決定處罰學生的成效如何。在實施處罰時，教師須依循以下原則（吳清山，2008；注意事項，2020；羅清水，2012）：

一、合乎專業性

教師受過一定的教育專業訓練，具有專業的知識和技能，在處理學生不當行為時，不能不問原由，即施予處罰，以達到嚇阻的效果，這樣可能未見其利，反受其害。應以心平氣和的態度，加上專業的判斷，來處理學生不當的行為。

(一)處罰是出自於善意

教師懲處學生，主要目的在幫助學生成長，教師不能因自己的工作挫折或倦怠等，而任意為難學生或處分學生。

(二)處罰符合教育原則

處罰學生是為矯正不當行為和建立良好行為。在處理學生問題行為，應儘量多鼓勵少責罰。

(三)處罰應顧及學生的尊嚴

以有尊嚴的方式處罰學生，不要在同學面前讓學生感到尷尬或丟臉，

要為他們保留面子。例如輕聲地對學生說話，或是把學生叫到教室外，而不要迫使學生進行公開對抗。

二、合乎適當性

處理學生問題時，須考慮學生犯錯動機及方式，並思考所採取的處置方式會對學生可能產生的後果或影響。

㈠處罰應符合比例原則

教師懲戒學生時，其輕重大小應該符合「比例原則」，即所謂「小錯小罰，不得做不當的處罰」。

㈡處罰應符合平等原則

教師處罰學生非有正當理由，不得為差別待遇。平等原則也是「一致性」原則，當學生破壞規則被時，就必須執行處置，不管學生在班上的表現優劣與否。

㈢處罰應不踰越必要程度

教師處罰學生時，必須深思熟慮，不在情緒不穩或失控的狀態下處罰學生，以避免導致懲處過當。教師一旦失去自我控制，將無法作為學生適當行為的模範，而且可能會造成學生激烈的反應或受到身心的傷害。

三、合乎價值性

教師處罰學生的方式要因人而有差別，不可完全採用齊頭單一的方式，要採取「差別地對待差別的」，如此才能使管教的效果產生，教育的價值方能呈現。

㈠處罰目的在於行為的導正

教師應針對行為問題懲處學生，而非針對學生的學業成就或學習表現。

㈡處罰方式能採取多樣化

教師要審酌個別學生之情狀，考量學生人格特質、家庭狀況、身心情況、平時表現等個別差異，並了解學生行為的動機、目的、手段，以及行為之後的態度，以採取合理有效之措施，不能用單一的方式行之。

四、符合正當程序

學校應訂定輔導與管教辦法，經校務會議通過後，應讓學生與家長知悉具體措施。重大的懲處事件應經由獎懲委員會充分審查後，方得做決定。學校應設置學生申訴評議委員會，對學生權利有謀求救濟之管道。

㈠應履行告知義務

學校應對學生及家長公開學校所訂之教師輔導與管教學生辦法、校規、有關學生權益之法令規定、權利救濟途徑等相關資訊。教師管教、懲戒處分應說明理由及依據，並通知當事人及家長。

㈡應設公正委員會進行裁決

如果是對學生施加重大懲戒處分，影響學生權益甚鉅，為期公平、公正裁決，應設學生獎懲委員會，經充分討論審查後，始得做成決定。

㈢應給予當事人陳述意見的機會

學生獎懲委員會審議學生重大違規事件時，應秉公正及不公開原則，了解事實經過，並應給予當事人或家長陳述意見的機會。

㈣懲戒處分後提供輔導與救濟

懲戒學生的根本目的是鼓勵學生經過懲戒後能夠改正不當行為，發展良好的行為，所以給予受懲戒學生適當的輔導是必要的。當學生對於學校處置認為違法或不當損及其權益時，學校應有提供學生救濟機會的機制。

 ## 參　處罰的實施方式

最常用的負面結果是處罰（punishment），處罰是為了制止不當行為

的產生所必要採取的「不好方法」，也就是所謂的「必要之惡」，如果每位學生都能做到自律、自動自發，那就不必動用到處罰，偏偏事與願違，任何教學經驗豐富又很有耐心的老師，如果不用處罰來控制學生行為，想達成教學目標可能很難。人性都是喜歡得到獎賞、喜歡受別人稱讚，而討厭受責罵、受處分，所以在教學中老師要多獎勵、少處罰。處罰雖存在著一些問題，但行為主義學派的學者仍主張對學生的不當行為須施以處罰，讓學生經由處罰學得良好的行為，以下就針對較常用的處罰方式作一說明（周新富，2016；郭明德等譯，2003；賴麗珍譯，2006；Cangelosi, 2008）：

一、口頭責備

暗示或警告無法停止學生的不當行為時，就要採用更嚴厲一點的方式，即口頭責備（reprimand），口頭責備是一種輕微的處罰。當學生表現不當行為時，老師以簡短有力、嚴肅的口氣，指出學生的行為是不被接受的，希望他能停止正在進行的行為，如此一來學生的不當行為將會因此而減少。例如：「不許做」、「我要你停止」、「不要打人」等等。在使用口頭責備時要掌握以下的要領：1.眼睛看著學生；2.走近學生；3.表情要嚴肅；4.指出不當的行為內容；5.要在行為發生之後立即實施。但要注意不要使用威脅或恐嚇的方式來對待學生，所謂威脅是告訴學生表現某些行為將會得到痛苦的結果，這種做法帶有強烈的權威意味。

二、付出成本

當學生表現出不當行為時，教師可以採用讓學生付出成本（response cost）的方式來處罰他，常用的方式有：移去學生將要得到的獎賞，或從學生已經擁有的東西中再把東西拿回去；例如在代幣制的獎懲中，老師以扣分或扣獎勵卡的方式，作為不當行為的處罰。這項策略在教學應用極為普遍，學生上課玩玩具，不聽老師制止，只好暫時沒收玩具，要求學生專心聽課，下課或放學再還給他。

三、負面的練習

當學生表現出不當行為時，老師要求學生反覆表現幾次，直到厭惡為止，這種方法稱為負面的練習（negative practice）。但老師需要花費較多的時間來處罰學生，而且要求表現的次數要超過飽足點，讓學生開始覺得厭倦，這樣才能達到處罰的效果。例如學生喜歡上課時用手拍桌子，老師經過暗示、責備之後狀況不見改善，下課就把學生找來，告訴學生如果上課再拍打桌子，下課時就要重複拍五十下桌子，該生下次再犯則要求該生拍五十下桌子。

四、過度糾正法

過度糾正法（over-correction）是古老的一種處分不當行為的方式，例如寫錯字就罰寫一百遍，直到記住正確字的寫法；學生習慣亂丟垃圾，罰他撿全班的垃圾。這項策略包含兩項因素：復原及正向練習，教導學生為其不當行為負責任，先把破壞的環境整理好；然後要求重複練習正確行為，以便養成良好習慣。例如有位在教室牆壁畫畫的學生，被要求清除教室牆壁上所有的塗鴉。

五、暫停

暫停（time-out）又稱為隔離，是一種有效的行為管理技巧，在教育的情境中經常使用，其形式相當多，例如罰站、面壁思過、坐特別座（隔離椅）等均屬之。讓學生到學務處、輔導室、校長室罰站或抄書。或是減少學生的下課時間，或是放學後留在學校，都是暫停法的延伸。在使用暫停策略時也要注意一些特殊狀況，例如當學生喜歡從同儕孤立，視被隔離為一種正增強，那表示學生在逃避參與學習活動，這時暫停法就要中止。如果教師在教室中指定某個角落來隔離違紀學生，則被限制在這些角落的違紀學生，應禁止與其他學生進行任何互動的機會。

六、依校規處理

中等學校都訂有學生獎懲辦法，行為表現良好給予記功、嘉獎之獎勵，行為表現失當，給予記申誡、警告、記過等處分，校規上都記載得清清楚楚，在記滿三大過後尚有其他配套的處分，例如停學、帶回管教、接受輔導等。但學校也要讓學生有改過銷過的機會，例如實施「服務銷過」，由學校訂定辦法，以公共服務性工作來抵銷學生違規犯過之紀錄。這個策略一方面鼓勵班上同學申請以服務時數來抵銷違反學校規定的記點或記過，當班上學生違反班規時，也可實施班級公共服務來抵銷記點。

第三節　教育法令對教師管教的規定

近年來有關學生管教之爭議頻傳，引起社會大眾關注，帶給學校教師諸多困擾及壓力，導致學校教師無所適從，惟恐在管教學生過程中動輒得咎，引起親師或師生之間的衝突。雖然學校教師對學生的管教已有法令依循，但管教學生引起之爭議或體罰事件，卻並未因此而消弭。目前國中小學生的偏差行為問題逐漸惡化，許多學生目無法紀，無視申誡、記過等懲戒處分之存在，造成教師在管教工作上的沉重壓力（林斌，2006a）。教師對學生的管教是因職務所產生的職責，只要具有教師身分，即有管教和懲戒學生的責任。若未負起此責任，除受良心譴責外，還可能受到法令的懲戒（吳清山，2008）。但是如果教師在管教上過於嚴厲，例如對學生施以體罰或語言暴力等，以致侵犯了學生的基本權利，亦是會受到懲戒，因此不可不慎。

壹　輔導與管教辦法的規定

教育部依《教師法》第17條規定訂定《教師輔導與管教學生辦法》（1997），但於2003年宣布廢止，同年頒布《學校訂定教師輔導與管教學

生辦法注意事項》，歷經多次修法，新版於2020年修正實施。教育部訂定
教師輔導與管教學生辦法的目的，是在落實《教育基本法》（2013）維護
學生權益的規定，而且維護校園安全與教學秩序；對於基層教師則在輔導
與管教學生時，有一明確可循之處理原則。該法令授權各學校依循民主參
與之程序，經有合理比例之學生代表、教師代表、家長代表及行政人員代
表參與討論後，經校務會議通過由校長發布實施。其中有關教師管教措施
分為正向管教、一般管教、強制措施、特殊管教等四類，以下就重要規定
作一說明（學校訂定教師輔導與管教學生辦法注意事項，2020）：

一、一般管教

　　教師為增進學生良好行為及習慣，減少其不良行為，以維護教學秩序
與校園安全，確保班級教學及學校教育活動之正常進行，並促進學生健全
人格之發展，得採取下列一般管教措施：

　　1.適當之正向管教措施；2.口頭糾正；3.在教室內適當調整座位；4.要
求口頭道歉或書面自省；5.列入日常生活表現紀錄；6.通知監護權人，協
請處理；7.要求完成未完成之作業或工作；8.適當增加作業或工作；9.要
求課餘從事可達成管教目的之措施，如學生破壞環境清潔，要求其打掃環
境；10.限制參加正式課程以外之學校活動；11.經監護權人同意後，留置
學生於課後輔導或參加輔導課程；12.要求靜坐反省；13.要求站立反省，
但每次不得超過一堂課，每日累計不得超過兩小時；14.在教學場所一
隅，暫時讓學生與其他同學保持適當距離，並以兩堂課為限；15.經其他
教師同意，於行為當日，暫時轉送其他班級學習；16.依該校學生獎懲規
定及法定程序，予以書面懲處。

　　對於上述管教措施，有許多項目本就無法在課堂中執行，教師得視情
況，於學生下課時間實施，並應給予學生合理之休息時間。此外，學生反
應或教師主動發現有下列情況，應調整管教方式或停止管教：1.學生身體
確有不適；2.學生確有上廁所或生理日等生理需求。教師對學生實施管教
措施後，得審酌是否通知監護權人。

二、強制措施

學生有攻擊、自殺等行為，教師得立即對學生身體施加強制力，以制止、排除或預防危害，例如學生有跳樓自殺之舉動，教師得把握時機上前抱住或壓制學生使其離開危險場域，制止其自殺行為。當學生有下列行為下列可施以強制措施：

1. 攻擊教師或他人，毀損公物或他人物品，或有攻擊、毀損行為之虞時。

2. 自殺、自傷，或有自殺、自傷之虞時。

3. 有其他現行危害校園安全或個人生命、身體、自由或財產之行為或事實狀況。

三、特殊管教

當上述一般管教措施無效或學生不服管教時，教師及學校所能採取之特殊管教措施如下：

㈠行政支援

學生不服管教，情況急迫，明顯妨害現場活動時，教師得要求學務處或輔導室派員協助，將學生帶離現場。必要時得強制帶離，並得尋求校外相關機構協助處理。各處室人員將學生帶離現場後，得安排學生前往其他班級、圖書館或輔導室等地，參與適當之活動，例如進行合理之體能活動，或依規定予以輔導與管教。

㈡監護權人及家長會協助

學務處或輔導室實施管教，須監護權人到校協助處理者，應請監護權人配合到校協助學校輔導該學生及善盡管教之責任。學生違規情形，經多次處理無效且影響班級其他學生之基本權益者，學校得視情況需要，委請班級家長代表召開班親會，邀請其監護權人出席，討論有效之改進措施。

㈢家長帶回管教

學務處認為學生違規情節重大，可交由其監護權人帶回管教，每次以

五日為限，並應於事前進行家訪，或與監護權人面談，以評估其效果。交由監護權人帶回管教期間，學校應與學生保持聯繫，予以適當之輔導，必要時得終止處置。當管教結束後，得視需要予以補課。

㈣移送警政司法單位

學生違規行為涉及刑事犯罪或《少年事件處理法》所指之各項犯罪或虞犯行為，學校得送請少年輔導單位輔導，或移送警察或司法機關處置，但此措施須經學生獎懲委員會討論議決後始得為之。然而在緊急的情況之下，即應立即移送警察機關處置，不必經會議議決。若涉及《兒童及少年福利法》，則應聯繫社政單位協助處理。

㈤參加高關懷課程

為有效協助校園內中輟及高關懷群個案，學校應視需要開設高關懷課程。對於學生違規情節重大，擬採取參加高關懷課程之處置時，須經學生獎懲委員會或高關懷課程執行小組議決後，始得為之。高關懷課程編班以抽離式為原則，依學生問題類型之不同，以彈性分組教學模式規劃安排課程，每週課程以五日為限，每日以七節以下為原則。

四、低學業成就學生之處理

在校園中，有些熱心的教師剝奪學生的下課時間，令其到導師辦公室補考、背書、寫作業。然而管教辦法規定：學生學業成就偏低，教師應了解其學業成就偏低之原因，並針對成因採取有效之輔導與管教方式，例如各種鼓勵、口頭說理、口頭勸戒、通知監護權人或補救教學等，但不得採取處罰措施。也就是上述背書、補考是違反規定的行為，基層教師覺得這項規定窒礙難行，因為學生在沒有罰則的情況下，能在下課時間自願找老師補考的學生有多少人呢？

五、其他管教方式的限制

其他管教方式的限制有以下幾項：1.訂定校規、班規之限制，如不得限制學生髮式、不得牴觸法令、班規不得牴觸校規等。2.搜查學生身體及

私人物品之限制，除非有相當理由及證據顯示才可搜查。3.校園安全檢查之限制，進行檢查時應有學校家長會代表或第三人陪同。4.違法物品之處理，教師發現學生攜帶刀械或使用毒品，應儘速通知學校處理；其他妨害學習或教學物品，得予暫時保管，課後返還學生或通知監護權人領回。

六、法令規定之通報義務

教師在輔導與管教學生過程中，知悉兒童及少年保護、家庭暴力、性侵害及校園性騷擾事件，應於知悉事件24小時內向學校權責人員進行責任通報，再進行校園安全事件通報，並由校長啟動危機處理機制。例如：學生施用毒品或管制藥品、疑似家庭暴力情事者、疑似校園性侵害（性騷擾或性霸凌）等情事。

貳 教師不當管教之懲戒

媒體報導新北市某高中實施「五五酷刑」班規，以「背誦心經、在講臺做蠢事讓同學笑、用臉原地衝破保鮮膜」等方式處罰學生，涉侵害兒少人格權、學習權、財產權，實施手段與教育目的不符比例原則。經家長投訴後，已將該師調離導師工作，並提交學校的「教師成績考核委員會」作審議，再視情節輕重做懲處（謝君臨，2021）。教師有不當管教學生之行為者，學校應予以告誡。如果再有不當管教行為，學校應按情節輕重予以懲處。教師的懲戒必須基於是教師有違反相關法令規定或義務之事實者，否則政府機關或學校單位不能任意加以懲處，以保障教師工作權益（吳清山，2008）。教師懲戒的法令依據《教師法》（2019）及《公立高級中等以下學校教師成績考核辦法》（2021），教師的不當管教亦可能涉及法律責任，以下分別說明如下：

一、教師法

教師因「體罰或霸凌學生，造成其身心嚴重侵害」，應依《教師法》第14、15、16條規定處理，其懲戒分為三等級，最嚴重為「解聘且終身

不得聘任為教師」、第二級為「解聘且應議決一年至四年不得聘任為教師」、第三級為解聘。《教育人員任用條例》（2014）第31條，亦將「體罰或霸凌學生，造成其身心嚴重侵害」列為任用限制。

二、公立高級中等以下學校教師成績考核辦法

《公立高級中等以下學校教師成績考核辦法》（2021）為行政命令，其中第6條對教師違法依情節輕重分別記大過、記過、申誡之處分。下列與管教有關情形之一記大過：1.故意曲解法令，致學生權益遭受重大損害；2.體罰、霸凌或其他違法處罰學生，造成學生身心傷害，情節重大，而未達解聘、不續聘或終局停聘之程度；3.執行職務知有校園性侵害事件，未依規定通報；4.隱匿學生涉犯毒品事件，或要求藥物濫用個案學生辦理休、轉學等情形，經查證屬實。

有下列情形之一記過：1.體罰、霸凌、不當管教或其他違法處罰學生，造成學生身心傷害；2.對偶發事件之處理有明顯失職，致損害加重；3.班級經營不佳，致影響學生受教權益；4.延遲通報學生涉犯毒品事件，經查證屬實。有下列情形之一記申誡：1.不按課程綱要教學，或教學未能盡責，致貽誤學生課業；2.對學生之輔導或管教，未能盡責；3.教學、輔導管教行為失當，有損學生學習權益；4.體罰、霸凌、不當管教或其他違法處罰學生，情節輕微經令其改善仍未改善。

三、管教有關法律責任

教師輔導與管教學生時，若涉及不當管教，除遭受上述行政懲戒之外，亦可能擔負法律責任，例如教師涉及誹謗、公然侮辱、恐嚇等違法處罰行為，可能會涉及刑法；教師沒收學生私人物品，或因不當體罰而遭致家長的控告，構成民事侵權行為損害賠償責任（郭明德，2001）。教師也應該要避免有構成行政罰法律責任或國家賠償責任之行為，例如美術課老師帶學生到校園寫生，但老師遠離寫生現場，致學生受到同學所投擲的石頭傷害右眼，美術老師需負過失責任（許育典、劉惠文，2010）。

創意正向管教案例：不一樣的天使

　　小風是國小三年級的學生，由於父親入獄服刑，母親離家出走，童年生活在寄養家庭與育幼院中度過。父親出獄後與他同住，除了犯錯後的打罵之外，父親並未真正的管教、關心小風，因此放學後經常在社區、校園閒逛。小風在學校學習成就低落，功課經常缺交，而且衛生習慣不佳、穿著髒亂、抽屜及書包凌亂。與班上同學經常產生言語及肢體衝突，甚至有偷竊或藏匿同學物品的情形。老師及部分家長曾設法幫助小風，但成效不彰。在小風升上四年級的班親座談當中，有數位家長向導師表示，若無法妥善解決小風的問題，要將小孩轉學。後來小風轉班，由導師擔任認輔教師，在導師、同學及家長的協助下，小風有了很大的進步。導師所用的輔導策略如下（王瑞臨、陳威良，2008）：

(一)輔導個案融入班級：1.訂定契約；2.給予鼓勵及肯定；3.教導如何解決衝突；4.訂定可達成的學業目標。

(二)教導學生接納、關懷與包容，營造友善班級氣氛：1.繪本教學；2.獎勵制度；3同儕協助；4.優點轟炸。

(三)尋求家長、其他教師支持及協助：1.主動溝通說明；2.運用班親會；3.邀請家長協助；4.鼓勵個案參加社團。

自我評量 ....

一、選擇題

(　　) 1. 教育部推動「校園正向管教工作計畫」，鼓勵教師以正向管教取代
處罰或體罰。下列作法哪些為正向管教策略？甲、前後一致、堅定
的引導模式　乙、讚美或鼓勵兒童的努力及好的行為表現　丙、肯
定尊重兒童　丁、嚴厲回應兒童不當行為　戊、只告訴兒童「不可
以」表現哪些行為　己、傾聽與示範　(A)甲乙丙戊　(B)乙丙丁戊
(C)甲乙丙己　(D)丙丁戊己

(　　) 2. 王老師對於課堂中不專心上課的同學頗感困擾，屢勸不聽，怎麼責
罵都無效。隔壁班的陳老師建議他使用預防性策略，以維持班級授
課的流暢。下列何者屬於此種策略的應用？　(A)走到不專心的同
學身邊，小聲提醒他上課要專心　(B)將不專心上課的同學座位，
調整到離老師較近的地方　(C)在下課時，將不專心的同學留下，
私下提醒該生行為　(D)利用聯絡簿，與家長溝通同學上課不專
心，希望親師合作

(　　) 3. 教師在進行教學或經營班級時，除了使用一般的語言溝通，也常用
師生約定的信號來保持或轉移學生注意力。下列哪一種班級信號對
於管理班級秩序最有效？　(A)不分學生年齡，都可以用眼神來傳
遞信號　(B)為了讓全班靜下來開始上課，大聲喊「安靜」　(C)採
用聽覺信號如老師拍手兩次，讓學生跟著拍　(D)學生分組進行討
論時，採用手勢信號來管理秩序

(　　) 4. 管理學生的不當行為，應建立行為與結果間的因果關係。下列哪些
說法比較適當？甲、「你弄亂了圖書角的書，要負責排整齊。」
乙、「如果你大聲吵鬧，就要處罰你跑操場兩圈。」　丙、「如果
你製造髒亂，下課後就要留下來打掃。」　丁、「如果你持續干擾
旁邊的同學寫作業，那就要換座位。」　(A)甲乙丙　(B)甲乙丁
(C)甲丙丁　(D)乙丙丁

(　　) 5. 有一群學生在學校走廊橫衝直撞，林老師攔下其中一位並質問：
「你在走廊奔跑，有沒有違規？」這名學生很生氣地辯駁說：「我

們有好幾個人在跑，為什麼只指責我？」林老師再次質問，該名學生再次辯駁，林老師仍是堅定地質問：「你在走廊奔跑，有沒有違規？」林老師是使用哪一種技術？ (A)我－訊息法 (B)破唱片法 (C)邏輯後果法 (D)連漪效應法

( ) 6. 課堂上阿嘉斷斷續續發出低鳴的狗叫聲「嗚……嗚……嗚……」，張老師剛開始忽視阿嘉的行為，並稱讚安靜上課的同學，於是阿嘉慢慢的停止這個令人討厭的聲音，張老師立即讚美他。下列何者是張老師使用的策略？ (A)區分增強法 (B)償付代價法 (C)過度矯正法 (D)系統減敏感法

( ) 7. 小魚在班上的不適當行為越來越明顯，特別是講話不禮貌的行為，如：頂嘴、說髒話等，已經造成教師教學的困擾，也影響小魚的人際關係。王老師欲以行為塑造法來輔導，其行為塑造法的實施步驟依序為何？甲、安排後果 乙、測定基線 丙、評估效果 丁、選擇增強物 戊、確定目標行為 (A)乙→丁→丙→戊→甲 (B)乙→丙→戊→甲→丁 (C)戊→甲→乙→丁→丙 (D)戊→乙→丁→甲→丙

( ) 8. 擔任導護的張老師攔下服裝不整的淑娟。淑娟解釋：因為快遲到了，來不及整理服裝。但不論淑娟如何辯駁，張老師只是一再反問：「你有沒有服裝不整？」張老師運用肯特（L. Canter）果斷訓練模式的哪一種策略？ (A)理性說服 (B)邏輯後果 (C)破窗效應 (D)破唱片法

( ) 9. 下列有關學生不當行為的管教措施，哪一項較為適切？ (A)學生上學遲到，須背誦唐詩一則 (B)考試成績未達60分的學生，每少1分，罰1元，納入班費 (C)學生上課偷看成人雜誌，教師將雜誌暫時保管三天後再通知家長領回 (D)學生集體吵鬧耽誤教師教學，教師說：吵鬧多久就延後多久下課，才不會耽誤學習

( ) 10. 高老師對於課堂上少數學生偶有竊竊私語、分心旁鶩、插嘴發言等行為感到困擾，向幾位老師請教因應之道。哪一位老師的建議較適合？ (A)吳老師：插嘴發言的學生如果是想要吸引你的注意，你應該請他回答問題 (B)周老師：你要有能耐繼續教學，音量暫時

放大，蓋過他們竊竊私語的噪音即可　(C)王老師：你可以把分心旁騖學生的名字融入教學舉例中，藉由提到他們來發揮警示效果　(D)鄭老師：一出現這種情形，立即停止教學，針對剛剛的授課內容進行隨堂小考，對學生最有嚇阻力

(　　) 11. 根據《學校訂定教師輔導與管教學生辦法注意事項》，教師處理學生的違規行為時，下列何者並非合理的處罰方式？　(A)在教室後面罰站二十分鐘　(B)經學務處和隔壁班教師同意，於行為當日，暫時轉送其他班級學習　(C)經班會決議通過並徵得家長會同意後，在班規中明訂處以一百元的罰款　(D)在教室安排一堂課的「特別座」，暫時讓學生與其他同學保持適當距離

(　　) 12. 有關教師輔導與管教「比例原則」的敘述，下列何者最不適切？　(A)採取之措施應有助於目的之達成　(B)違規行為之處罰應強調能否達到以儆效尤的效果　(C)採行措施所造成之損害不得與欲達成目的之利益明顯失去均衡　(D)有多種同樣能達成目的之措施時，應選擇對學生權益損害較少者

(　　) 13. 高登（T. Gordon）認為：教師採用「我訊息」策略，有助於師生溝通。大華在上課時隨意講話，干擾到吳老師上課。吳老師如採「我訊息」策略，會如何表達？　(A)大華！好學生要專心上課，不要隨意與同學講話　(B)大華！你大聲講話，影響我上課，令我感到苦惱　(C)大華！如果你不安靜下來，我要延遲五分鐘下課　(D)大華！你在上課時喜歡講話，所以人際關係不好

(　　) 14. 下列對於行為問題處理之「正向行為支持」的敘述，何者最為正確？　(A)當學生表現好行為時給予即時正向增強　(B)當學生表現不當行為時立即撤除正向增強　(C)指導學生以適當的行為取代不當的行為反應　(D)負向行為只要未獲正向增強，即可逐漸消弱

(　　) 15. 阿翔無法控制自己的情緒，常常和同學爭吵。導師面對阿翔的行為，採取下列何種措施較佳？　(A)向阿翔詳細說明班級規範，並依班規處罰　(B)阿翔一有情緒失控行為，即通知家長等待家長到校處理　(C)特別注意阿翔行為，並立即處理阿翔與同學間的爭執　(D)阿翔一有情緒失控行為，即轉知輔導室派專人輔導

( ) 16. 李老師上課時，看到小華不停地滑手機，吸引了其他同學的目光，沒多久還發出一陣陣的嘻笑聲。後來李老師沒收小華的手機，小華拜託李老師歸還無效後，生氣地瞪著老師。如果你是李老師，與學生溝通時，下列何者較為適切？　(A)你是不是想要對我動手　(B)你是不是有話要跟我說　(C)你這樣是幼稚且愚笨的行為　(D)如果我是你，我會立刻道歉

( ) 17. 「有系統的忽視（systematic ignoring）」旨在使學生無從獲得原本所期待的注意，因而其不當的行為也將因失去背後的動機而日漸消失。請問下列哪一種不當的行為最適合採用此一策略？　(A)小安上課常偷看漫畫　(B)小明經常找老師抬槓　(C)小華往往不交作業　(D)小雄常常上學遲到

( ) 18. 下列何者不是教師管教學生的適切措施？　(A)調整學生座位　(B)要求學生口頭道歉　(C)取消學生加入社團的權利　(D)要求學生完成未完成之作業

( ) 19. 小明上課時故意走動，藉以引起教師注意。教師採取不理睬的態度，經過幾次後小明就不再有此種行為。教師的此種做法屬於下列何者？　(A)同化原則　(B)調適原則　(C)消弱原則　(D)增強原則

( ) 20. 在教學活動中，學生出現反社會或干擾教學的行為時，教師可採取下列哪些策略，以改變學生不當行為，增加其注意力而較不會中斷教學？甲、慢慢趨近出現反社會或干擾教學行為的學生　乙、提高音量或放慢說話的速度　丙、注視出現反社會或干擾教學行為的學生　丁、指名制止出現反社會或干擾教學行為的學生　(A)甲乙丙　(B)乙丙丁　(C)甲乙丁　(D)甲丙丁

( ) 21. 「小明在教室裡幾乎每天都會嘔吐，每次嘔吐之後，就會被帶到保健室休息。專家認為離開教室的處理方式，有可能增強其嘔吐行為，因此建議教師以後遇到同樣情形，就讓其留在教室裡。」這屬於下列哪一種行為改變技術？　(A)懲罰　(B)消弱　(C)正增強　(D)反向連鎖

( ) 22. 教育部修正後的《學校訂定教師輔導與管教學生辦法注意事項》，裡面條文的規定，下列何者正確？　(A)只要家長同意、學生自

願、金額不大,老師可以用罰款方式處罰學生 (B)管教就是對學生須導正之行為,只能實施各種有利之集體或個別處置 (C)教師輔導與管教學生,非有正當理由,不得為差別待遇 (D)有相當理由及證據顯示特定學生攜帶電動玩具到校,老師得搜查學生書包

( ) 23. 教師逐步塑造學生良好行為的步驟包括:(甲)選擇有力的增強物(乙)分段依次增強(丙)確定目標性行為(丁)連續地增強目標行為(戊)間歇地增強目標行為,其依序為何? (A)甲→乙→丙→丁→戊 (B)丙→丁→乙→甲→戊 (C)甲→丙→戊→丁→乙 (D)丙→甲→乙→丁→戊

( ) 24. 小傑經常控制不了自己的情緒,發作時總會哭鬧著推倒桌椅。輔導主任建議導師採用「過度校正」的策略。下列何者符合此一策略? (A)請同學共同要求小傑練習控制情緒 (B)請小傑扶正推倒的桌椅並將全班的桌椅排列整齊 (C)請小傑抄寫「我不亂發脾氣、不再亂推桌椅」10遍 (D)請小傑在全班同學面前大聲唸出「我會控制情緒」20遍

( ) 25. 張老師知悉服務學校發生疑似校園性侵害事件,卻沒有依照《性別平等教育法》的規定通報,導致校園性侵害事件再度發生。依據《教師法》,此種情事經學校教師評審委員會查證屬實審議通過,並報主管機關核准後,張老師會面臨什麼樣的後果? (A)解聘,且終身不得聘任為教師 (B)不續聘,且終身不得聘任為教師 (C)解聘,且一年至四年不得聘任為教師 (D)不續聘,且一年至四年不得聘任為教師

答案

1.(C) 2.(B) 3.(C) 4.(C) 5.(B) 6.(A) 7.(D) 8.(D) 9.(D) 10.(C) 11.(C)
12.(B) 13.(B) 14.(C) 15.(C) 16.(B) 17.(B) 18.(C) 19.(C) 20.(B)
21.(B) 22.(C) 23.(D) 24.(B) 25.(A)

二、問答題

1.大雄經常不寫家庭作業,如果你是級任老師,如何運用正向管教來改進大雄的行為?

2. 上課時學生經常會表現出不專心、干擾別人、走動、說話等不當行為，這些紀律的問題教師要如何介入？在介入學生不當行為時，要遵循哪些原則？

3. 在國一新生入學親師座談中，有家長提到孩子是「不打不成器」。(1)請列舉四項家長體罰子女可能的後遺症。(2)請舉出三項導師可以建議家長實施正向管教的原則。

4. 有一個被認為有問題的六年級班級：上課沒有常規、學習態度不好、經常有違規犯過行為、且調皮搗蛋、男女對立、同學間疏離不合作、學習表現低等。你臨危授命擔任此班導師，應如何有效導正和經營這個班級？

5. 假設你現在身為導師，當班上有幾位學生成績不佳、學習動機低落，請問你將要如何激發他們的學習動機？

6. 依《學校訂定教師輔導與管教學生辦法注意事項》的規定，教師在實施一般管教可以使用哪些方式？

7. 何謂特殊管教？學校可以實施哪些特殊管教？

8. 教師的不當管教會受到哪些懲戒？

9. 吳老師是五年級的導師，他會利用晨光時間進行閱讀教育，然而班上有些學生上學會遲到。如果你是吳老師，請依據「我訊息」（I-message）的原則，提出三項具體溝通內容。

第七章

學生中重度不當行為的
輔導與管教

　　學生的行為問題可以說明層出不窮，輕微的問題可以立即處理，複雜的問題則需要長時間的輔導，所以管理與輔導是一體兩面，教師幾乎每天都要使用這些技巧。葛文和曼德拉（Curwin & Mendler, 2000）提出「尊嚴紀律模式」，建議設計一個三層面的紀律計畫，即預防、行動及解決，「解決層面」是為協助教師解決與失控學生之間的衝突而設計，提出的策略是為管理暴力的、攻擊性和有敵意的學生，以使學校更安全。所用的策略有四：1.找出為了預防問題所必須做的事；2.發展彼此同意的計畫，即重新協商契約；3.實施與監控計畫；4.必要時使用創造性的策略。這些策略未必都能使所有學校變得安全，但是能夠認識學生，並以尊重與尊嚴來對待學生，這就是好的開始（單文經等譯，2004）。如果將不當行為分為輕中重三級，正向管教的策略只能因應輕微的不當行為，對於中度的不當行為則需訴諸處罰，所謂中度不當行為是指教學情境中情節較嚴重干擾行為，例如不服管教、偷竊等。至於嚴重的不當行為則需學校行政人員的協助，比較常見的行為是公然反抗教師管教，而且破壞上課秩序，讓教學無法進行，這時學務處的主任或組長先要立刻制止學生破壞秩序的行為，使班級能恢復正常運作，再由輔導教師實施個別輔導，協助學生改善問題行為。要解決中重度的不當行為問題，首先要探究其背後真正原因，從生態模式與交互作用模式觀點找出原因，然後根據原因採取適當的介入策略，以達到治本及治標的目的（吳明隆，2021）。但要改變這些不當行為是不是一件容易的事，導師所具備的輔導知能有限，需要轉介專業人員協助，如此才能對學生問題行為的改善有所助益。本章分別從嚴重不當行為的因應模式、原因探究、輔導與管教策略三方面來探討。

第一節　嚴重不當行為的因應模式

　　吳明隆（2021）提到教師在處理學生不當行為時，應有以下的因應模式：1.讓學生了解不當行為意涵；2.判定不當行為事件的前因後果；3.探討分析不當行為導致的原因；4.明瞭行為個體或是群體的不當行為；

5.了解不當行為是輕微、中度或重度；6.採用介入策略；7.適時介入處；8.避免責罵體罰。當教師在處理學生不當行為時，要建立一套問題處理的流程，當不當行為的類型不是教師可以單獨處理時，即需要尋求行政單位的協助。本節列舉國內外為因應嚴重不當行為的處理模式作一說明。

 ## 壹　學生行為分級管教

　　我國現行的輔導管教學生辦法，僅針對學生偏差行為列出可用之各類管教措施，但均未依據偏差行為類型、等級，列出對應之不同管教措施及執行程序。英國絕大多數學校在管教政策中，均會針對學生各類偏差行為，依嚴重等級區隔且列舉對應之管教措施，並制定分級行為管教表（林斌，2006a）。美國各學區教育委員會在制訂政策規章時，均會依循聯邦及州之法律，並審酌本身之需求，訂定學生行為規範，針對學生偏差行為類型、次數及後果，建立學生行為分級管教表。此種行政管理上之標準作業流程，不僅對學校教職員使用管教措施之時機、程序提供良好指導方針，更對減少管教衝突事件之發生具有正面效益（林斌，2006b）。

　　臺北市教育局為推動零體罰，曾於2006年訂出「國中小學生行為分級管教措施參考表（草案）」，表中規範適當管教範圍及方法，明確列出老師懲戒學生的方式，依學生行為輕、中、重度分三級，再列舉出管教措施、處理流程、處理人員。各種不當行為的管教措施請見表7-1，但該措施因故未能持續推動。

　　然而人本教育基金會質疑訂定此參考表對教師的管教沒有幫助，反而會增加校園師生對立，基金會提出以下建言：優先規劃輔導管教的支援系統、一起找出學生不良行為的原因、管教無效要檢討管教策略而不是加重處罰、管教不能代替教學和班級經營、加強專業才可幫助教師、解決師生衝突要靠協助（大紀元，2006）。然而站在第一線的教師卻呼籲：「要建立明確的管教分級制度，讓教師有規範可依循，否則只是告訴教師若進行體罰，可能會發生刑事上的傷害罪、妨害自由罪、公然侮辱罪；民事上的侵權行為責任；教師懲處的行政責任及公法上的賠償責任等，這自然是讓

表7-1　臺北市國民中小學學生行為分級管教措施參考表（草案）

行為等級及例示	管教措施	處理流程	處理人員
第一級（輕度不當行為） 1. 上課不按時進教室 2. 上課未攜帶學用品 3. 上課不專心聽講 4. 輕微干擾教學 5. 不按時繳交作業 6. 其他不遵守上課規範之行為 7. 禮貌不周 8. 言行態度輕浮隨便 9. 歧視他人之言行 10. 罵髒話、吵鬧叫囂 11. 與同學吵架 12. 騷擾行為 13. 服裝不符規定 14. 違反手機使用規定 15. 擔任班級工作不盡職 16. 升旗或集會無故缺席 17. 其他不遵守班規或生活公約之行為 18. 不當使用器材 19. 攜帶不當物品 20. 隨地吐痰或拋棄髒物 21. 其他不當行為情節輕微者	1. 使用教室管理策略 2. 依專業自主判斷，選擇下列措施： 一般管教措施 ◎制止不當行為 ◎口頭勸告糾正 ◎調整座位 ◎道歉或寫行為自述表 ◎扣減日常生活表現成績 ◎賠償所造成之財物損害 ◎代為保管物品 ◎其他適當管教措施 懲戒行為 ◎課餘留置 ◎課餘公共服務 ◎教室內罰站（以不影響學生上課為原則，並以行為發生當節或以不超過1節課時間為限） 3. 如果同一名學生繼續類似行為，則依第二級之管教措施處理	1. 即時處理 2. 視狀況告知導師、訓輔人員、家長 3. 視狀況予以記錄	授課教師 導師 組長 主任
第二級（中度不當行為） 1. 輕度不當行為情節較嚴重或未改善 2. 不服管教 3. 欺騙行為 4. 故意汙損、破壞公物 5. 違反考試規則 6. 逃課、逃學、不按規定進出校區 7. 強借財物、拾物不送招領 8. 塗改成績、冒用他人簽名 9. 偷竊、打架、威脅恐嚇、勒索情節輕微	除第一級之管教措施外，得依專業自主判斷，選擇下列措施： 懲戒行為 ◎取消參加課程表列以外之活動 ◎適當增加額外作業或工作 懲戒處分 ◎記警告（國中適用） ◎記小過（國中適用）	1. 即時處理 2. 告知導師、訓輔人員、家長 3. 採取懲戒行為得視狀況會同家長處理 4. 教師得移請學校依規定程序採取左列懲戒處分 5. 如其不當行為已嚴重影響教學進行，得洽請其他相關人員協助處理	授課教師 導師 組長 主任 家長

行為等級及例示	管教措施	處理流程	處理人員
10. 盜拷出版品或販賣不當物品 11. 玩弄消防、機電、監視等安全設施 12. 性騷擾		6. 必須記錄事件處理過程，並保留相關資料	
第三級（重度不當行為） 1. 中度不當行為情節嚴重或未改善 2. 汙衊師長且態度傲慢 3. 集體鬥毆或毆打他人 4. 夥同外人進行暴力或破壞行為 5. 飲酒、賭博、抽菸、嚼食檳榔、吸食或注射違禁品 6. 行為不檢，有玷校譽，情節重大 7. 故意損害公物情節重大 8. 攜帶違禁物品，足以妨害公共安全	除第二級之管教措施外，得選擇下列懲戒處分： ◎記小過1次以上（國中適用） ◎記大過（國中適用） ◎家長或監護人帶回管教（以二週為限）	1. 即時處理 2. 會同導師、訓輔人員、家長處理 3. 視狀況邀請教師會、家長會協助處理 4. 必須記錄事件處理過程，並保留相關資料（含其他學生對於事件的書面或口頭敘述）	授課教師 導師 組長 主任 校長 家長 教師會 家長會 社工、心理師等校內專業人員

資料來源：http://web.tlsps.tp.edu.tw/enable2007/uploads/newbb/

教師手足無措，不知如何管教。」（沈惠君，2019）

貳　零容忍政策

所謂「零容忍政策」（zero-tolerance policy），一般指法律對特定行為予以嚴厲處罰的政策。即當事人一旦有出現法令明確禁止之行為事實，不論結果影響輕重，即採取嚴格處罰，以遏止類似行為發生（吳清山、林天祐，2005）。英國法律規定舉凡校園暴力、毒品、槍械、濫用藥物及嚴重干擾教學秩序等行為，均有採取停學、強制轉學或退學處分之規定，即使是義務教育階段學生，也一樣可能遭到永久停學之懲戒處分。美國聯邦法律在1994年通過《無槍校園法》（Gun Free Schools Act），要求各州、學區及學校對攜帶槍械到校採取嚴厲處分，至少停學一年；現在更將攜帶

槍械、暴力傷害、濫用藥物、吸食販賣毒品、飲酒及嚴重干擾教學秩序等
行為，列入懲戒處分的重點項目。例如紐約州法律即規定攜帶槍械學生至
少停學一年，持續嚴重干擾教學、破壞教室秩序之學生，至少需停學五天
（林斌，2006a，2006b）。

然而零容忍政策侵害了受處罰學生的受教育權，不利於青少年的健康
成長，導致過多的未成年人進入監獄，因此後續發展出一些補救的替代方
案，可以幫助學生繼續上學（張俊友，2014）。我國義務教育階段學生之
管教措施，向來不包括強制轉學、長期停學或退學之懲戒處分，教育部也
從未建立類似「零容忍」之政策。縱然學生反覆出現重大違反校規之行為
並受到懲戒處分，只要學生未因少年刑事案件受法院判刑，即使依法受到
保護處分，學生仍可從原校畢業，此一現況導致校園中普遍存在重大偏差
行為學生持續我行我素之負面示範（林斌，2006a）。

正向行為支持

當教師使用多種的行為介入策略，但是學生的不當行為仍然沒有改
善，這時教師要思考是否要改變紀律計畫？是否要尋求外在的協助？學生
的紀律問題需要學校的行政團隊來支援教師，尤其是協助處理嚴重干擾上
課秩序的學生，讓教學能順利進行。在美國有多數學校以「正向行為支
持」的三級預防模式，介入處理學生問題行為，正向行為支持方案以「初
級」、「次級」和「三級」之三個層級的方式來對學生的行為予以支持，
亦即將學生的問題行為分成「預防」、「危機化處理」和「個別化處理」
三個層次，以下略述三個層級的實施重點（方德隆譯，2014；唐榮昌、王
怡閔，2014）：

一、初級預防

初級預防（primary prevention）著重在防止問題行為的發展及其發生
頻率，包含建立正向陳述的全校性規則、教導社會技能、進行有效教學、
發展全校性的增強系統等實務。當學校能夠有效能地、確實地實施全校性

的初級預防工作，近80%的學生能在初級預防中獲得改善。

二、次級預防

次級預防（secondary prevention）的設計是為了支持那些對初級預防的介入沒有反應，而其行為尚未達到嚴重程度的目標學生群，占全校學校人數約10%至20%，期望此類學生的不當行為能避免惡化成長期性的問題行為。二級預防可在班級中進行或透過學校介入，即教師將學生轉介給全校性的團隊如輔導室，以小團體工作的方式進行介入，介入措施的目的在教導這些學生在班級和同儕關係互動中所需的利社會技能，同時教導學生自我監控的技能。

三、三級預防

三級預防（tertiary prevention）的介入需要額外的支持，如果學生無法對次級預防做反應，或是其行為非常嚴重，則需要更立即及密集的支持，這類學生占全校5%至7%。三級預防的介入也是高度個別化的，因此必須要為個別的學生進行輔導諮商。正向行為支持即在全校、全班的教學中推動初級預防，在瀕臨高危險群學生的小團體中進行次級預防，而針對特定的學生進行個別化的介入。

 校園生態系統與三級輔導制度

當教師以紀律階層介入處置，而學生的不當行為卻未見改善時，就需要尋求外在的協助，例如轉介（referral）至輔導室，委請專業輔導人員來協助，輔導工作在達成預防潛在問題、發展及充實個人能力和技巧、治療現有的問題三項目的（周新富，2019）。王麗斐等（2013）提出結合校園生態系統的三級輔導制度，圖7-1是以學生為中心的生態系統之中，有哪些重要的輔導人力資源可供運用。三級輔導的做法如下（王麗斐主編，2013；周新富，2019）：

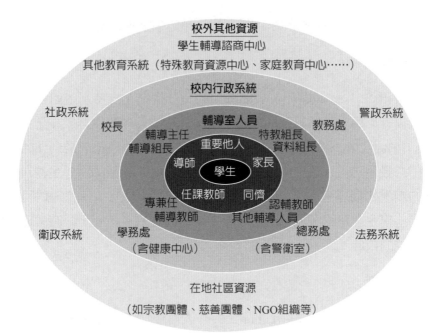

圖7-1　以學生為本的輔導人力資源生態圖

資料來源：王麗斐主編（2013，頁15）

一、發展性輔導

發展性輔導為初級預防的輔導工作，是由全校教師將輔導理念融入教學，導師於班級經營中進行班級輔導、親師合作，以達成促進學生心理健康、社會適應及適性發展的目的。當學生有人際關係、考試壓力等發展性問題，可能先求助的對象是與他們互動頻繁且關係密切的導師、任課教師、家長以及同學，這些重要他人屬初級輔導人力。

二、介入性輔導

介入性輔導屬二級預防，是針對經過發展性輔導仍無法有效滿足其需求，或適應欠佳、重複發生問題行為之學生，提供個別諮商、小團體輔導、認輔教師等介入措施。學校的校內系統包括校長、學務、教務、總務等處，不僅是學校教師的支持系統，也是輔導室的協力系統，共同來處理

學生問題行為。

三、處遇性輔導

處遇性輔導為三級預防，是針對發生心理疾病或重大適應問題之學生，提供補救性介入與危機處理，以降低問題的嚴重性並預防復發。危機處理通常屬於需要緊急介入的個案，包含因急性壓力反應而失控者、精神疾病發作、強烈自傷自殺意念或行為、暴力事件、騷擾干擾他人等。有些問題的嚴重性已超出校內輔導資源所能因應，則與最外圈的校外輔導資源聯繫，例如學生輔導諮商中心、其他教育資源、社政衛政司法警政資源等，以達成協助學生解決問題之目標。

第二節　嚴重不當行為原因探究

學生嚴重不當行為原因的探究，應從「生態模式」（ecological model）的觀點加以分析，不當行為的發生並非只是個人人格特質所致，而是與其所處的整個學習情境有密切關係，教師須於不同情境中對學生不當行為的原因作可靠的判斷，方能提出正確的解決策略。根據相關文獻整理出學生不當行為發生的原因如下：

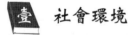 社會環境

社會問題層出不窮，藥物濫用、犯罪和暴力、失業、虐待兒童、青少年自殺、未婚懷孕等問題，都會影響到學校的紀律問題，例如社會盛行飆車，青少年會競相模仿。加上科技的進步導致知識爆炸，獲得知識的途徑變多了，侵蝕到對教師權威的尊敬，也因為知識的爆炸造成學生和教師的挫折感加深，學校課程變難且與生活無關，教師和學生無法跟上知識擴充的腳步。電視也是影響學生不當行為的重要因素，兒童花太多時間在觀看電視，但電視目充斥著暴力情境，導致學童產生較多的攻擊行為，電視成

為另一類型的角色楷模（Levin & Nolan, 2010）。

貳 家庭環境

家庭生活對學生的行為和學業有重要的影響力，而家庭的重要性在於滿足學生的基本需求。馬斯洛（Maslow, 1970）將人類的需求分成四項基本需求、三項成長需求，分別是：1.生理；2.安全和安全感；3.愛與歸屬感；4.自尊；5.知識；6.美感；7.自我實現。當基本需求滿足後，成長需求即會出現，但是學生的家庭未能提供基本需求，以致產生行為問題。例如飢餓是生理層面未得到滿足，學生無法學會數學，兼顧不了知識層次的滿足；父親或母親放棄家庭，學生的安全感、歸屬感、愛的需求未得到滿足，無法對藝術鑑賞感到興趣。一位吃不飽、穿不暖且缺乏父母關愛的學生，又怎能期望他在學校努力讀書（周新富，2006a）？

此外，研究發現家庭在紀律要求亦存在著問題，以致父母對兒童的管教充滿不少的無力感，加上離婚率偏高、單親家庭日益增加的情況，導致貧窮家庭日增、兒童虐待與忽略事件層出不窮，這些現象都會引發學生問題行為不斷地增加。家庭紀律存在的問題如下（Levin & Nolan, 2010）：

1. 父母的監督和紀律不適當，不是太鬆就是太嚴，或是有時嚴有時鬆。

2. 父母和兒童的關係是敵對的，很多觀點與兒童不同，父母因而生氣或施以體罰。

3. 家庭雖是個整體，但在運作上只發揮部分功能，例如婚姻關係缺乏親密感和平等。

4. 父母發現與子女討論彼此關注的主題是一件困難的事，且認為對孩子的影響力很小，相信孩子很容易受到壞朋友的影響。

參 學校環境

影響學生不當行為的學校因素：包含課程內容與安排方式、學校作

息安排及教室物理環境規劃布置，如溫度、噪音、光線、教材教具及學生人數擁擠情形。教師行為同樣也影響到學生的行為表現，教師行為包括學習氣氛的營造、課程與教材的適切性、教學傳遞的有效性、教師對行為的管理方式等，例如過度使用負面的極權主義方式、對學生行為表現反應過度、大量使用處罰及經常責備學生，因而導致學生不當行為的發生次數增加。學生也可能因為學業成就低落、人際關係欠佳，或受到同學的霸凌（bullying），因而產生不當行為（周新富，2006b）。在學校的環境之中，因為學生的基本需求得不到滿足，因而產生的不當行為如下（Levin & Nolan, 2010）：

一、生理需求

學生在學校裡的生理需求有飢餓、過分擁擠、噪音、經常受打擾、疲倦、教室太冷或太熱等。學生未吃早餐、午餐前的課，都是導致學生無法專心學習的因素。其他如過分擁擠等因素會導致學生神經緊張、焦慮、退縮或過度活動。想要減少學生的分心行為，學校應減少生理需求因素對學生的影響。

二、安全和安全感的需求

雖然媒體報導校園暴力及犯罪事件日益嚴重的今天，但大部分的學校都能營造使學生免於受到身體傷害的環境，讓學生走在校園裡或是上廁所時，不會覺得有焦慮感或恐懼感。學生越感受到身體的安全受到威脅，其專注的學習行為則會減少。

三、愛與歸屬的需求

這項需求是同學或師生發展人際關係及形成信任感的重要因素，教師若能營造支持性的班級氣氛，對班級成員滿足此項需求有很大幫助。在學習過程中，教師鼓勵學生發問、能原諒學生的犯錯、表現出對學生的信任及關懷，則學生會積極主動參與學習。如果教師以嚴厲的口氣說：「你為

什麼有這麼多的問題？」「昨天不是才教過？你為什麼還不知道？」如此
會妨礙學生學習的參與，導致不當行為的產生。

 肆　學生因素

　　學生因素包括生理及心理兩方面，生理因素包括：健康、生理缺陷、
神經系統失調，例如過動症的兒童愛說話、坐立不安。但心理因素的影響
比生理因素來得大，心理因素主要包含個人價值觀、人格、氣質、動機、
興趣、情緒、認知發展及道德發展等，以下僅就社會認可及自尊兩項心理
因素來探討。

一、社會認可

　　學生有追求社會認可（social recognition）和自尊的需求，心理學家阿
德勒和德瑞克斯認為個人所表現的行為，是在得到他人的認可和接受，當
社會接受的行為無法受到認可和接受，人們會選擇不當行為，來得到他
們所想要的目的。將此理念應用到學生行為的分析，認為學生的不當行為
是來自四種錯誤的信念：獲得注意（attention getting）、尋求權力（power
seeking）、尋求報復（revenge seeking）、能力不足的表現（the display of
inadequacy）。以霸凌為例，這是學校環境裡普遍存在的問題，其成因是
學生試圖得到社會認可而使用尋求權力或報復的錯誤手段。這些不同目的
所表現出來的不當行為詳見表7-2。以下分別說明這四種不當行為的類型
（單文經等譯，2004；吳明隆，2021；Dreikurs & Cassel, 1972；Cangelosi,
2008）：

㈠尋求注意

　　這類學生的錯誤推論是：自以為只有在大家注意他時，他在世界上
才有一席之地。當學生以認真學習行為得不到認同，就會以不專心行為得
到教師及同學的認同，教師要注意這樣的學生是否受到忽略，教師不須批
評、處罰，當他們表現認真行為時給予注意即可。這類學生的表現行為有

表7-2　具有不當目的之行為

學生的目的	教室行為的種類	
	攻擊性行為	防禦性行為
尋求注意	扮小丑、搗亂行為、自作聰明、炫耀、強迫別人、走動	懶惰、焦急、語言問題、害羞或羞愧、不整齊、過度興奮
尋求權力	爭辯、叛逆、反抗、亂發脾氣、不服從（做出被禁止的動作）	不合作、遊手好閒、固執、健忘、不服從（不遵照指示做事）
尋求報復	偷竊、邪惡的、破壞的／暴力的報復、犯法的行為、暴力的	不高興、情緒多變、愁眉苦臉、殘酷、拒絕參與
能力不足的表現		不能勝任、懶惰、絕望、無知的、不加入、孤單地活動

資料來源：郭明德等譯（2003，頁6-6）

以下四種：

1. 主動建設性行為，例如偏激的批評。

2. 主動破壞性行為，例如愛表現、扮小丑、炫耀、搬弄是非、囉嗦。

3. 被動建設性行為，例如過分愛乾淨、過分小心、刻意想成為楷模兒童。

4. 被動破壞性行為，例如愛哭、害羞、不愛表現、無精打采。

㈡尋求權力

這類學生的錯誤推論是：具有權力才能證明自己的重要性。這類學生只有在成為情境的主宰者，或可以控制其他人時，才會覺得有自我的價值。其明顯的特徵是具有攻擊傾向、想要當老大。對尋求權力的學生，教師要避免與之正面對抗，可以採取緩兵之計，讓學生有選擇的機會，或是改變活動內容，同意學生合理提議。這類學生的表現行為有：

1. 主動建設性行為，例如發脾氣、反駁、爭論、公然反抗、欺騙和攻擊行為。

2. 被動破壞性行為，例如懶惰、倔強、不服從、不在乎。

㈢尋求報復

當別人展現的權力超過他時，他們會有受傷害的感覺，因而產生尋求報復的念頭。尋求報復的學生覺得生命對他不公平，沒有人會喜歡他，他的錯誤推論是傷害別人才能在社會中找到自己的地位，就如同別人傷害他一樣，容易觸法犯罪的人也是這類型學生。對於想要尋求報復的學生，當他們表現不當行為時，教師可以採用下列策略：立即撤銷學生特權、使用積極肯定語詞來關懷學生、要求學生修復被破壞東西、必要時請行政人員或家長介入協助。這類學生的表現行為則是：

1. 主動破壞性行為，例如傷害他人、偷竊。
2. 被動破壞性行為，例如勉強、被動、以其人之道還治其人之身。

㈣能力不足的表現

能力不足的表現或稱為自覺無能，當以上三種方式都無法達到目的，學生可能會變得心灰意冷、放棄學習，避免任何可能對自己不利的狀況，甚至放棄自己。他們覺得：如果別人相信我是無能力的，就不會再管我了。其表現行為只有被動破壞性行為，例如愚蠢、逃避、怠惰、拒絕與人互動。面對這類學生，教師要提醒學生之前好的行為表現與成功經驗，對其成就加以表揚，必要時得修改教學方法及刪減教材。

二、自尊

自尊（self-esteem）也稱自尊感、自我價值感（a feeling of self-worth），心理健康的人自尊比較高，認為自己是一個有價值的人，並且感到自己值得別人尊重，也較能夠接受個人不足之處。相反地，沒有正向自尊的學生較容易受到社會、心理和學習問題的傷害。形成自尊的要素有四種成分：意義（significance）、能力（competence）、權力（power）、美德（virtue）。當一位學生不被教師、同儕或父母所喜歡或接受，其利社會的意義感（prosocial significance）較低；低學業、低社交能力、低參與課外活動的學生，其利社會的能力（prosocial competence）較低；學生很少被教師選為班級幹部或楷模，則其利社會美德感（sense of prosocial virtue）較低。如果意義、能力及美德三項特質皆為低層級，學生僅剩下「權力」一項特質可以追求，這裡的權力是指對環境的控制力，學生為建立其自尊，即以追求權力方式呈現不當行為，學生會以扭曲的權力（distorted power）取代「利社會的權力」，來保持其自尊，例如決定花多少時間在學習上，而不理會教師的規定（Levin & Nolan, 2010）。

第三節　中度不當行為的介入

家庭組成型態多元，學生問題也越來越複雜，要如何處理這些令人應接不暇的學生問題，對導師而言的確是一大考驗（教育部，2011b）。教師在班級經營中，除了要求學生養成良好的行為常規、學習態度之外，更應從個別層面，關注每一個學生的成長與學習。學生在成長過程中，難免會遭遇許多的問題，例如：情緒困擾、人際衝突、課業壓力等。教師有必要協助學生尋求適當的策略，協助其滿足內在需求或解決困難。教師發揮愛心與耐心，依學生個別狀況處理學生行為問題。本節針對比較常見的中度不當行為問題，提出輔導過程中可以使用的策略供作參考。

壹　反抗行為

反抗行為包括自我控制能力差、情緒不穩定、與老師頂嘴、罵老師、上課鐘聲響了還四處遊蕩等，如果是過動或情緒障礙的學生，則需要特殊教育的協助。有些反抗行為是由於教師對行為的要求不能貫徹到底所致，老師要求學生「錯字寫十遍」，學生會抗拒這些指令，如果教師不認真要求，會給學生這樣的訊息：反正我抗拒久一點就可以不必照著做。教師要處理學生的反抗行為可以參考以下的做法（周新富，2006b；教育部，2011e；Belvel, 2010）：

一、尋找行為的原因

首先要探討生理因素，是疲倦或是餓？其次探討，是否要成為團體一分子？或是要獲得注意還是權力？或是他的不當行為得到獎賞，適當行為沒有機會得到增強？或者是不知道如何參與團體，因沒人教過他？

二、觀察做紀錄

老師要觀察一段時間，為學生負面行為做紀錄，找出引發行為的原因，假如是因為失敗或是恐懼失敗所引起，那就要試著建立成功的經驗。如果是與教師進行權力鬥爭，這時教師就要避開。

三、檢討要求是否合理

老師若期待學生聽話，則要求要合理，要仔細檢討對班上學生的要求是什麼，要求是否合理？同時要了解學生的想法。

四、適當地提供選擇

生活充滿選擇，每次的決定是要負責任，學生喜歡選擇，選擇幫助他們成為自主的個體，選擇發展學生的信心和自我紀律。教師試著提供學生選擇的機會，但要注意原則，不是讓學生選擇是否從做整潔工作，而是讓他選擇要什麼工作。

五、提供楷模

老師從同儕之中提出安靜、理性、很少生氣的楷模，作為學習的榜樣。

六、避免與學生當面衝突

當學生表現公開的反抗行為，老師可以使用忽略、改變主題、提供其他活動等方式來處理，不要當面與學生衝突，私底下再找學生進行溝通了解。

七、運用行為改變技術

當學生一直拒絕聽從要求，教師要使用處罰令其改變行為，隔離法在這個時候就相當管用。與學生建立「行為契約」也是一項可行策略，如果能控制情緒並表現好行為，教師給予學生增強物，以逐步養成良好習慣。

 貳　人際關係不佳

教室裡會看到這樣的情境：有些學生總是安安靜靜地坐在椅子上、不搗蛋、不吵、不鬧，下課時不會主動和同學玩，但功課會準時交。學生人際關係的問題有孤立、不合群、衝突、害羞、退縮等，面對這類型學生，老師需要主動幫助他們建立正向的人際互動經驗。參考的做法如下（周新富，2006b；教育部，2011a，2011b）：

一、了解原因

每天與學生交談，適時協助學生發現問題的癥結並共同討論處理或改變的方式。如果學生被排擠是因為口臭、體臭等特殊原因，則協助同學排除。

二、觀察學生在活動中的表現

要了解學生哪些社交策略需要改變，先要觀察學生在班上活動中的表現，以找出問題的原因。

三、先參與小團體活動

先讓學生參與小團體活動做起，如此比較容易有效處理人際問題，活動的性質是合作不是競爭，老師要協助這類學生經驗到成功的學習。

四、安排同學主動地與他接近

害羞、退縮的學生不敢主動與人說話或參與活動，老師要安排一位

社交技巧較佳的同學主動接近之，平時多主動關心、互動，作為友善小天使。

五、分派任務

分派學生能力所及但需與別人互動的任務，以增加與別人互動的自信和膽量。如幫老師分發簿本、繳交資料到辦公室等。

六、老師要前後一致地接納學生

接納害羞、退縮的學生主要在使他得到安全感，在安全感的環境下，學生比較能表現社交行為。

七、實施閱讀輔導

老師選擇一些有關人如何與人交朋友的書供其閱讀，也可以角色扮演的方式教導學生如何參與別人的遊戲、如何與人互動。

 參 攻擊行為

攻擊是人際間的衝突，通常發生於爭吵之後，國中小階段，學生攻擊行為會經常發生，老師有時要花好多時間處理。攻擊行為可分肢體與語言攻擊兩種類型，肢體攻擊行為包括打人、踢人、咬人等，使學生造成身體上的傷害；語言攻擊即是罵人，學生經常會使用不適當的語言斥責同學，例如罵髒話。學生缺乏衝動的控制力，亦缺乏足夠的口語溝通能力，當遇到無法忍受的挫折又無法用語言表達時，就用傷害人的方式處理糾紛。以下是處理學生攻擊行為的一些策略（周新富，2006b；教育部，2011a；Greenberg, 2000；Wolfson-Steinberg, 2000）：

一、提出楷模供學生學習

學生行為會受到家庭、媒體和教師的影響，為避免學到以負面、攻擊的方式表達生氣，老師要以身作則，或是提供楷模供學生學習。

二、絕不接受學生的攻擊行為

班級常規一定要明確告訴學生不可傷害他人，讓學生知道攻擊行為是不會得到寬恕的。教師更不能以忽略方式處理攻擊行為，當教師不對攻擊行動做出反應，學生會誤認為老師贊成這項行為。

三、教導學生社交技巧

當學生不表現攻擊行為時，要讓學生表現好的社交技巧。老師要教導學生使用社交技巧參與人際互動，雖然學生的社交技巧是有限的，但要教導如何與人互動、分享等適當的社交技巧。

四、教導學生使用語言解決紛爭

讓學生知道生氣或遇到挫折時不能傷害任何人，要使用語言表達的方式化解糾紛，當無法解決問題時，即需立即請求老師的協助。

五、維護學生的自尊

雖然某些學生經常表現出攻擊行為，教師不能因此而否定他，要讓學生知道老師是關心他的，但要學生對其行為負起責任。教師要維護學生的自尊，不因其攻擊行為而貼上負面的標籤。

六、先照顧被傷害的學生

當攻擊事件發生時，可以先不管傷害人的學生，而優先照顧被傷害的學生，趕快察看傷勢如何，是否需要消毒傷口或送醫，設法安撫其情緒，處理就緒後再來處罰傷害他人的學生。

七、與家長溝通

有些學生容易衝動，其自我控制力過於薄弱，需要不斷地提醒，教師要婉轉地告知學生家長，請其在家時多提醒學生克制衝動，設法降低其暴力傾向。

肆 偷竊

在國小階段有些學生尚未建立所有權的概念，看到喜歡的東西就動手去拿，不知道這就是偷竊。年紀稍長之後，可能受別人財物的刺激，而一時興起想占有的念頭，因此會顯現較弱的自我控制力，而容易臨時興起貪念。對於偷竊行為的處理方式如以下所述（周新富，2011；教育部，2011e；Seefeldt & Barbour, 1990）：

一、先了解偷竊的動機

了解拿他人東西的目的，是否要得到他人注意？是否是有需求未能滿足？以及是在何種情境下偷竊。如果是要得到他人注意，則給他做一些事，使之能得到他人的注意和尊重。

二、教導學生預防失竊的措施

平日告誡學生錢財不露白，貴重物品不要炫耀，並且要妥善保管個人物品。當學生不在教室活動時，可能被偷的物品都不要放在教室，同時也要勸導學生貴重的物品不要帶到學校來。

三、使用邏輯後果處理問題

當查明誰是偷竊者之後，要向他說明被偷者的心情及感受，並要求他歸還物品，教師千萬不能羞辱偷竊的學生。

四、獎勵良好行為

當偷竊的學生表現出良好行為則給予正增強，使他得到別人的注意。

五、示範正確行為模式

可用說故事的方式進行楷模學習，協助移除偷竊的偏差行為。例如全班說故事時，明白說明要有禮貌、守規矩且不會偷拿別人的東西，才能

交到好朋友。

六、與家長溝通

婉轉向有偷竊行為學生的家長說明事情經過，請家長協同輔導。並建議家長應給予子女適宜的零用錢，並養成他們儲蓄的好習慣。

 ## 伍　說謊

上課鐘響，小明又晚回教室10分鐘了，老師問其原因，小明常有很多藉口，例如：「我剛剛要回教室的過程中，遇到數學老師請我幫他搬作業本」、「我拉肚子在上廁所」等。但事實是下課貪玩而遲到，只好用各種理由來搪塞（王意中，2015）。小學生說謊行為的動機不外是害怕責罵、討厭說教、為讓自己心安、自卑的心態等其中之一，只要還沒有成為習慣性說謊，輔導時就比較達到成效。以下是輔導上的做法（教育部，2011b，周新富，2011）：

一、教導學生區別謊言與真話的差異

通常學生還不易理解謊言與真話的差異，試著透過討論、故事、時事，讓學生了解哪部分是假的，了解真實和虛構的不同。

二、觀察謊言是否被別人所接受

觀察學生的謊言是否為了吸引同儕的注意，老師要教導學生可以得到學生注意及受到團體接納的社交技巧，不要透過自編故事的方式。

三、忽略小謊言

當學生說出的謊言影響不大，教師可以用忽略技巧因應，也教班上同學忽略，當他的說謊未得到注意時，說謊行為就會逐漸消失。

四、協助學生養成誠實面對習慣

　　學生周圍成人的鼓勵，是使學生面對自己的好方法，如果成人們的評價過多，會使之感受到「我不能不好，我只能好」、「好才能得到獎賞」，為維護其自尊可能會採用說謊作為自我防衛的手段。教師可藉由鼓勵、稱讚來協助學生建立自信心、接納自己的缺點，使之能誠實地面對自己。也可運用行為改變技術、說故事等策略，讓學生知道說謊不能真正解決問題，而且又增加一項錯誤的行為。

第四節　嚴重不當行為的預防與輔導

　　小學階段有些不當行為也會持續到國中，但到了中學階段學生的不當行為更加惡化，國中導師須面對一群正值發展邁入「狂飆期」的青少年，必須肩負著「知識傳授、人格養成、常規建立、升學輔導」的重責大任。特別是「零體罰」管教法上路之後，社會一片捍衛學生受教權，教師普遍存在著無力感（教育部，2011b）。對於放棄學業的學生，在學校的生活沒有目標，很容易衍生中輟、加入不良幫派等偏差行為，學生問題行為的處理因此成為教師最感頭痛的問題。有些問題行為不是短暫時間即可處理，還需要長時間的輔導與陪伴，讓學生逐漸改變他的問題行為。像霸凌、打架等問題行為多少會在班級中出現，身為導師要熟悉問題行為處理的原則，並且協同學務處、輔導室及家長共同處理。以下僅就異性交往、打架鬧事、師生衝突、校園霸凌等事件，說明教師在輔導與處理過程中所需掌握的重點。

壹　異性交往

　　國中階段大都採用男女合班，因此異性交往的現象相當普遍，所以寫情書、肢體碰撞、爭風吃醋、小情侶形影不離、失戀等情事在校園裡經

常會發生，甚至因此而延伸出更嚴重的問題，例如因失戀而自殺、未婚懷孕、性侵害等。對這方面的問題教師需要有這樣的認知：「戀愛本身並非罪惡或問題，只是發生時機及後續效應所產生的問題。」這也是教師不得不介入處理的原因。以下為處理異性交往的輔導策略（周新富，2006b；教育部，2011d；陳金定，2015）：

一、預防策略

1. 配合學生特質及需求，提供適合的性教育，例如兩性生理、性行為、兩性交往、避孕等，以活潑生動的演講、參觀、經驗分享、社會事件等方式進行。

2. 不要避諱談「性」，讓學生可以坦然的提出他們的「性」問題，並給予正向指導與協助。

3. 對男女交往不要過分防衛，應了解學生的交往程度，導正其交往觀念，並指導青少年拒絕性愛的衝動，以免求學受阻或遺憾終身。

4. 平日與學生接觸時，應仔細觀察學生之間的言行舉止，對行為異常的同學應提早發現問題，及時防範。

5. 學校應落實每學年應至少有四小時以上之性別平等教育及性侵害防治教育課程，除進行情感教育外，並讓學生了解男女交往相關的法律刑責與規定。

6. 為預防青少年過早親密交往而發生性行為，可請輔導教師或健康教育教師進行班級輔導，進行兩性相處的課程。

二、輔導策略

1. 協助學生對性有正確認識，並非一味禁止、糾正，若有需要給予性諮詢、避孕諮商、性病諮商。

2. 一旦發現學生有遭受性騷擾、遭強暴、參與性交易等情事時，應立即處理，並會請校內、外相關人員共同協助。

3. 將當事人轉介至輔導室，由輔導教師進行輔導。輔導時可先呈現

新聞案例、書籍或宣導影片，再與學生討論有關青少年性行為、未婚懷孕、安全性行為等相關議題。

4. 教師聯繫家長時，簡單說明學生在校有狀況，請家長到校討論，勿在電話中說明事件詳細情形，以避免家長帶可能危及學生的其他不相關人士或物品到校的可能性。教師站在保護學生的立場，秉持超然立場，避免偏頗，不宜介入雙方家長之間的紛爭。

抽菸

抽菸問題在國中極為普遍，校園內的廁所或死角，經常有學生下課時間聚在那裡抽菸，或是放學後到公園、網咖、撞球場等青少年常聚集的地方抽菸。教師一旦知道學生有抽菸行為，應該先去了解背後的動機和理由，若只一味禁止學生抽菸，沒有注意到背後的動機及心態，學生只會一直和教師玩「貓捉老鼠」的遊戲（教育部，2011d）。抽菸問題的防治策略如下（教育部，2011a；教育部，2011b）：

一、預防策略

1. 用積極疏導方法，舉辦戒菸活動及講座，宣導《菸害防制法》相關規定，以給予同學正確觀念，並使之了解菸害可怕。

2. 抽菸地點多為廁所或校園死角，學務處應加強巡視，減少同學抽菸機會。

3. 學校多提供影片或圖片，利用輔導活動課程觀賞及宣導，使同學了解嚴重性而知自制。

4. 教導學生正確的抒壓方式，以及穩定情緒的方法，例如以口香糖代替抽菸的欲望，並以運動、聽音樂等方式抒壓。

二、輔導策略

1. 導師需要釐清學生抽菸行為可能發生的原因，例如朋友的陪伴或唆使、用抽菸來取得同儕認同、表現自己已經長大、父母抽菸習慣的不當

示範、反抗權威等。

2. 掌握吸菸同學的校內行蹤，減少抽菸機會，並請家長協助掌握學生上下學之情形。

3. 運用行為改變技術或與個別學生訂定戒菸契約，設定戒菸目標，採漸進式進行，只要稍有進步即給予正增強，鼓勵學生由他律進而成為自律，循序漸進達成拒菸目標。

4. 導師對抽菸學生分析抽菸對生理、心理、社會等負面影響，以及了解抽菸對人體的壞處，並教導如何做決定以及拒絕的技巧。

5. 教師要輔導與管教並重，若發現學生有抽菸習慣則要聯繫家長，與家長共同合作協助學生戒菸。

 ## 參　學生霸凌事件

在班級裡常見到以下的情境：阿強近來總喜歡當老大，常指使瘦小又溫和的阿文幫他寫作業、盛午餐飯菜、做打掃工作等。若不順從他的意思，阿強便以髒話或言語恐嚇，甚至還拳腳相向，阿文擔心被報復而不敢說。上述的事件即是霸凌，這是指一個或一群學生對另一個學生重複的、無故的、有害的行為，這些行有可能是身體的，也可能是心理的。身體霸凌或稱為直接霸凌，包含了面對面對抗、公開攻擊，還有威脅或嚇人的姿勢。心理霸凌或稱間接霸凌，包含謾罵、戲弄、威脅及被團體排斥。另一種霸凌形式為網路霸凌（cyberbullying），即透過網路嘲笑、威脅、羞辱及散布謠言（方德隆譯，2014）。各種霸凌的類型請參見表7-3。教師要正視霸凌問題，讓被霸凌的同學有支持系統而不致出現焦慮、退縮、不安全感等現象 （教育部，2011a）。以下提出防制校園霸凌的預防和輔導策略（吳維綸，2011；教育部，2011a；周新富，2016，2019）：

一、預防策略

學校須成立「防制校園霸凌因應小組」，以校長為召集人，其成員應包括導師代表、學務人員、輔導人員、家長代表、學者專家，負責處理校

表7-3　校園霸凌類型表

類型	行為態樣
肢體霸凌	推、打、踢、捏、踹、持武器攻擊等
言語霸凌	辱罵、言語恐嚇
姿態霸凌	威脅姿態（怒瞪對方）
反擊型霸凌	通常以肢體霸凌、語言霸凌反擊居多，但有部分國家（如：美國）會演變成校園槍擊案件
性霸凌	校園性侵害、性騷擾、性猥褻
關係霸凌	孤立同學
網路霸凌	利用網路社群，如facebook，發起排擠或不利某位學生的活動；或使用電子郵件或簡訊傳遞威脅訊息

資料來源：林進材、林香河（2011，頁10）

園霸凌事件之防制、調查確認、輔導等事項。

㈠教育宣導

學務處應藉由各種機會，例如朝會、親師座談、聯絡簿等，廣泛向學生與家長實施霸凌申訴宣導及反霸凌觀念宣導。教師於一般課程中，適時融入社交技巧、情緒覺察與憤怒管理的教學內容，或於班會中與同學討論反霸凌對策。學校應對教職員工進行相關教育訓練，提升霸凌事件敏感度，並能於第一時間介入處理。

㈡暢通校園霸凌申訴管道

設置霸凌申訴管道，例如投訴信箱或電話專線，定期向學生及家長宣導。學務處並且要研擬及實施學生校園生活問卷調查，以主動篩檢發覺霸凌及受霸凌高危險學生，提供預防性教育與輔導。

㈢加強對學生行為的監督

在校園內比較不易管理的地方，像是廁所、操場或是樓梯間，可安排值週導護、家長志工或糾察隊多加巡守，只要發現疑似霸凌事件立即通報。

二、輔導策略

學校透過「評估」、「確認」、「求證」三大項步驟，判定是否為校園霸凌事件，若確認為霸凌事件，應立即啟動輔導機制，針對不同對象施以不同之輔導方案及後續追蹤輔導。

㈠親師相關人員共同會談處理

情況嚴重者需即時通報學務處，為了解事件始末，可通知雙方家長到校處理，與家長一同討論如何減低學生暴力行為，並解釋問題持續的可能後果，親師共同關心注意孩子後續的行為表現、情緒處理與交友情形。

㈡對被霸凌者、施暴者及旁觀者實施輔導

當事件發生後，要對被霸凌者、旁觀者及施暴者分別進行適切的輔導。對於被霸凌學生身心受傷害，應予以個別照顧，並給予支持與溫暖，除請學生說出遭遇外，並保證學生的安全。對於霸凌者則要施以有效而非暴力的懲罰，在個別輔導過程中，應施以法治教育，明確告知施其行為可能構成的法律責任，協助矯正其不良的認知態度和行為。對於旁觀者，則應提升對霸凌問題的認知，並使其了解自己在事件中扮演的角色，像是圍觀或是發出笑聲等，會助長霸凌的進行，也讓自己成為共犯。

㈢避免霸凌受害者二次傷害

通常校園霸凌事件發生後，許多受害者不敢聲張，且常於事件處理後，受害者也不若霸凌加害人受到關注與資源的挹注，甚至有受害學生採取轉學或成為反擊型霸凌加害者；此時教師或輔導人員應對受害者家訪與追蹤一段時間，適時地引入資源，避免受害者二次受到傷害，或者因為心理的不平衡而轉變成校園中的另一位小霸王。

㈣培養學生的正義感

鼓勵學生在目擊霸凌行為時採取適當的行動，例如向成人尋求立即的協助、揭發霸凌事件、不加入霸凌行為等，更積極的做法是把霸凌者拉開，並要求他們離開；有時候可以對於受害者採取一些支持性的行動，例

如表現一些友好的行動或言語、幫他撿起掉落的書本、帶他離開等。

 校園危機處理

危機是指個人面對無法逃避的狀況，但又無法用過去慣用的方式解決問題時，所產生的一種混亂狀態，同時個人會經歷一段身心不平衡的時期。校園雖然看似安全，其實潛藏危機，校園危機事件的範圍很廣，包括以下五大類：學生意外事件（車禍、自我傷害、運動或遊戲傷害）、校園安全維護（火警、地震、人為破壞）、學生暴力與偏差行為（鬥毆、暴力犯罪、濫用藥品、性侵害）、管教衝突事件（師生衝突、親師衝突、學生抗爭）、兒童少年保護事件（亂倫、強迫性交易）（張民杰，2011a）。危機處理（crisis intervention）是一個有時限性的介入方式，其目的在於促進個人或團體回復到危機發生前的正常功能狀態，度過危機帶來的混亂時期。目前各級學校都成立了危機處理小組，也都規劃「校園危機處理標準化流程」，從「預防」到危機發生後的「處理」與「後續追蹤」，無論哪個突發事件發生，都可依據標準化流程進行（教育部，2013）。導師必須隨時提高警覺，注意學生的動態，防範未然。校園危機處理事件種類繁多，以下僅就師生衝突、學生衝突事件處理供作參考。

一、師生衝突

這裡所指的師生衝突不是教師以暴力體罰學生，而是指學生不服教師的管教，而對老師施加暴力。以下為案例的描述：有天上課時，阿順玩弄並拉扯同學頭髮，老師制止並要他站起來，他不但不聽勸誡還繼續戲弄，同學再也無法忍受就跟阿順翻臉，彼此因而拉扯、扭打了起來，老師走過來勸架，阿順以為老師要打他，於是舉起拳頭就往老師身上、頭上猛打，後來兩人變成扭打成一團。事後老師經診斷為輕微腦震盪，需住院三天，阿順很不情願地向老師道歉（教育部，2011d）。

學生打老師是相當嚴重的校園暴力事件，學校要循校安系統通報，通常教師會原諒學生，不會對學生提告，但學校仍需依校規給予特殊管教處

分，例如停學、記大過等，並要對學生進行個別輔導。對於師生衝突的預防或輔導策略有以下的建議（周新富，2006b；教育部，2011d；教育部，2011b）：

㈠隔離當事者以降低緊張氣氛

若在課堂上與學生發生衝突，教師應先安定自身情緒，表達上課為重，下課再處理。讓時間沖淡彼此的緊張氣氛，下課可以請班級幹部陪同學生一起請導師處理。若是導師與自己班上學生發生衝突事件，最好請學務處協助處理。學生對師長不禮貌的行為，常令師長情緒失控，面對不理性的學生，導師應該理性處理，提醒學生注意禮貌才能就事論事理性處理事情。

㈡教師自我反省言行是否恰當

教師自我檢視在事情發生時，言行上是否有疏失。教師為了在教室裡維持尊嚴及上課秩序，如果常以責罵的方式處理事情，容易造成反效果或衍生更多問題。當學生違反上課規範時應先柔性勸導，適時給予學生改正行為的機會。避免用話語刺激學生、挑釁學生。同時要做好自我的情緒管理，避在盛怒之下處理學生的行為問題。

㈢了解當事人情緒的原由

事後私下找當事人談話，深入了解學生的行為動機及背後原因。也需告知校規中對違規行為的懲處規定，非老師故意刁難，協助學生澄清價值觀，釐清是非對錯，避免未來相同事件重複發生。

㈣為雙方找臺階下

若事件當下，老師口氣不佳或誤解學生，老師可承認當時口氣不當，向學生致歉；但學生出手打老師或出言不遜部分，也要讓學生知錯並接受校規懲處。老師觀察學生反省態度，給予適當的諒解並降低懲處，讓學生感覺老師還是關心及願意原諒他的。

㈤通知家長協助輔導學生

導師將學生不當的行為及處理流程通知家長，請家長對於犯錯孩子繼續予以開導。導師應同理家長心理，發揮教育愛，積極輔導學生改過銷過。

㈥轉介心理師協助

輔導室觀察與記錄學生的改變情形，必要時轉介至心理師等校外相關輔導系統。

二、學生衝突

學生衝突事件在校園內極為常見，例如在學校與同學有金錢糾紛，演變成恐嚇取財；好朋友在打掃、下課時間的嬉鬧演變成打架事件；同學在教室內打架，有人拿出美工刀割破同學的手。其他如不同班級學生打群架、找外面的幫派分子到校內打人等事件也時有所聞。導師要處理班級內的衝突事件，依問題的嚴重程度再決定如何處理，輕微的打架事件，由教師依校規處理即可，嚴重的事件則需掌握以下四項重點：傷者送醫救治、協調賠償事宜、釐清法律責任、進行追蹤輔導。其處理策略如下（周新富，2019；教育部，2011b）：

㈠以學生安全為首要考量

在班級發生學生衝突事件，導師在第一時間以關懷學生安全為首要考量。若有人受傷，導師應陪同至保健室做初級救護，如經護理人員判定需就醫，導師應與學務處人員立即陪同送醫。在學生衝突事件中教師應保持中立角色，儘速釐清案情，掌控全局，避免事件擴大，造成更大危機。

㈡通知及邀約雙方家長處理後續問題

如有學生受傷，導師應在第一時間通報學務處並通知家長，若需緊急送醫，應一併告知家長，等傷勢穩定後再邀約雙方家長共同處理後續問題。導師面對學生衝突事件應就事論事，公平處理，並協助雙方和諧落幕。嚴重的暴力事件可能會涉及賠償事宜，若沒妥善處理，可能會演變為司法訴訟或報復行為，導師應會同學務處妥善處理。

㈢持續關懷高危險群學生的學校適應

高危險群青少年是指在發展為成熟過程中會遇到障礙者，該類青少年因個人、家庭、學校及社會之因素，擁有比其他同儕更高的犯罪率、濫用藥物、早孕、中輟等高危險行為。對於施暴學生輔導室應建立個案輔導，掌握其動態，做好防範工作，並針對他們擬定輔導方案，追蹤其學校適應情況。

不當管教案例：小情侶跳樓輕生

年僅13歲的一對國中男女日前相擁跳樓身亡，外界猜測2人輕生的原因，可能是早戀不堪外界壓力所致，但雙方家長並未反對孩子們交往，為何這對小情侶會用如此激烈的方式表達抗議？《鏡週刊》記者採訪家長及同學，取得學生通訊軟體對話內容及校方的調查紀錄，發現逼他們走上絕路的竟是學校班導師。沈姓少年與同班的林姓少女自2018年4月開始交往，但這一切卻在6月18日傍晚，2個孩子從女生住處樓頂相擁一躍而下結束，沈姓少年當場死亡，林姓少女經送醫亦宣告不治。林姓少女遺書中寫著：「我會自殺是因為被老師氣到想自殺，我跟我最愛的人每次都受到阻撓每次都一直被抓去罵！我真的是受夠了，我恨你……」。班導對於班上「情侶」的控管，非常嚴格，除了公開說：「我的班上不能有班對。」還授意成立「糾察隊」監視同學間的互動，只要有「越矩」的行為出現，即可通報老師。導師知悉二人在班上有親吻、擁抱等親密行為，請二人寫「偶發事件行為自述表」，而後常訓誡林女，二人被同學罵狗男女。疑似遭同學孤立的二人，在如此嚴密監管下，終因承受不住異樣的眼光和龐大壓力走上絕路（李育材、劉修銘，2018）。當班上出現小情侶時，身為導師應該用什麼策略來處理會比較恰當？

資料來源：李育材、劉修銘（2018）。班導慫恿學生批鬥釀禍──國中小情侶跳樓內幕。2022.2.19檢索自https://www.mirrormedia.mg/story/20180704soc003/

校園霸凌事件案例：狡猾的小君

國中校園的下課鐘聲響起，長期愛打小報告又喜歡以言語霸凌他人的小君，經過阿智的座位旁，朝阿智扮一個鬼臉，並且罵他「死人妖」，阿智受不了侮辱，欲找小君討回公道，不料雙方在走廊追逐中，小君不小心摔一跤，跌得鼻青臉腫，小君馬上到導師辦公室告狀，並且向導師陳述阿智如何長期地欺侮她，導致她再次受傷。學校經開會討論，校方與導師選擇相信小君所說，並找阿智來問話，由於阿智在班上課業成績一向倒數，上課時不專心聽講，下課時吵鬧喧嘩，給導師、科任老師印象很差；小君則是相反，小君長得白白淨淨，成績在班上10名以內，學校最後認定阿智為校園霸凌，經評估後，轉介給社會工作者進行處遇，至於小君，繼續在班上對阿智持續地施以言語霸凌（吳維綸，2011）。

看完案例請討論以下問題：

1. 教師處理這個案例出現了哪些問題？
2. 教師要如何公正地判別在霸凌事件的發生過程中，誰是加害者誰受害者？

自我評量 ∙∙∙∙∙∙∙∙∙∙∙∙∙∙∙∙∙∙∙∙∙∙∙∙∙∙∙∙∙

一、選擇題

(　　) 1. 依正向行為支持（positive behavior support）的理念，下列那一種是普通班教師處理學生問題行為時最不優先採取的策略？　(A)全方位的設計（universal design）　(B)功能性技能訓練　(C)過度矯正法　(D)區別增強方法

(　　) 2. 上課時，阿華時常無法集中注意力，坐立不安，會擅自拿取同學的文具，林老師是他的導師。當阿華表現這類不當行為時，下列何者是林老師最恰當的處理？　(A)以懲罰的方式來消除不當行為　(B)採用消極的態度與做法來面對　(C)與其他的普通學生同等地對待　(D)了解行為成因並尋求解決方法

(　　) 3. 林老師得知班上某些同學，常在校園人跡較少的角落聚集。負責該角落整潔工作的同學也向林老師報告，打掃時常要清理一堆錫箔紙、奇怪的罐子、針頭及紙捲。林老師懷疑班上同學可能涉及藥物濫用的問題。請問，林老師如何處理較為恰當？　(A)立即通報警察機關來校處理　(B)呈報學務處，由學務處處理　(C)與家長聯繫，自行帶回管束　(D)與家長和相關單位共商對策

(　　) 4. 在班級經營上運用「條件契約」，下列何種作法較不適切？　(A)契約內容應經過學校核備　(B)契約內容應讓學生感到公平　(C)契約中的語詞應具體明確　(D)多採正向行為結果敘述方式

(　　) 5. 小明與阿珠都是14歲的八年級學生，在元旦連假時發生性行為，阿珠事後跟導師提及此事，導師除了告知家長外，應該採取下列哪一項作法較為適當？　(A)訓斥並禁止二人繼續交往　(B)視同疑似性侵害情事，通報主管機關　(C)因當事人均未成年，請家長嚴厲訓斥　(D)尊重他們的兩情相悅，並實施正確性教育

6-7 為題組：閱讀下文後，回答 6-7 題。

某日，上完體育課，同學陸續回到教室，小華忽然大叫：「我錢包裡的 500 塊錢不見了！」頓時，全班亂成一團。

(　　) 6. 如果你是級任導師，宜先採取下列哪一項策略？　(A)對全班進行

地毯式大搜索　(B)請學生匿名寫出最有嫌疑的同學　(C)請小華公開說出最有嫌疑的三個同學　(D)請小華回憶自到學校到現在的全部經歷

(　　) 7. 如果小華丟錢屬實，但一直無法發現錢的下落。在放學前，導師宜採取下列何種策略？　(A)安撫小華的激動情緒，連絡家長並說明後續的處理方向　(B)告訴小華一切錯在他自己，不該攜帶太多錢財引發他人覬覦　(C)態度堅定的告訴學生，沒有查個水落石出，大家就都不要放學　(D)以如何預防丟錢為題，引導全班以小華為鑑，此後絕對不要帶錢到校

(　　) 8. 當教師確知班上學生遭家長喝醉酒毆打成傷時，依據《家庭暴力防治法》，應如何處理？　(A)24小時內通報當地主管機關　(B)繼續觀察學生受暴狀況，情況嚴重時才予以通報　(C)協同其他老師進行家庭訪問，視情況再決定是否通報　(D)家長可能是因為一時衝動才動手，告知同學要懂得自我保護

(　　) 9. 游老師發現志偉放學後經常抽菸，於是告訴他，如果每次想抽菸時，就立刻想到：「抽菸會得癌症！」這屬於以下哪一種行為輔導策略？　(A)消弱法　(B)飽足法　(C)嫌惡法　(D)系統減敏法

(　　) 10. 吳老師設計了一套素養導向的反霸凌課程。下列有關反霸凌課程目標面向的對應，何者正確？　(A)培養學生對人性尊嚴的重視，屬於知識面向　(B)理解同學為什麼會被霸凌的原因，屬於態度面向　(C)培養學生扶助弱勢同學的責任心，屬於知識面向　(D)使用溝通策略終止霸凌者的行為，屬於技能面向

(　　) 11. 校園暴力問題已成為學校中令人頭痛的問題，下列那一項描述正確？　(A)校園暴力事件大都發生在老師與學生之間，老師和學生都常為被害人　(B)校園暴力是指發生於學校內或上學期間，所發生的暴力侵害行為　(C)校園暴力事件的嚴重性，以官方的統計嚴重性較高　(D)校園暴力問題以居住在犯罪率較高的地區才會發生

(　　) 12. 常常坐在教室角落，無法和其他同學建立密切的同儕關係，常以幻想的方式來逃避現實。這位同學可能產生了何種適應不良的行為？　(A)退縮性行為　(B)過度焦慮　(C)反社會行為　(D)侵犯性行為

（　）13. 關於師生衝突的處理，下列何者是屬於「立即性」的輔導策略？
(A)當學生認為錯不在己時，老師應給學生辯解的機會　(B)避免以權威方式與學生互動　(C)面對學生的錯誤，應先問明原因，勿一味指責　(D)教師宜善用獎懲原則，公開獎勵，私下處罰，避免當眾責罵學生

（　）14. 校園中發生學生打老師的校園暴力事件時，下列有關現場危機處理的程序，何者是較適當的？　(A)隔離當事雙方→疏散圍觀旁人→傷患緊急送醫→通知校長家長→指定發言人　(B)隔離當事雙方→傷患緊急送醫→疏散圍觀旁人→通知校長家長→指定發言人 (C)隔離當事雙方→通知校長家長→疏散圍觀旁人→傷患緊急送醫→指定發言人　(D)通知校長家長→隔離當事雙方→傷患緊急送醫→疏散圍觀旁人→指定發言人

（　）15. 下列對於校園暴力與衝突事件處理的原則與策略，何者不適當？
(A)清楚陳述處理這個衝突事件的立場與原則　(B)保持沉默、冷處理，降低同學之間的緊張關係　(C)建立雙方對等的談話，且避免以獎懲來威脅學生　(D)不讓無關的學生圍觀，且盡量不要當著所有學生的的面處理問題

（　）16. 下列何者是美、加等國近年來針對學校校園暴力與犯罪事件，主張採取強制禁止與立即處罰的一項政策？　(A)零容忍政策　(B)校園霸凌政策　(C)中途學校政策　(D)品質管制政策

（　）17. 下列何者不是藥物濫用者戒除後，預防復發的相關介入策略？
(A)重新檢視生活型態　(B)提供感覺刺激活動，以取代戒除藥物後的戒斷症狀　(C)發展面對生活壓力的心理功能　(D)學習問題解決策略

（　）18. 針對青少年藥物濫用防治宣導應注意的原則，下列哪一項不合適？
(A)先評估學生對藥物的認識再進行教育　(B)不可因有立即效果而停止教育　(C)告知並強化藥物的負面效果　(D)提升青少年自我概念以拒絕藥物

（　）19. 開學一週來，有四位學生分別向林老師報告受到同學的「霸凌」。下列何者最符合「霸凌」的定義？　(A)曾大華上課愛吵鬧，害我

無法專心聽老師講話　(B)巫筱真常常拿走我心愛的東西，並丟進垃圾桶　(C)鄭大雄在打掃時間拿掃把亂揮，差一點打到我　(D)鍾曉君有一次強迫我和她一起蹺課出去網咖玩

(　) 20. 老師發現正在抽菸的學生，學生不聽管教並跟老師發生肢體衝突，家長怒告老師體罰學生。經正當程序後，老師被記一個大過，才平息這件事。下列敘述何者較為正確？　(A)學生不該抽菸，被抓後態度又差，老師的體罰是可被接受的　(B)家長應該告誡孩子，因犯錯被體罰是應該的，不可責怪老師　(C)學校的處分太過不近人情，楊老師負起管教責任應該被肯定　(D)老師應以說理方式輔導學生，而不應採取體罰方式加以處理

答案

1.(C)　2.(D)　3.(D)　4.(A)　5.(B)　6.(D)　7.(A)　8.(A)　9.(C)　10.(D)　11.(B)
12.(A)　13.(A)　14.(B)　15.(B)　16.(A)　17.(B)　18.(C)　19.(B)　20.(D)

二、問答題

1. 全校性的正向行為支持方案以「初級」、「次級」和「三級」之三個層級的方式來對學生的行為予以支持，請就三個層級的實施重點分別說明之。

2. 異性交往在國中小學的校園中日益頻繁，教師要如何預防男女同學有太過親密的交往？

3. 小新、小明和小凱三個男生常在一起玩。 小新的說話腔調及行為有點女性化，小凱有一次開玩笑說：「小新，你真像女生耶！我要叫小明摸你大腿喔！」這時小新拿起桌上的原子筆說：「你敢摸我，我就刺下去。」話才說完，他就馬上往小明的大腿刺下去！開玩笑的是小凱，小明只是站在一旁起鬨，反而成為受害者。 如果你是老師，應該如何處理這項偶發事件？（至少寫出四項）

4. 近年來校園霸凌問題層出不窮，政令頻頻宣導師生應注意校園安全，以進行適當的霸凌防治措施。(1)校園霸凌的種類有哪些？列舉五項並扼要說明之。(2)以輔導角度來處理校園霸凌時，宜考慮哪些面向？（至少提出三項）並分別扼要說明之。

5. 上課時，陸老師大聲喝止鐵雄拿紙團丟同學的行為。鐵雄因此惱羞成怒，大

罵老師，並用書本向老師。若依德瑞克斯（R. Dreikurs）班級經營的看法，鐵雄的行為符合哪一種錯誤信念（錯誤目標）？面對鐵雄錯誤信念（錯誤目標）的行為，陸老師應如何處理？（至少寫出四項）

6. 杰倫向陳老師報告，他遭到同學的網路霸凌，經查證後，確為屬實。陳老師該如何對杰倫、霸凌者及班上其他同學分別進行輔導？

7. 由導師轉介至輔導室的個案中，頗多來自於不服管教與師生衝突，經輔導老師予以深入的約談與評估，發現個案問題行為的出現，與其說是來自於個案的心理困擾，不如說是導師管教與學生回應間出現了問題，試問你覺得問題發生的緣由為何？要如何進行才能獲得積極的輔導成效？試詳細說明之。

第八章

班級人際關係的管理

　　團體動力學（group dynamics）是研究團體結構及團體與成員間互動關係的應用科學，團體中存在著各種動力，由於這些動力的存在，團體的運作才得以開始並持續下去。而團體運作的方式和方向，是由各種力量（forces）和其他因素所決定。團體的類型眾多，但都具有一些可辨認的特性或特質，例如團體凝聚力、團體氣氛（潘正德，2012）。所有的團體都需要某種方式的工作程序，藉此達成團體目標，最常用的分類是專制和民主，專制的團體最容易陷入停滯，當團體領導者控制所有團體的決定，個別成員的聰明才智就派不上用場，而且容易引起負面的團體生活特徵，例如小圈圈（cliques）、偏袒（favoritism）和冷漠（apathy）。民主的團體反應成員的需求，成員能參與問題解決的過程、有表達意見的機會，參與團體活動的動機比較高（Henley, 2010）。班級是團體的一種類型，可以用團體動力學的概念進行分析，也因此具有班級凝聚力、班級氣氛這些特性。班級內部具有師師、師生、生生三種人際互動關係，再加上與學生家長構成的親師互動，班級至少有四類的人際互動，教師需要妥善地經營這些人際關係，進而提升班級經營的效能。由於班級成員組成多元複雜，成員間可能產生利害衝突、疏離、競爭、紛爭等現象，但一位優秀的教師應能夠掌握班級中的人、事、地、物等因素，採取適當的措施，輔導學生建立支持性的友伴關係、培養積極正向的凝聚力、促進群性發展及良好的學習（張德銳、吳明芳，2000）。本章分別從班級氣氛的營造、師生關係的建立、親師關係的經營等三方面來探討如何經營班級的人際關係。

第一節　營造優質的班級氣氛

　　一個團體的成員在長久相處過後會形成一種氣氛，能控制成員的活動，進而成為該團體的特色，稱為「團體氣氛」；「班級氣氛」即是由班級成員長時間的互動所產生的，不僅是教師班級經營的重點，更是學生學習社會化的環節。教師的領導行為會影響班級的運作，也會造就不同的班級氣氛，良好的班級氣氛有助於學生問題行為的改善，以及學業成就的提

升，均有極大的助益。對於班級氣氛的研究一般聚焦於「人際關係」及「教室內的心理環境」，例如「同儕親和」、「團結內聚」、「教師支持」、「秩序組織」四個面向（王蕙琪，2018）。本節首先針對重視班級氣氛的班級經營模式做一闡述，其次敘述實務上的做法。

 ## 重視班級氣氛的班級經營模式

　　班級氣氛具有社會、心理和情感上的特徵，這是師生互動的重要基礎。學生較喜歡民主風格的領導，民主的教師可以營造出一個工作取向的、合作、友善的班級，學生會表現較高的獨立性和主動性。為了營造民主的班級，教師必須堅守很多信念，例如每個人都有尊嚴和價值、所有人一律平等、都有做決定的自由等。人本主義的經理論對班級氣氛特別重視，而團體動力型、尊嚴紀律及一致性管理與合作紀律這三種班級經營模式，對營造良好班級氣氛所提出的原則與策略，亦可供教師參考。

一、團體動力型班級經營

　　美國學者雷德（F. Redl）與華頓柏格（W. W. Wattenberg）是現代紀律研究的先鋒，於1951年提出第一個教室紀律的理論，他們的研究主要在協助教師了解和處理團體的不當行為。團體動力型的主要觀點，他們認為一個人在團體中所表現的行為和個人在獨處時的行為是不同的，團體的活動是會影響個人行為，同時個人行為也會影響到團體，尤其是團體會創造出自己的心理動力而影響個人行為，教師如果能對團體動力做有效的察覺，如此對於學生個人行為的了解及加強班級的管理有很大的助益（Charles, 2008）。團體動力型認為班級組織中存在著領導者、小丑、烈士，以及教唆者等不同的社會角色，彼此交織形成團體中的各類行為。這些行為包括：傳染型的行為會擴散至團體其他人、找代罪羔羊或欺壓弱小的行為、陌生人所造成的壓力性反應、嘲諷教師身邊的紅人、分化或瓦解團體等。例如團體傳染（group contagion）的現象就是團體動力的表現，學校舉辦運動比賽或搖滾音樂會時，學生會受到同學激動、狂熱行為的感染。有時

班上學生會有未計畫的、情緒失控的反應，由一人或少數人迅速傳播出去，即使是良好行為的學生也受影響，這類行為暗示教師有時也會喪失對班級的控制力（Henley, 2010）。該班級經營理論有以下兩項重點：

㈠對教師角色的期望

學生不只是受到班級情境的影響，教師角色也是重要的影響力。學生期待教師能扮演一些角色，有時會向教師施壓，例如學生希望教師能扮演角色楷模、知識來源、裁判（referee）、法官和代理家長（surrogate parent）。教師需要了解學生對教師抱持哪些期待，最好能夠與學生公開討論（Charles, 2007）。

㈡改變學生行為的策略

雷華二氏認為教師表現出協助學生的熱誠、盡可能公正客觀、容忍學生、保持幽默感、協助學生維持對班級的正向態度，這些做法皆是在影響學生的行為，不一定是要用處罰來控制學生。他們提出改變學生行為的具體行動稱為「影響技術」（influence techniques），而前三項為正向的影響技術（金樹人譯，2000；單文經等譯，2004；Charles, 2008）：

1. 支持自我控制

學生犯錯並不是因為他們自找苦吃，通常緣於自我失控，教師最佳糾正技術就是幫助學生找回自我控制（self-control）的能力。兩位作者提供五項技術包括：傳達訊息、趨近控制、表示興趣、展現幽默以及視而不見。

2. 提供情境的協助

當學生的不當行為強烈到自己無法控制的程度，老師必須介入以協助學生回歸常軌。提供情境的協助（situational assistance）的技術包括：跨越障礙、調整進度、固定進度、驅逐出境、身體羈禁（physical restraint）等。前三項與教學有關，後兩項與「隔離」的處罰相類似。

3. 現實評估

教師必須讓學生明白種豆得豆的道理，清楚點出為何此種行為是不好的，並列出明確的因果關係，學生通常會對他們認為言之成理的規則做出

良好的反應。現實評估（appraising reality）就在讓學生明白哪些行為是不適合的，並告訴理由。當使用現實評估時，老師要常給評語，評語不是來譏諷學生、攻擊學生的，而是用來鼓舞士氣。

4. 訴諸「痛—快原則」

如果上述的方法都已派上用場，學生行為依然故我，雷華二氏建議用「痛—快原則」，也就是有計畫、不愉快的「懲罰」，但教師必須注意的是，懲罰是其他方法失效之後的最後一道防線，在使用時也須確保不讓學生身體受到傷害。

二、一致性管理與合作紀律模式

羅傑斯是當事人中心治療法的首創者，在教學方面提出人本主義教育觀的《學習的自由》（*Freedom to Learn*）一書，對美國現行的教育制度的弊端進行了抨擊，並提出新的教育觀念（周新富，2006b）。福雷柏格（J. Freiberg）於1994年修訂《學習的自由》這本書，並發展出他的「一致性管理與合作紀律」（Consistency Management & Cooperative Discipline，CMCD）的班級經營模式（Manning & Bucher, 2013）。CMCD模式的主要目標是教師須建立有紀律、關懷和有尊嚴的班級氣氛，將學生轉化成主動學習的角色，由原先的觀光客身分轉為是班級中的公民。角色的轉變可以提高學生主動積極的精神，主動引發與教師及同儕的互動，進而對班級有歸屬感，且能喜歡學校。模式是由兩個不同的方面構成，即一致性管理和合作紀律，都是為了使學校的每位成員獲得一種歸屬感（Freiberg, 1996）。以下分別說明此模式的實施策略（張民杰，2011a；Freiberg, 1996）：

㈠預防

一致性管理的內涵是預防和組織。教師的作用是創造公平的、一致的、引人入勝的，以及可以預期的教學活動，以生動的教學促使學生積極參與。教師可以在開學前幾天或者幾週內建立學生的行為規範，來預防或減少將來可能發生的紀律問題，並且以此為基礎，進而發展學生為行動負

責以及自律的能力。

(二)關愛

合作紀律的內涵是關愛、合作和社群。合作的紀律能提升學生的領導能力和責任意識，在班級內形成關愛、合作的氣氛。與教師只教導知識相較，學生更在乎教師對他們的關愛與關注，教師需要使用傾聽、回應、信任和尊重，來與學生建立真誠的關係，例如在糾正學生錯誤的時候不忘激勵他們、學生有權對班級管理提出自己的意見等。

(三)合作

主張教師應該從教師中心班級經營型態，轉變為由師生共用領導責任的學生中心型班級，才能形成一個相互信賴、友愛的班級環境，學生才能學會相互幫助、分享、參與、計畫和共同工作，這些是建立合作型態班級的關鍵因素，其中最重要的是信任。教師要信任學生，相信學生的能力和道德品質，給予他們鍛鍊和提升能力的機會；學生之間也要相互信任，在合作中發展自主性、形成自律性。

(四)組織

師生共同合作可讓班級經營更有組織，可以增加有效教學和學習的時間，並形成學生的自主性和自律性。教師和學生共同肩負形成良好班級團體的責任，要授以學生擁有分擔班級經營的職權，例如「一分鐘學生管理人」（one-minute student managers）的設置，如果學生是低年級的孩童，教師應親自挑選適當的學生來擔任這些任務；但如果是小三以上的學生，則可以讓學生自己申請其所欲擔任的工作，之後由教師進行檢視或面談，讓學生的任務更能適性適才適所。所有的職位都是流動的，大約4-6個星期輪換一次，保證每位學生都能參與。透過學生共同分擔班上每日的例行工作，教師得以全心投入教學。

(五)社群

隨著當前社區與家庭的組成益趨多元，教師也需要使用更彈性多元的方式，串連起家長、社區人士與學校、班級的關係。此模式因此建議讓家

長與社區人士參與學校活動，連結起家庭與學校的關係。建立社群（co-mumity）的具體做法有二：1.讓學生有機會接觸校外人士，例如邀請家長講述職場規則、邀請社會成功人士和優秀大學生談論職業選擇等；2.加強與家長或學生監護人保持聯絡，建議教師每週撥出一個下午的一個鐘頭打電話給家長或安排會談，或寄送信件告訴家長孩子。

 ## 營造良好班級氣氛的策略

教師在班級生活中，應讓該透過各種策略的運用，以提升班級的氣氛，因此教學策略和班級經營策略要雙管齊下，以提升班級成員的學習動機為主要任務。因為學習氣氛不佳的情境，師生關係容易處於緊張狀態，同儕關係也無法維持良好融洽，因而無法提升教學效果與學習品質。班級經營的策略可促進班級師生與同學的互動，讓師生能在和諧愉快的情境中學習，對教師的教學與學生的學習都會有所幫助。以下提出幾項營造良好班級氣氛的做法（林進材，2014；賴麗珍譯，2007；單文經等譯，2004；張民杰，2011a）：

一、提供充滿關懷的學習情境

學生總想了解教師對他們的關心程度，因此教師應該傾聽學生的心聲，反思學生的想法，信賴他們也尊重他們，如此一來學生就會學到合宜的行為表現。對學生的關心程度比對學生的了解還要重要，教師以及學生都應該展現愛心以及對人的關懷。

二、公平而正向的對待學生

教師在學生互動時，要能以公平而正向的態度對待每一位學生，學生感受到教師的公正的態度，而能以積極的態度從事學習。根據「教師期望與學生成就」的研究結果顯示：當教師做出所有學生均屬公平的行為時，學生更有可能覺得被教師接納和重視。在有關教師發問的研究中，發現發問過程和師生關係有密切相關，例如在教室中和每個學生做目光的接觸、

鼓勵所有的學生參與討論、讓每位學生有發言的機會、對學生的回答做肯定的回應等行為，均對建立良好的師生關係有所助益。教師以公平、肯定、正向的方式與學生互動，是營造良好班級氣氛的重要策略。

三、參加或舉辦學生重視的班級活動

班級比賽或辦理班級活動，是凝聚班級師生向心力、歸屬感，使班級氣氛和諧融洽的絕佳機會。教師一定要主動地出席打氣，表達教師對班級的鼓勵和關懷。藉由班級活動的舉辦也可以營造班級的人際互動和氣氛，例如辦理慶生會、同樂會、校外教學等班級活動，對班上的凝聚力和團隊合作均有正面的影響。

四、定期召開班會

假如教師期望學生在教室內能與教師合作，教師必須不能以專制和縱容方式對待學生，所以民主型的班級經營才能促進師生關係的和諧。而召開班會則是民主理念在教室中的具體展現，「建立社群模式」、「法律紀律模式」均非常重視班會的召開。要解決班級的問題就要透過班會中的討論來進行，在班會中因為學生的聲音受到重視，使他們體驗到社群的感覺，學習到解決問題與做決定的能力。

五、舉辦增進同學關係的活動

新生入學到重新編班或畢業，班級成員就會歷經到不同的團體發展階段，尤其剛進到一個班級同學都還不大認識的時候，教師可以帶領促進成員相互認識的活動，當團體進入結束階段，教師可以透過活動讓學生能留下美好的回憶。以下略舉幾項增進同儕關係的教學活動供作參考（Jones & Jones, 2013）：

㈠認識新同學

新學年開始，同學之間還不相識的時候，教師可安排以下兩項活動促進同儕之間的認識：

1. 認識同學

教師發給每位同學一張同學的特質清單，如表8-1，請同學找出與清單上的特質相符合的人，並請他們簽名與互動，同一個人只能簽名兩次。

表8-1　同學特質清單

姓名：	
簽名	同學特質
	1. 生日與你在同一個月分。
	2. 你不太認識的人。
	3. 有一項很有趣的嗜好。
	4. 最喜歡的顏色是黃色。
	5. 喜歡閱讀的人。
	6. 使用左手的人。
	7. 頭髮自然捲的人。
	8. 比你矮的人。
	9. 比你高的人。
	10. 有玩樂器的人。
	11. 家裡有四個兄弟姊妹的人。
	12. 家裡有養狗的人。

2. 訪談同學

訪談可得到同學的新資訊，對同學有更深入的認識。訪談的方式有多種，可以先兩人一組，再擴大到四人；也可以一人當記者，一人接受採訪，教師可以請同學整理出訪談資料後張貼在布告欄。為避免訪談時不知道要什麼問題，老師可以寫幾個問題在黑板上，這些問題如下：1.平常從事哪些運動？2.你有什麼引以為傲的事情？3.你喜歡吃什麼食物？4.假如你可以到任何地方去旅行，你最想去哪裡？為什麼？5.你有什麼興趣或嗜好？6.你家裡有養寵物嗎？如果有，牠什麼名字？

㈡成立基本小組

教師可以成立四人一組的基本小組（base groups），為期一學期或一學年。成員的組成如同合作學習採用異質性分組，但不必與學科的小組成員相同。這個小組每週相聚幾次，每次5-10分，工作為檢查作業或學習的進步情形，當小組有人請假，成員要協助領取作業或學習單，如果有成員好幾天沒到校，組員要打電話給他，除問明原因外也給予支持。如果成員功課上有問題，也可請其他人協助。

㈢建置班級網頁或成立網路社群

班級凝聚力的建立方式也可從網路著手，例如成立班級網頁或在社群網站成立班級社群，同學可在網路上分享訊息及相片，如此有助班級凝聚力的發展。但要教導同學網路禮儀，不能有嘲笑、謾罵他人的情事發生。在班級網頁上可建立相片簿，用照相的方式抓住班級生活事件的點滴，當班級有活動時，可請同學拍下照片，再上傳到相片簿裡面，舊相片可以編輯成班級歷史。當同學看到照片即會回憶特殊事件，對增進班級的認同感很有幫助。

第二節　建立良好師生關係

在第二章的班級經營模式當中，有提到柯恩的「建立社群模式」，該模式相當重視師生關係。柯恩的理念受到吉諾特的影響，吉諾特強調教師透過正向溝通、關懷、與學生支持性的互動，可以建立一個學習者的社群（方德隆譯，2014）。吉諾特的理念與教師效能訓練的倡導者高登均重視教師的溝通，主張透過溝通來處理班級的紀律問題，這兩位學者的理念均屬「非干涉主義」。本節先就師生關係的相關研究作一概述，其次說明增進師生關係的具體做法，最後介紹吉諾特與高登所倡導師生溝通方式。

師生關係相關研究

　　在實證研究方面，不少研究證實師生關係對學生行為有深遠的影響，例如在一項包括68位高中生的研究中，84%的學生指出，曾經因為維持更好的師生關係而避免紀律問題，許多行為問題最終可以歸結到師生關係的破裂（賴麗珍譯，2006）。其中有兩項研究經常被引用，以下分別說明之。

一、師生互動關係

　　師生互動關係則是指發生在教師與學生之間，雙方經由語言、符號、非口語等溝通方式，互相影響、改變（孫旻儀、石文宜、王鍾和，2007）。伍貝爾等人（Wubbels et al., 1997）區辨出支配—順從向度（dominance-submission）、合作—抗拒向度（cooperation-opposition）兩個層面，前者為影響力（influence），後者為接近性（proximity），由兩層面的互動定義師生之間的關係。高支配特徵是目標明確與強力指導，也可以是不關心學生的利益；而另一極端高順從是教師缺乏明確的指示與目標。高合作的特徵是關心、接納他人的需要與意見，以及渴望以團隊成員的角色發揮作用，而極端合作的特徵是，若沒有他人的投入就缺乏行動的決心；高抗拒的特徵是對他人的敵對，以及反對他人的目標和渴望。由圖8-1得知灰色的部分就是支配與合作所組成的最佳師生關係狀況，這個區域不包括支配或合作的極端層面，因為極度合作與極度抗拒都不是有助於學習的師生關係類型（賴麗珍譯，2006）。

二、教師管理風格

　　邱連煌（1997）訪談美國小學四到六年級學生共712位，要求從四選項：1.重規則或獎懲；2.重關係與傾聽；3.重對質與約定（confront/contract）；4.沒有特別的偏好等，選出比較喜歡的班級經營風格。重規則或獎懲的風格恰如其名所述；重關係與傾聽的風格是很少強調紀律問題，其重點在強調對學生的關懷。重對質與約定的風格是以直接而非彈性的方式

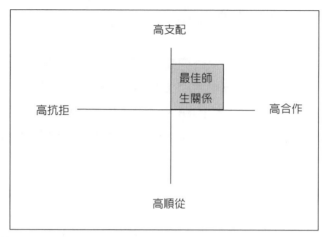

圖8-1 支配與合作之間的互動

資料來源：賴麗珍譯（2006，頁77）

處理紀律問題，對學生不當行為除給予負面後果外，教師也關心學生的需要與喜好。調查結果則是第三種最高約占60%，第一、二種各占20%，第四種只占5%，第三種類型正好為中高度支配和合作的權威運用。由此可知，學生喜歡的老師不是「什麼都行」，也不是「只有獎懲」，而是溫和堅定、賞罰分明（賴麗珍譯，2006；張民杰，2011a）。

 增進師生關係的具體做法

　　良好的師生關係對學生的學業和社會發展有重大的影響，如果師生關係良好，學生經常與教師交談，從中得到建設性的指導和稱讚，而不是得到老師的批評，因此學生會更信任教師，會更加參與學習，行為表現也會更好，甚至連學業成就也會有所進步。實證研究證實正向的師生關係能支持學生對學校的適應、提升社交技巧及學業成就；反之，較常經歷師生衝突或師生關係不佳的學生，其學業成就較低、有較多的行為問題（Rimm-Kaufman, 2011）。了解師生關係重要性，以下提出增進師生關係的具體做法。

一、展現想要了解學生情況的興趣

就像每個人一樣，學生想要被認識、被人了解、被人欣賞，被人認可獨特的素質、能力、興趣、需求、人格。所以認識學生對於有效的班級經營，將會建立更強固的基礎。其具體的做法如下（賴麗珍譯，2007）：

(一)發現學生個人興趣，並將其納入課業的學習

有許多方法可以得知學生的個人興趣，這些方法有：1.調查學生的興趣；2.師生共同開班會；3.與學生的非正式話；4.注意學生在校外參加的活動類別。了解學生的興趣後，再將學生的興趣納入課業學習，例如寫作課可以允許學生選擇他們有興趣的主題；在有關古典音樂的單元中，讓學生依據古典音樂的標準，評鑑自己最喜愛的音樂。

(二)注意學生的個別成就和學生生活的重要事件

為確保學生覺得認識、被欣賞的另一種方式是注意學生在運動、戲劇、其他課外活動或重要家庭活動的參與情形，並且對這些活動表示適當的意見。教師可以在這方面獲得訊息：1.親師會時聆聽家長提到的關鍵細節；2.從其他教師得知學生參與的課外活動；3.閱讀校刊蒐集關於學生參加課外活動的資訊；4.稱讚學生在校內外的良好表現，例如書面報告寫得很好。

(三)與學生個別互動

教師想要認識學生的個人狀況，與學生個別互動是重要的的方式。以下有幾種學生互動的方法：

1. 提早進入教室，主動向每一位剛進入教室的學生打招呼，打招呼時務必叫出學生的名字，例如：「早安，品冠」。

2. 找時間和學生非正式地談談他們的生活與興趣。當學生提早到教室，或者學生在不同時間完成班級任務時，老師可以利用這些時機就學生的學習、衣著、頭髮、運動成就、個人興趣等，主動給予鼓勵；也可以詢問學生對於目前所教單元的意見、詢問他們在其他科目上的學習成就等。

3. 當學生有傑出表現時，打電話給家長，表達對學生的肯定。

4. 當學生的成績退步，或是心情不佳時，找時間與之個別談話，表達老師的關懷。

5. 每天選出幾位學生和他們談話，例如用餐時間。談話開始時可以像以下簡單地說：「大明，你今天過得如何？」「嗨！安娜，看週末將會是好天氣，妳有沒有什麼打算？」

6. 如果正巧在校外遇到學生，例如運動場所、商店等，只要叫出學生的名字，給他溫暖的問候就可以，例如：「嗨！小梅，很高興看到妳。」

二、察覺不同類型學生的需要

有效的班級經營者會注意到個別學生的獨特需要，尤其是高需求的學生（high-needs students），這些學生包含以下五類：1.被動型學生；2.攻擊型學生；3.有注意力問題的學生；4.完美主義型學生；5.社會技巧不足的學生（Marzano & Marzano, 2003）。對於上述學生，教師應給予額外的協助與照顧。這些學生的特徵與協助的做法請參見表8-2。

三、做好情緒管理

教師的情緒管理能力也是班級經營的重要技能，特別是在處理學生的不當行為時，生氣與挫折都是經常會有的反應，但顯露這些情緒有時是於事無補的，以下幾項技術能幫助教師在處理學生不當行為時避免負面情緒的產生（賴麗珍譯，2007；張民杰，2011a；Marzano & Marzano, 2003）：

㈠監控自己的想法和情緒

教師大都對某一類型的學生存有負面的意見，以致在與這些學生互動時會有負面的情緒或反應產生。這時教師須自我覺察，列出哪些學生令你有負面情緒，並找出原因為何，時常提醒自己在與這些學生互動時要保持正面的期望。

㈡尋找理由

尋找理由也稱為「重構」（reframing），指教師針對引發其負面反應

表8-2　高需求學生的類型與協助的建議

類型	特徵	協助的建議
被動型	畏懼人際關係 畏懼失敗	1. 提供安全的互動，免於受到同學恐擊。 2. 提供自我肯定的訓練。 3. 有任何進步立即獎勵。
攻擊型	仇視他人 唱反調 暗地傷人	1. 建立行為後果。 2. 提供一致性及立即性的獎勵和後果。 3. 鼓勵參與校內外的課外活動。 4. 讓學生協助老師或同學，從中獲得成功的經驗。
有注意力問題	過動 注意力不足	1. 建立管理行為的契約。 2. 教導基本的集中注意、學習技能。 3. 安置在一個安靜的工作區域。 4. 安排一位小老師。
完美主義型	常自我批判、自尊低落	1. 要求學生故意犯錯，然後表現接納行為。 2. 安排教導同學的工作。
社會技巧不足	獨自一人、與他人維持友誼有障礙	1. 教導與同學保持適當的身體距離。 2. 教導臉部表情的意義。 3. 教導如何與人互動。

資料來源：Marzano & Marzano（2003, p.166）

的學生，從正面的觀點來解釋其負面行為。舉例而言，假如有位教師與某一位學生有過負面的互動經驗，這位教師會將他的不當行為想成是對他不尊敬、故意惹他生氣。但是這位學生的行為背後可能的原因很多，可能是與朋友或家人吵架、考試失敗等。以正向想法的方式解讀學生的行為，有助於發展師生之間的良性互動。

(三)維持冷靜的外表

在教學中即使被某一位學生激怒到非常生氣，也不應該表現出攻擊行為，例如大聲責罵、恐嚇、體罰學生，這時「展現果斷的行為」是相當重要的。果斷行為是使用冷靜、與平常說話一致的語氣，向學生說明自己為什麼生氣，再依班規處理學生的不當行為。如果學生否認、爭辯或反抗，教師也要堅持依班規處理，或是請求學務處協助，直到學生表現出適當的行為。

四、以建構性的方式糾正學生

糾正學生的不當行為是每位教師重要且必須的工作，不必因為糾正行為而與學生破壞關係，師生的衝突經常是因為糾正時的「態度」所引起，糾正過程維持學生的尊嚴、不以尖酸刻薄的語言嘲諷學生，如此學生比較會誠心接受。以下是提出糾正學生行為的建構性（constructive）步驟：1.敘述發生的事件；2.認同且接受學生的感受；3.敘述另一種方式的行動；4.說明行為違反班級常規；5.讓學生知道每位學生的處置是一致的；6.引用立即且合理的後果；7.讓學生知道內心的失望且與學生溝通正向的期待（Boynton & Boynton, 2005）。

舉例而言，教師看到甲生打乙生，老師問甲生為何打人，甲生說是乙生叫他媽媽的綽號。老師告訴甲生可以告訴老師，由老師來處理，打人是不對的行為。老師引用班規打人要到校長室，立即打電話到校長室請人將甲生帶至校長室。等甲生回到教室後，教師私底下與甲生溝通，表達老師內心的難過，並且傳遞正向的期望。

五、承認和改進教師的不當言行

雖然教師關心、照顧學生，但有時也會表現出引發敵對、阻礙學生進步的言行，因此需要不斷地自我省思，檢討是否曾在課堂或私底下出現不當的言行。通常教師須減少以下這五種不當行為的發生：1.恐懼感；2.詆毀學生；3.對學生過於嚴苛；4.呈現不好的行為榜樣；5.上課無趣和無內容。教師表現出來的不當行為有兩項原因：怕控制不住學生、不知道如何使用比較好的教學策略。教師每天要進行省思，努力改善自己的不當言行，也可允許學生對自己的不當言行提出建議（Grossman, 2004）。

 ## 教師的溝通技巧

人本主義的班級經營模式最重視教師的溝通技巧，重視正向的自我概念與學習的關係，認為學生本身具有自我成長的潛能，教師只要能給予關

懷、接納與支持，學生就會自發地發展成長。因此在處理學生的問題時，教師須具備有效的溝通技巧，在和諧的氣氛下，讓學生表達內心感受及問題，教師以積極傾聽、我訊息等技巧，表現出同理心、積極的關注，教師從旁協助學生解決問題，這也是吉諾特所主張的用輔導方法讓學生改過向善（周新富，2016）。以下分別介紹吉諾特和高登的溝通技巧。

一、吉諾特的和諧溝通理論

吉諾特主張教師經由和諧的溝通（congruent communication）和適當的稱讚，維持一個安全、人本主義的、和諧及積極進取的班級環境（Burden, 2013）。所謂「和諧的溝通」即教師傳達的訊息能切合學生對情境與自己的感受，當教師這樣做時，很自然地就會流露出樂於助人和接納人的態度，並能常常注意到自己傳達出來的訊息對學生自尊的影響（金樹人譯，2000）。吉諾特認為班級經營的主要目的在保護或建立學生的自尊，教師可用以下的溝通策略來達成此一目的（吳明隆，2000；周新富，2006b；單文經等譯，2004；Ginott, 1972）：

㈠傳遞適切的訊息

教師要使用「和諧溝通」技巧傳遞適切訊息，讓學生明確了解教師的期望，如果師生之間的溝通管道能保持暢通，學生才能有更有效率的學習。適切訊息的傳遞是指針對「情境」而非學生特質的用語，教師只要描述有關的事情，讓學生就客觀情境判斷對錯，並判斷自己的感覺。例如教師看到兩位學生在該安靜的時間講話，破壞教室紀律，教師便說：「這是安靜的時間，需要絕對安靜。」而不是告訴學生：「你們兩位太過分，根本不考慮別人。」

㈡使用理性的訊息

教師應該使用理性的訊息來處理學生的不當行為，教師應了解、接受學生感受，避免使用責備、命令、訓誡、控訴、輕蔑及威嚇語氣，以免傷了學生自尊。在處理紀律問題時應該控制自己的情緒，而且不該讓問題變成教師和學生對抗。

㈢適當表達憤怒

憤怒是一種內心真摯感受的呈現，老師也應合理及適切的表達其憤怒，有效方式如：「當……老師會生氣」，「當……老師會不高興」，讓學生知道哪些行為會引起老師的煩擾與不悅。老師切勿使用輕蔑之語，如「你……真是位不負責任的學生」，也不要使用嘶吼和尖叫來傳達生氣，而應該給予學生警告，以改變其行為。

㈣接納、承認學生感受

老師有時要勉勵學生，遇到問題時不必過分擔憂。而老師應隨時傾聽學生意見、接納學生、了解其內心真實感受。此外，要提供機會，讓學生表達內心感受，並讓學生知道此感受的普遍性，使其不必過度擔心。

㈤避免對學生貼標籤或妄下斷語

吉諾特認為標籤（labels）或指著學生罵是校園的禁忌，也是一種無效能表現的方式。不當描述如「你是個不負責任、不可靠的學生」、「你在班級、學校、家庭中皆是個不受歡迎的人」，學生如常聽到這些話語，會信以為真，久而久之，發展成一種負面的自我意像（self-image）。

㈥避免提出傷害性的問題

一位富啟發的老師應避免問會引起學生忿怒、抗拒的問題或不當評論。不要使用「為什麼」的傷害詞，如「為什麼你無法變好？」「為什麼你總是忘記我告訴你的每件事？」相反地，老師提出問題後，應邀請學生一起討論解決之道。

㈦不要挖苦或嘲諷學生

在常規管理中，老師挖苦或諷刺學生是最不明智之舉，因為學生不會心服口服，自尊和自信會受到破壞，嚴重一點會增強學生攻擊的特質，所以師生之間的溝通要儘量避免挖苦或嘲諷學生，即使是「開玩笑」也不行。

⑻要避免稱讚帶來的後遺症

稱讚是經常使用的增強技巧，但教師要預防稱讚可能產生的危險，因為學生的自尊不能建立在別人對他的知覺上。吉諾特建議教師使用「鑑賞式稱讚」，不要使用「評價式稱讚」，稱讚應該針對學生努力的成果和完成的作品，而不是學生的品德和人格。

⑼教師應多使用「我訊息」而不是「你訊息」

吉諾特認為「你訊息」會攻擊學生的人格和品德，為了避免這些個人的攻擊，教師應該使用「我訊息」，把焦點放在不當行為讓教師產生的感受。

二、高登的教師效能訓練模式

高登提出教師效能訓練模式，其重點在謀求師生關係的改善，提出「公開溝通」和「嘗試共同解決問題」的方法來回應學生的不當行為（Jones & Jones, 2013）。教師透過溝通技巧的運用，可以建立師生良好的人際關係，進一步發展出內在的自我控制感。高登所提出的溝通技巧如下（歐申談譯，2013；周新富，2006a；Gordon, 2003）：

㈠溝通的絆腳石

在師生溝通時，避免用「指導式的語言」，如命令、指揮、警告、威脅、訓誡、中傷、責備等語氣。高登提出十二個「溝通的絆腳石」（roadblocks to communication），絆腳石不僅會使得學生躲避老師，也可能使學生不會主動找老師當他們的傾聽者，這些絆腳石分別是：

1. 指使、命令、指揮，例如「你必須……」、「你一定要……」。

2. 提醒、威脅，例如「你最好……」、「如果你不……就會……」。

3. 講道、反覆灌輸、說「應該和必須」，例如「你應該……」、「一位好學生應該……」。

4. 忠告、提供解決方法或建議，例如「我會做的事是去……」、「你為什麼不……」、「我建議你……」。

5. 教導、訓誡、辯論，例如「事實是……」、「你難道不明白……」。

6. 判斷、批評、不以為然，例如「你不是已經失去理智了？」「你很無聊才會……」。

7. 稱讚、同意、我也是，例如「你絕對是對的……」、「同樣的事情也發生在我身上」。

8. 中傷、嘲諷、羞辱、歸類，例如「這是一種很愚蠢的態度」、「你只是在說傻話」。

9. 揭穿、分析、診斷，例如「我了解你為什麼生氣，你只是……」、「你的問題是……」。

10.同情、安慰、支持，例如「不要擔心，我知道你的感覺……」、「你明天會覺得好過一些」。

11.探究、詢問、質問，例如「誰……」、「什麼……」、「為什麼……」、「什麼時候……」。

12.退縮、分散注意力、故作幽默、挖苦，例如「我們以後再談」、「現在不是時候」、「看來好像有人今天不太對勁」。

(二)使用溝通的推進器

教師如果不用絆腳石，那要用何方式與學生溝通呢？高登提出消極的聆聽（沉默）（passive listening）、認同的反應（acknowledgement reponses）、敲門磚（door opener）、積極聆聽（active listening）等四項溝通的推進器。師生對話過程中，當學生在說話時，教師使用「消極的聆聽」鼓勵學生繼續說下去，不打斷學生的話；但學生不確定教師是否在聽，於是採用「認同的反應」向學生表示教師確實有在注意聽，這樣能夠使學生繼續講下去。敲門磚技巧的使用在使學生願意談得更多或更深入，例如老師說：「你要不要談一談？」「你有什麼話要說給老師聽？」讓學生知道你現在準備好了，也願意花時間來與學生溝通。第四項溝通技巧是積極聆聽，這項技巧使學生覺得自己被尊重、了解和接受，讓學生願意把問題說出來，有助於探索問題的真正癥結所在，但教師要把解決問題的責任留給

學生。教師在運用推進器時，內心需保持真誠、信賴、接受及同理心的態度。

（第三節）　親師合作與溝通

　　家長是學生第一個也是最重要的指導者，對於學生的教育有相當大的影響，但是有時候教師與家長一起合作是件困難的事，因為教師與家長之間可能因為教育理念不同、管教態度不同、認知上的差異、親師責任的爭議、作業量的多寡、班級的獎懲原則、學生意外事件的處理方式等問題的看法不一，而產生溝通上的困難（教育部，2011c）。絕大多數的家長都是真心關心自己孩子的情況，但是家長表達的方式可能會與教師不同，因此對於某些事情可能會有不同的看法，例如對於教師教室管理及處理學生行為問題的方式。良好的溝通技巧對於教師來說是相當重要的，透過有效的溝通，教師可以得到家長的支持，以及與家長建立和諧的關係，達到建立正向學習環境的目標（許恬寧譯，2010）。本節著重在親師合作與親師溝通兩部分，朝這個層面來建立良好的親師關係。

 壹　親師合作的做法

　　雖然親師合作可以提供教師不少協助，但很多教師與家長互動總覺得不自在，有時會聽到教師抱怨下班時間還要花時間與家長聯繫，有時也會抱怨家長干擾教學；而家長對教師也是有負面的感覺，例如會抱怨老師，為什麼上課都控制不了學生的秩序？什麼問題都要打電話來告狀。這都是親師之間平時缺乏聯絡與互動，等到學生出現問題才與家長談話，教師變成與陌生人合作，而非與夥伴合作（許恬寧譯，2010）。以下提供幾項在與家長合作時的做法：

一、理解家長的想法

　　學生的不當行為也同時會出現在家庭裡，家長會因為管教失敗而感到沮喪、無力感，有時家長會覺得每個人都在責備他，因而害怕與學校接觸，或是表現出反抗、憤怒、責怪學校的行為。教師必須試著了解家長對孩子抱持什麼信念或想法，了解後再與家長一起合作，親師之間的溝通就能更有效率。教師在與家長接觸時，也要理解家長對小孩不當行為的看法，再讓家長知道學校對改善學生不當行為所做的努力，期望與家長共同努力來改善孩子的行為（許恬寧譯，2010；Kauffman et al., 2006）。

二、掌握親師關係建立的時機

　　有三個時段是與家長建立良好關係的時機，教師宜善加利用。一是學期開始，就應該在建立學生書面資料時，一併加入家長的聯絡方式，並且開始對所有家長展開聯絡工作。二是重大活動前與各次段考後，活動前主要是告知活動的細節，例如戶外教學的通知單，段考後是針對成績退步的學生檢討如何改進。三是學生表現良好、發生不當行為或意外傷害發生時（張民杰，2011b）。

三、做好情緒管理以避免親師衝突

　　教師有時會遇到家長無時無刻在檢視、挑剔及批評老師，這就是俗稱的「怪獸家長」，因為親師間權利意識的差異而造成親師之間緊張或衝突。當親師雙方同時情緒失控時，緊張與爭執勢必引爆，若雙方均無法覺察自我情緒，情況勢必越演越烈，結果終將危害學生。教師需要克制自己的情緒性語言與行為，以理性的方式與家長溝通（王財印，2011）。

四、家長與教師宜早日建立互信機制

　　與家長建立良好關係方式是經常與家長保持聯繫，家長知覺教師很重視家長的意見，就會在教學目標及班級經營方面給予支持。而有些教師則是積極性不足，非等到學生出現問題才想要與家長聯繫。互信機制的第一

步是尚未開學即可跨出校園走進社區家庭，早日與家長交流互訪。具體的做法如下（Jones & Jones, 2013）：

㈠給家長介紹信

最簡單的第一次接觸是寫一封信給家長，而且要在開學的第一週內要完成。信件的內容會呈現想讓學生知道的個人資訊，例如個人學經歷、興趣；以及傳達班級基本的資訊，例如學校或班級重要行事曆、家庭作業、請假手續及班級常規等，並且預告班級家長座談會的時間，歡迎家長參加。

㈡第一次家長會議

盡可能越早見到家長越好，邀請家長到教室來討論教學方法及班級經營的做法，教師可以自行安排，或與學校親師會同時辦理。時間的安排以方便大部分家長出席為原則，在給家長的信中可以預告時間，為鼓勵家長踴躍出席，教師可以每位家長打電話邀請。

㈢持續與家長互動

當學生產生行為或學業問題時，一定要通知家長，家長也很期望教師對孩子的小問題如未寫作業、未帶學習用品等，要讓家長知道，以免小問題演變成大問題。打電話、即時通及家庭聯絡簿是親師互動最方便的溝通方式。當家長看到教師對小孩的關心，父母會鼓勵自己的小孩要好好表現。另一種可以與家長持續互動的方式是請家長到教室擔任義工、補救教學或支援教學活動，家長可與教師討論工作的分配與執行方式，進而了解教師的教學方法與班級經營的風格。

 貳　親師溝通的做法

親師溝通的方式相當多，一般分為非面對面的溝通、面對面的溝通兩種類型。前者藉由書信、文件、網路等形式獲得資料，優點是所用的溝通時間較少，且一次可以針對全班家長發送和接收訊息；但是其限制是受訊

者是否接受到訊息，以及是否正確了解到訊息內容。面對面的溝通如班親
會、家長蒞校面談、家庭訪問等，所花費的時間、經濟成本比較大，不可
能經常為之，所以教師應重視面對面的溝通的機會，事先做好準備，以其
發揮最大的效益（張民杰，2011b）。以下分別敘述親師溝通技巧及常用
的溝通方式。

一、親師溝通技巧

在與家長溝通學生不當行為問題時，為避免家長出現防衛機轉，教
師可以採用三明治技術（sandwich technique），上下兩層對孩子行為做正
向的陳述，中間三層則說明教師為學生做了什麼，以及需要家長的配合事
項。如此可讓家長更有意願提供協助，而學生也更有積極改善的可能。當
然實際溝通時不一定會依照這樣的步驟，但教師要謹記在心的是不能只有
談論學生的負面行為，缺點講太多會引起家長的不悅，學生的優點或正向
行為一定要在開始及結束談話時清楚地告訴家長。三明治溝通技術的步驟
如下（張民杰，2011a）：

1. 開始時須說明自己的身分，並對學生做正面的陳述，並肯定家長
對學生的關心與付出，然後再開門見山地講到重點。

2. 陳述自己已對學生做了什麼事情和努力。

3. 詢問家長對孩子的期待，並請家長分享應該如何協助學生的意見
或建議。

4. 討論和適度建議家長一些可在家做的事情，並且說明教師將於學
校中為學生再做些什麼。

5. 仍用對學生的正面陳述作為結束，並表明請家長支持、再聯絡和
合作的意願。

二、與憤怒家長的溝通

有些教師幸運，教學生涯未遇到憤怒、口語暴力的家長，怒氣沖沖
跑到學校要找老師理論，近來這種家長有越來越多的趨勢。面對羞辱、

輕視、謾罵教師的家長，教師可以使用以下七個溝通步驟，使教師可以冷靜、控制情緒地處理問題（張民杰，2011b；Williams, Alley, & Henson, 1999）：

㈠表現非預期的行為

家長出現在教室門口時，不要引起騷動，教師可將視為客人，歡迎他到學校來，面帶微笑感謝家長的到來，開始面談時要對其小孩有正面的評論。

㈡傾聽並做筆記

使用積極傾聽技術並做筆記，摘述家長對教師的意見，以開放溝通的態度說明事件發生經過及教師如此處理之原因。

㈢教師應有承認錯誤的擔當

有時因學生在全班面前讓教師的教學受阻或造成困擾，或因生氣而做了後悔的批評則可承認，讓家長知道教師是願意認錯的。

㈣記錄學生行為或事件

當發生偶發事件時，教師要採用軼事記錄法，在筆記本記下日期、簡要地描述事件過程，以建立客觀的檔案。

㈤舉行三方會談

若家長不相信教師的言談或書面紀錄，則可讓學生參與會談，教師應以不具威脅的口吻要求學生確認事情經過，學生通常都會承認實際狀況。有時學校諮商人員或行政人員也有加入會談的必要，尤其是評估事端可能會再擴大，且有暴力和攻擊的可能性時更需要參加。

㈥展現信賴

教師應以專業和友善的態度回應，若家長不了解教師的教學策略、獎懲策略或教材的使用，解釋並說明學生成功的案例給家長聽。

(七)發展出合作的解決方法

教師應牢記，即使家長是憤怒的，但會與教師進行溝通正是家長關心子女的證據，可要求家長提出如何處理學生目前狀況的建議，一起擬定改善計畫，讓家長知道教師和家長都在為學生學習成功而努力。

三、電話聯絡

電話聯絡最有效率，通常教師打電話給家長的時候，都是因為學生的負面表現，為打破這個循環，教師可以在學生表現良好時也打電話給家長。教師以電話與家長討論學生不當行為時，應把焦點放在行為問題上，如果教師事先已給家長詳細的常規計畫，那麼教師就可以提出請家長參與計畫的要求。打電話給家長之前，最好事先通知，利用家庭聯絡簿或書面與家長預約，由家長訂時間，教師儘量配合。電話訪問的時間，最好不要利用家長的上班、午休或吃飯時間，而且最好不要超過晚上十點，以上時段除非家長願意，千萬不要貿然打擾，否則會留給家長不好的印象，而談話時間不宜超過30分鐘。而談話的內容要先有腹案，先以關切及問候話語作為開端，然後再切入問題所在，表達自己正採取的相關措施與輔導策略，並請家長協助與配合，千萬不要當著家長的面斥責學生（洪儷瑜等譯，2013）。

四、親師會議

親師會議（parent-teacher conference）可以分兩類，一是事先安排好的會議，例如每學期初召開的親師會議，一類是未在計畫內的會議，例如父母可能突然到學校找老師談話。以下分別說明不同類型會議的準備事項（洪儷瑜等譯，2013；張民杰，2011b；Grant & Ray, 2010）：

(一)事先安排好的會議

在安排會議時，教師需要從會議前、會議中及會議後三個方面加以考量。

1. 會議前的準備

會議前的準備包括通知家長、計畫會議流程、準備會議資料及安排會議場所。親師會議主要是以信函通知家長，信函內容應包括：(1)會議目的；(2)開會的日期、時間及地點；(3)父母參加與否的簡便回條；(4)會議流程等。

要準備的會議資料包括：(1)會議進行活動時間表；(2)報告或討論事項；(3)於會議期間呈現給學生家長觀看的學生學習成果；(4)有關班級經營、教學或課程相關資料。至於會議的布置則是會議桌椅的安排、門口設置簽到處、整齊乾淨的教室及簡單茶點。

2. 會議的實施

教師新帶一個班級，在第一次的家長會議中，可以就教師本身的學經歷、教育理念、特殊教學活動、常規管理計畫等項目向家長說明。第二次以後的親師會議，則依事先計畫的報告及討論事項進行會議，在會議中教師應該專注在建立關係、獲得家長意見、向家長提供學校資訊。如果家長想要就學生行為或問題與教師深談，應另訂時間或於會議後討論，以免剝奪多數參加家長的權益。

3. 會議後追蹤管理

會議結束教師應將家長所提出的建議事項加以整理，有關班級事項教師自行評估可行性如何，如果可行則發展出行動方案持續辦理，有關學校事項則向行政處室反應。

㈡未在計畫內的會議

未在計畫內的會議是隨機的，時間和地點也是可改變的。家長可能會在上班時間無預警地來學校要找老師談論孩子的問題，也有可能某位學生的行為問題日益嚴重，教師想要找家長至校商談。這時教師最好能事先翻閱學生的資料，再安排安靜的地方坐下來談話，同時遞上茶水。談話時要記得應用三明治技巧，掌握以下重點：1.強調學生正向的表現（優勢）；2.了解與同理來訪原因；3.說明曾經為學生所做的努力；4.學生需要成長的領域或所面臨的問題（挑戰）；5.共同討論下一步驟該如何協助孩子，

要達成的目標是什麼；6.能幫助學生達成目標的計畫、資源和設備；7.後續的聯繫時間、方式或工作；8.正向結束。教師要營造正向而友善的會談氛圍，邀請家長分享對學生課業或行為表現的看法以及期望。

五、家庭訪問

當有些家長不便參加班級親師會議，或是不願到學校，可能因為到學校會覺得不自在，這時家庭訪問（home visit）是教師與家長接觸的另一種方式，教師與家長可在家庭訪問中面對面地進行討論，必要時學生可以參與討論。在進行家庭訪問時，教師先要確定訪問的目的，先與家長約好時間，而且要準時到達。教師要尊重家庭的狀況，不要對所看到的現象妄下評論；討論事情最好以輕鬆的聊天方式進行，例如看到照片可以談論有關的題材。透過家庭訪問教師可以更加了解學生家中環境狀況、有效傳達學生在校表現，若有必要教師可以再婉轉地敘述需家長配合督導改進的缺失。等訪問結束後，教師再記錄訪問時間、地點，以及談話的內容。如果學生居住的地區比較偏遠，或鄰居有安全的顧慮，教師可以找同事一起前往（Grant & Ray, 2010）。

六、資訊科技的溝通

資訊科技提供多種溝通的方式，許多家長歡迎教師利用電子信箱的方式與家長聯絡。有些教師會使用班級網頁或部落格與家長進行溝通，將教材、照片、影音資料上傳網頁（洪儷瑜等譯，2013）。行動即時通訊及社群媒體也是與家長溝通的便利方式，當有重要而緊急的事件可以手機簡訊進行聯絡，例如學生請假家長可先以簡訊通知教師，事後再補上請假手續。臉書、Line等社群媒體站都有即時通訊的功能，也可與家長組成社群，進行線上討論及上傳資料。

七、家庭聯絡簿

家庭聯絡簿是國小及國中普遍使用的親師聯絡方式，因為聯絡簿會保

留過去的溝通紀錄，老師與家長的對話很容易流傳出去，如果教師的用語未經深思熟慮，會讓家長藉機大作文章。在使用聯絡簿時，盡可能說學生的正向訊息，將負面訊息減少到最低。以下有幾項聯絡簿的溝通原則要注意（教育部，2011c）：

(一)注意禮節

稱謂不可少但勿太拘謹，例如：以「小明的媽媽」取代「貴家長」開頭語，拉進距離，結尾應表明謝意。

(二)字體工整

潦草的字跡除了有解讀錯誤的風險外，也容易讓家長產生隨便或不悅的觀感。

(三)敘述簡潔

陳述事實，說明事情的經過時，勿加入個人批評的語句，以免讓學生覺得老師在向家長告狀的感覺；若為好表現，老師應誠懇且據實地加以稱讚。若無法在有限範圍內表達完整，則應考慮利用電訪或書信的方式傳達。

(四)掌握時效

應掌握時效，儘快讓溝通的目標達成，以免親師在一來一往的情況下，彼此失去耐性而造成不必要的誤會。

(五)避免批評

耐心聽取家長對事件的解釋或建議，以共同解決學生問題為主要目標。若對家長有所不滿，也不宜表現在字裡行間，以免引起另一起衝突。

(六)提供策略

建議多項處理學生問題的方法供家長選擇與嘗試，讓家長感受到教師寫聯絡簿是在輔導學生，而不是情緒的宣洩。

創意班級經營案例：創造和諧互助的親師關係

開學後先後設置塗鴉角、玩偶角、圖書角、戲劇角等學習角，實施之後，發現孩子們留在教室內的時間越來越長了。下課時間，他們待在自己喜愛的小角落，或畫圖、或閱讀、或玩積木，甚至有時候，他們只是抱著玩偶，坐在一起聊天。放學後，學生常留連在教室內，不肯回家。由於家長常需要到教室帶回孩子，相對地跟我見面的機會也增加了，親師之間的互動也變頻繁了。家長們開始主動幫忙處理一些瑣碎的事情，譬如打掃教室、收發簿本、協助孩子們用中餐。為了更有效運用家長資源，班上也組織了班級家長會，並由熱心的家長擔任幹部，協助老師處理班級庶務及教學活動，包括製作教具、布置教室、協助課堂教學、校外教學、補救教學等。家長們不僅關心自己的孩子，也將愛心推廣到其他孩子身上，整個班級氣氛就像個大家庭，彼此關心，不分你我。家長支援我的班級經營，我則幫他們照顧孩子，所以親師間的感情越來越好（張德銳、吳明芳，2000）。

自我評量 ....

一、選擇題

(　　) 1. 高登所發展出來的教師效能訓練，旨在建立良好的師生關係，因此特別重視三種技巧，下列何者不包括在內？　(A)介入處理　(B)主動傾聽　(C)化解衝突　(D)問題解決

(　　) 2. 丁老師在課堂上適當地表達自己在生氣，以非批判的訊息來顯示接納和承認學生的感受，則丁老師是運用何種班級經營的理論？(A)和諧溝通理論　(B)果斷紀律理論　(C)尊嚴管理理論　(D)教學管理理論

(　　) 3. 吉諾特的和諧溝通理論提出教師糾正學生偏差行為時，要針對情境就事論事，不攻擊學生的品格。他提出的溝通建議是以下哪一項？(A)邀請合作　(B)引導矯正　(C)理性訊息　(D)標記作用

(　　) 4. 請問下列何者是高登的教師效能訓練中所建議使用的技巧？（甲）積極聆聽（乙）我訊息（丙）暫停（丁）破唱片法　(A)甲丁(B)乙丙　(C)丙丁　(D)甲乙

(　　) 5. 下列何者屬於「我訊息」(I-message)？　(A)你總是缺交作業，屢勸不聽，我不知道該怎麼辦！　(B)你怎麼又缺交作業了！這次又是什麼理由呢？請告訴我！　(C)你經常缺交作業，我沒有辦法了解你的學習情形，讓我很困擾！　(D)我為你的缺交作業想過很多辦法，但你還是缺交，我已經無法可想了！

(　　) 6. 下列有關「溝通」的描述，何者正確？甲、當學生雙眼不敢直視老師，可能表示心虛或缺乏自信　乙、「適當表達憤怒」有助於人際間的溝通　丙、在傳達情感時，非語言的成份較語言的內容更為重要　丁、和學生溝通時應避免涉入教師情緒，因此不宜使用以「我」為開頭的表達，如「我很生氣」等　(A)乙丁　(B)丙丁(C)甲乙丙　(D)甲乙丙丁

(　　) 7. 大強常常找藉口不參與體育課的活動。根據高登十二種溝通絆腳石的觀點，下列哪項教師的回應話語最為適切？　(A)「你應該多運動，讓自己保持健康！」　(B)「我要怎麼做，才會讓你喜歡上體

育課？」　(C)「你如果不能停止發牢騷，現在就離開這裡。」
(D)「如果你覺得趕不上別人，可以設定自己的目標並達成它。」

(　) 8. 下列哪些做法較可能提升班級的合作氣氛？甲、詳列學習班規，以
規範不願意參與合作學習的學生　乙、建立班級共同的目標，促使
學生為共同目標而努力　丙、如果學生表現關心班級事務，立即給
予獎賞和鼓勵　丁、鼓勵高、低成就的學生個別學習，以進行適性
輔導　(A)甲乙　(B)甲丁　(C)乙丙　(D)丙丁

(　) 9. 小涵是個能力好、人緣好的孩子，但是最近對導師說：「我不想再
擔任班長，覺得服務別人很累，不想再為同學服務。」身為導師，
下列何種處理方式較為適切？甲、鼓勵小涵盡可能發揮自己的潛能
乙、在班會中討論是否要選出新的班長　丙、私下找小涵了解近來
生活發生哪些事　丁、當場答應小涵的請求，另外找有意願的學生
(A)甲乙　(B)甲丙　(C)乙丁　(D)丙丁

(　) 10. 班親會時，有家長提出以下疑慮：「學生準備校慶展演活動，會占
用上課時間、影響正常學習。」下列教師的回應，何者較適切？
(A)校慶展演活動是讓學生展現平時課程累積學習成果的好機會
(B)校慶展演活動是一年一度向家長、社區行銷的好機會，要用心
準備　(C)校慶展演活動有長官來賓和社區人士一同參與，必須呈
現最好的表現　(D)校慶展演活動是學校的年度正式課程，教師和
學生都必須要共襄盛舉

(　) 11. 大明幫父母賣衣服到凌晨才休息，因此上學常遲到。盧老師要如何
運用三明治技術與其家長溝通？　(A)先說大明上學遲到的事實，
再提出他在校的優良表現，最後說明老師的期望　(B)先說大明在
校的優良表現，再提出他上學遲到的事實，最後說大明是位貼心的
學生　(C)先說大明上學遲到的事實，再提出請家長讓他提早回家
休息，最後說明學校的規定　(D)先說大明上課精神不濟的事實，
再提出學校的規定，最後說明輔導室對大明的輔導措施

(　) 12. 婷芳老師邀請同事一起擔任本學期班級期末專題成果展的評審。下
列哪一個評語較接近酬賞三明治的回饋方式？　(A)你們所呈現的
動機、作法和結論，有幾個地方寫得不夠正確，請修正。　(B)你
們的動機及作法相當正確，但建議加強結論，你們的努力老師看

見了。　(C)你們的動機、作法及結論都很正確，格式也很清楚。整體來說，做得很好。　(D)你們的動機、作法及結論都寫得很清楚，只是呈現的格式要改進，繼續努力！

(　) 13. 下列有關親師衝突的認知何者正確？　(A)親師衝突是可能發生的事件，教師應發揮專業素養及時處理　(B)親師衝突會造成敵意，應依家長的意見行事，避免衝突擴大　(C)親師衝突代表教師的教學或管教方式有問題，應該立即檢討改進　(D)教師只要公平對待每位學生，家長就會支持，不會發生親師衝突

(　) 14. 楊老師在廁所發現正在抽菸的學生，要學生把菸交出來，學生嗆老師多管閒事，老師一氣之下，打了學生一個耳光。隔天該生家長到校長室，告老師體罰學生。經正當程序後，楊老師被記一個大過，才平息這件事。下列敘述何者較為正確？　(A)學生不該抽菸，被抓後態度又差，老師的體罰是可被接受的　(B)家長應該告誡孩子，因犯錯被體罰是應該的，不可責怪老師　(C)學校的處分太過不近人情，楊老師負起管教責任應該被肯定　(D)老師應以說理方式輔導學生，而不應採取體罰方式加以處理

(　) 15. 班級家長會為激勵學生的學習動機，提出「本次段考前三名同學每人可獲500元獎金」。此一作法最有可能造成下列何種效應？(A)會建立精熟的學習目標　(B)會傳達自我精進的觀念　(C)會造成班內同學的競爭　(D)會樹立努力與追求進步的學習楷模

(　) 16. 教師在接一個新班級時，想要和家長就班級各種事務進行討論，在親師溝通上，應該選用何種方式比較適當？　(A)電話聯繫　(B)約見面談　(C)家庭聯絡簿　(D)班級家長會

(　) 17. 教師與家長對談之三明治技術，何者「非」其重點？　(A)開始時需說明自己的身分，並對學生做正面的陳述，然後再開門見山地講到重點　(B)希望家長自省管理並讓學生懺悔　(C)建議家長一些可在家做的事情，且說明教師將於學校中為學生在做些什麼　(D)對學生的正面陳述作為結束，並且讓家長知道接下來教師將會怎麼做，並表明請家長支持、再連絡和合作的意願

(　) 18. 葉老師先對阿忠的媽媽說：「以我對阿忠的觀察，他跟同學間的

相處一直很好，只是沒想到前幾天和同學發生一點爭執而大打出手。現在同學都不理他了。」再說：「雖然這件事我已居中做了排解，今天請您來學校，是想了解應該如何進一步幫助阿忠。」最後說：「我想告訴您接下來我會怎麼做，也希望您可以支持並和我合作。」這屬於下列哪一種親師溝通技巧？　(A)三明治技術　(B)迂迴溝通術　(C)評價式稱讚　(D)鑑賞式稱讚

(　　) 19. 家庭聯絡簿是親師溝通有效的橋樑。下列有關家庭聯絡簿的運用方式，何者較為適切？　(A)學生偷竊、說謊等負向行為，宜用聯絡簿告知家長　(B)學生在校的優異表現，可透過家庭聯絡簿讓家長了解　(C)若家長工作忙碌，可一星期在家庭聯絡簿上簽名一次　(D)若家長連續幾天未在聯絡簿上簽名，只需問學生原因，不必連絡家長

(　　) 20. 蕭老師第一年教書，是位新手老師，對於班級經營缺乏經驗，蕭老師想要營造一個良好的班級氣氛，你會建議他使用何種領導方式？　(A)以學生為中心的放任式領導　(B)以教師為中心的權威式領導　(C)以學生為中心的折衷式領導　(D)以教師為中心的折衷式領導

答案

1.(A)　2.(A)　3.(C)　4.(D)　5.(C)　6.(C)　7.(B)　8.(C)　9.(B)　10.(A)　11.(B)　12.(B)　13.(A)　14.(D)　15.(C)　16.(D)　17.(B)　18.(A)　19.(B)　20.(C)

二、問答題

1. 教師如何透過班級經營，營造良好的班級氣氛？試簡述之。

2. 面對校園中新住民學生逐漸增加的事實，教師應要多加了解並給予妥當的引導和協助。教師可以運用哪些班級經營策略幫助新住民學生融入班級生活？請針對學習適應、生活適應、同儕互動、親師溝通四個面向，各提出至少一項策略，並說明之。

3. 良好的師生關係對學生的學業和社會發展有重大的影響，請問教師應如何與學生建立良好的關係？請說出具體的做法。

4. 吉諾特的和諧溝通模式運用哪些溝通策略至班級經營之中？

5. 高登的教師效能訓練模式運用哪些策略來處理學生的問題？這些策略在臺灣

的適用性如何？

6. 「櫻櫻是小五的學生，在班上的英文程度頗佳，尤其口說能力很強，但是人緣不怎麼好。此次舉辦五年級班級英語演講競賽，櫻櫻與媽媽都覺得櫻櫻應該可以代表班上參賽，然而櫻櫻卻落選了，因為代表的選舉方式是由老師推薦五個人，上臺演說後由全班同學投票決定。櫻櫻回家後向媽媽哭訴，媽媽氣憤地帶著櫻櫻來找老師談。」請就上述情境，說明教師應如何與家長進行溝通。

7. 與家長建立良好關係方式是經常與家長保持聯繫，請問教師要如何與家長保持密切而正向的互動？

8. 傅同學因段考作弊，被記大過乙次，其家長向導師抗議，認為校方小題大作。請說明可供該班導師參考的五項處理方式。

參考文獻

一、中文部分

大紀元（2006年3月15日）。人本：對學生行為分級管教將增校園師生對立。2022年1月26日檢索自https://www.epochtimes.com/b5/6/3/15/n1255290.htm

公立高級中等以下學校教師成績考核辦法（2021年07月28日）

方德隆譯（2014）。有效的班級經營：課堂的模式與策略。高等教育。（C. J. Hardin, 2012）

王瑞臨、陳威良（2008）。不一樣的天使。學生輔導季刊，**106**，86-95。

王財印（2011）。相煎何太急！建立親、師、生緊密合作之夥伴關係。師友，**524**，49-53。

王意中（2015）。**為什麼孩子要說謊？**。寶瓶。

王蕙琪（2018）。**高雄市國小高年級學生知覺教師正向管教與班級氣氛關係之研究**。國立屏東大學社會發展學系碩士班碩士論文，未出版。

王麗斐主編（2013）。**國民中學學校輔導工作參考手冊**。教育部。

正老師（2017）。經營一個班：在開學前就能做的準備。2021.12.31檢索自http://linycdefg.blogspot.com/2017/08/blog-post_6.html

朱文雄（1997）。**班級經營**。復文。

吳心怡（2016）。**國小教師設計家庭作業理念探究——以幸福國小為例**。國立臺東大學教育學系碩士論文，未出版。

吳明隆（2000）。**班級經營與教學新趨勢**。五南。

吳明隆（2013）。**班級經營：策略與實踐**。五南。

吳明隆（2021）。**班級經營：理論與實務**（4版）。五南。

吳清山（1991）。班級經營之基本概念。特殊教育季刊，**39**，1-6。

吳清山（2000）。有效的獎懲原則。載於黃政傑、李隆盛（主編），**班級經**

營理念與策略（頁145-164）。師大書苑。

吳清山（2004）。學校創新經營理念與策略。**教師天地，128，**30-44。

吳清山（2008）。**教育法規——理論與實務**（第三版）。心理。

吳清山、林天祐（2010）。**教育新辭書**。高等教育。

吳清山等（2002）。**班級經營**。心理。

吳清基（1990）。**教師與進修**。師大書苑。

吳維綸（2011）。校園霸凌問題與社會工作處遇。**社區發展季刊，135，**180-193。

呂玫霖 (2016)。**國小專家與新手教師家庭作業實施歷程之比較研究**。國立臺灣師範大學課程與教學研究所碩士論文，未出版。

李佳琪、柳文卿、簡良燕（2000）。**班級經營教室百寶箱**。五南。

李美華譯（2007）。**正面管教法——接納、友善學習的教室**（原作者：UNESCO）。人本教育基金會。

李育材、劉修銘（2018）。班導慫恿學生批鬥釀禍——國中小情侶跳樓內幕。2022.2.19檢索自https://www.mirrormedia.mg/story/20180704soc003/

李輝華（1994）。**教室管理**。復文。

沈惠君（2019）。教獄？教育！——淺論教師不當管教。教育部人權教育諮詢網。2022年1月26檢索自https://hre.pro.edu.tw/campus/4739

周新富（2006a）。**家庭教育社會學：社會學取向**。五南。

周新富（2006b）。**班級經營**。華騰。

周新富（2011）。**幼兒班級經營**。華騰。

周新富（2014）。**教學原理與設計**。五南。

周新富（2016）。**班級經營**。五南。

周新富（2019）。**輔導原理與實務**。五南。

林香吟（2014）。**國中實施代幣制對班級常規與班級氣氛影響之行動研究**。國立臺中教育大學教育系教育行政與管理碩士在職專班論文，未出版。

林斌（2006a）。中英學生管教制度之比較研究：教育法學之觀點。**教育研究集刊，52**(4)，107-139。

林斌（2006b）。中美學生管教制度之比較研究：教育法學之觀點。**稻江學**

報，**1**(1)，1-26。

林進材（2005）。**班級經營**。五南。

林進材（2014）。愛與關懷的班級經營理論與策略。載於**班級經營：理念與實務**（頁91-110）。高等教育。

林進材、林香河（2011）。**反霸凌完全手冊案例與方法**。五南。

林雅琪（2010）。**一位國小教師班級經營之行動研究——以作業指導和整潔工作為例**。國立臺中教育大學課程與教學研究所碩士論文，未出版。

林榮梓、楊喬羽（2003）。**班級經營逗陣行（上冊）**。領行。

邱連煌（1997）。**班級經營：學生管教模式策略與方法**。文景。

邱連煌（2000）。**瓊士積極管教法**。國立教育資料館。

金樹人譯（2000）。**教室裡的春天**。張老師。

洪儷瑜等譯（2013）。**親師合作與家庭支援：由信任夥伴關係創造雙贏**。華騰。

唐榮昌、王怡閔（2014）。淺談全校性正向行為支持的理念與實施。**雲嘉特教**，**19**，1-5。

孫旻儀、石文宜、王鍾和（2007）。學生背景及人格特質與師生互動關係之研究。**輔導與諮商學報**，**29**(2)，51-72。

徐雅楓主編（2001）。**班級創意經營：反鎖死教學手冊**。師大書苑。

張文哲譯（2009）。**教育心理學：理論與實際**。學富。（Robert E. Slavin）

張民杰（2008）。中小學專家教師班級常規策略之分析與比較。**國立高雄師範大學教育學系教育學刊**，**31**，79-119。

張民杰（2011a）。**班級經營：學說與案例應用（三版）**。高等教育。

張民杰（2011b）。**老師，你可以這樣帶班**。五南。

張秀敏（1995）。國小一、三、五年級優良教師班級常規之建立與維持之比較研究。**屏東師院學報**，**8**，3-41。

張秀敏（1996）。屏東縣忠孝國小班規及例行活動程序建立情形之調查研究。**屏東師範學報**，**9**，83-96。

張秀敏（1998）。**國小班級經營**。心理。

張芬芬（2000）。如何延長學生在課堂投入課業的時間。載於黃政傑、李隆

盛（主編），**班級經營理念與策略**（頁51-66）。師大書苑。

張俊友（2014）。美國學校零容忍政策：涵義、問題及變化。**比較教育研究**，**36**(3)，86-91。

張倉凱譯（2012）。**所有教師都應該知道的事：班級經營與紀律**。心理。（Donna Walker Tileston）

張新仁（2000）。教室管理面面觀。載於黃政傑、李隆盛（主編），**班級經營理念與策略**（頁251-271）。師大書苑。

張德銳（2000）。獎賞與懲罰的有效策略。載於黃政傑、李隆盛（主編），**班級經營理念與策略**（頁165-187）。師大書苑。

張德銳、吳明芳（2000）。營造親師生三贏局面的班級經營策略。**課程與教學季刊**，**3**(2)，33-46。

張德銳等（2005）。**臺北市教學輔導教師制度九十三學年度實施成效評鑑報告之三：初任教師專業成長歷程及影響因素**。臺北市政府教育局。

張鐸嚴、林月琴、劉緬懷（2003）。**班級經營**。國立空中大學。

教育人員任用條例（2014年01月22日）

教育基本法（2013年12月11日）

教育部（2011a）。**得意的每一天：國小導師手冊**。教育部。

教育部（2011b）。**班級經營達人：國中導師手冊**。教育部。

教育部（2011c）。**你好，我也好：教師溝通技巧**。教育部。

教育部（2011d）。**攜手護青春：國中輔導案例彙編**。教育部。

教育部（2011e）。**攜手迎向藍天：國小輔導案例彙編**。教育部。

教育部（2013）。**國民中學學校輔導工作參考手冊**。教育部。

教師法（2019年6月5日）

教師輔導與管教學生辦法（1997年7月16日）

許育典、劉惠文（2010）。教育基本權與學校事故的國賠責任：兼評臺灣高等法院九十三年上字第四三三號玻璃娃娃判決。**政大法學評論**，**113**，185-244。

許恬寧譯（2010）。**別再說你管不動：教室管理原則與實務**。師德。

郭明德（2001）。**班級經營理論、實務、策略與研究**。五南。

郭明德等譯（2003）。**班級經營理論與實務**。華騰。

郭昭佑、魏家文（2016）。創新班級經營：網路社群媒體之應用。**臺灣教育評論月刊，5**(4)，26-32。

陳木金、蘇芳嬅、邱馨儀（2010）。國民小學教師創新班級經營指標建構之研究。**創造學刊，1**(2)，17-42。

陳玫妏譯（2019）。**跟阿德勒學正向教養：教師篇**。大好。（Jane Nelsen et al., 2013）

陳金定（2015）。**青少年發展與適應問題：理論與實務**。心理。

陳威任、陳膺宇（2013）。**十二年國教下的班級經營：十八項理論解說與事例印證**。心理。

陳寶山（2000）。新世紀的班級經營。**課程與教學季刊，3**(2)，1-16。

曾端真（2011）。正向管教與紀律的養成。**中等教育，62**(1)，20-31。

單文經（1998）。**班級經營策略研究**。師大書苑。

單文經（2000）。課程與教學的管理。載於黃政傑、李隆盛（主編），**班級經營理念與策略**（頁75-111）。師大書苑。

單文經等譯（2004）。**班級經營的理論與實務**。學富。

黃政傑主編（1997）。**教學原理**。師大書苑。

臺灣省政府教育廳（1994）。**班級經營理論與實際**。省政府教育廳。

歐申談譯（2013）。**T.E.T.教師效能訓練**。新雨。

潘正德（2012）。**團體動力學**。心理。

鄭玉疊、郭慶發（1998）。**班級經營：做個稱職的教師**。心理。

學校訂定教師輔導與管教學生辦法注意事項（2020年10月28日）。

盧玉燕（2013）。**情境式正向管教策略之分析研究**。國立臺灣師範大學教育心理與輔導學系在職碩士論文，未出版。

盧玉燕、吳相儀、陳學志、林秀玲、張雨霖（2016）。教室裡有春天：正向管教獲獎教師之情境式正向管教策略分析。**教育心理學報，48**(2)，159-184。

賴清標（2002）。**教育實習**。五南。

賴麗珍譯（2006）。**有效的班級經營：以研究為根據的策略**。心理。（R. J.

Marzano et al., 2003）

賴麗珍譯（2007）。**班級經營實用手冊**。心理。（R. J. Marzano et al., 2005）

戴文青（1996）。**學習環境的規畫與運用**。心理。

薛耕欣、蔡佳蓉、王瑞霆（無日期）。作業的安排。2021年7月7日檢索自 http://class.heart.net.tw/article-123.shtml

謝君臨（2021年5月13日）。高中「五五酷刑」班規整學生，監院糾正新北市教育局。**自由時報電子報**。2022年1月23日檢索自https://news.ltn.com. tw/news/

謝素貞、邱宜麗、吳淑娟（無日期）。接任新班級 —— 如何認識學生。2021.12.29檢索自：http://class.heart.net.tw/article9.shtml

叢立新譯（2007）。**學會教學**。上海市：華東師大。

簡成熙譯（2017）。倫理學與教育。聯經。（R. S. Peters, 1966）

羅清水（2012）。從友善校園的建構談學生輔導管教的思與為。**國家教育研究院電子報**，38。2022.1.22檢索自https://epaper.naer.edu.tw/

二、英文部分

Alberto, P. A., & Troutman, A. C. (2006). *Applied behavior analysis for teachers*. Upper Saddle River, New Jersey: Pearson.

Arends, R. I. (2009). *Learning to teach*. New York: McGraw-Hill.

Belvel, P. S. (2010). *Rethinking classroom management: Strategies for prevention, intervention, and problem solving*. Thousand Oaks, California: Corwin.

Boynton, M., & Boynton, C. (2005). *Educator's guide to preventing and solving discipline problems*. Alexandria, VA: ASCD.

Brewer, J. A. (1992). *Introduction to early children education*. Boston: Allyn & Bacon.

Burden, P. R. (2013). *Classroom Management and Discipline: Methods to Facilitate Cooperation and Instruction*. NY: Longman.

Cangelosi, J. S. (1993). *Classroom management strategies*. White Plains, New York: Longman.

Cangelosi, J. S. (2008). *Classroom management strategies: Gaining and maintaining students' cooperation* (6th ed.). Danvers, MA: John Wiley & Sons.

Canter, L. (2006). *Classroom management for academic success*. Bloomington, IN: Solution Tree Press.

Charles, C. M. (2007). *Today's best classroom management strategies: Paths to positive discipline*. Boston, MA: Allyn & Bacon.

Charles, C. M. (2008). *Building classroom discipline* (9th ed.). Boston, MA: Allyn & Bacon.

Classroom Management Resource Guide (2014). Classroom Management Strategies. Retrieved July 25, 2015, from http: //www.prevention.org/resources/sapp/documents/ClassroomManagementStrategies.pdf

Coloroso, B. (2000). *Parenting through crisis: Helping kids in times of loss, grief, and change.* New York: Harper Resource.

Cooper, H. (2006). The battle over homework: Common ground for administrators, teachers, and parents. Thousand Oaks, CA: Corwin Press.

Curwin, R. L., & Mendler, A. N. (1988). *Discipline with dignity*. Alexandria, Va.: Association for Supervision and Curriculum Development.

Curwin, R. L., & Mendler, A. N. (2000). Preventing violence with values-based schools. *Reclaiming Children and Youth*, *9*(1), 41-44.

Dreikurs, R., & Cassel, P (1972). *Discipline without tears* (2nd ed.). New York: Hawthorne.

Edwards, C. H. (2004). *Classroom discipline and management*. NY: MacMillan.

Emmer, E. T., Evertson , C. M., & Anderson, L. M. (1980). Effective classroom management at the beginning of the school year. *The Elementary School Journal*, *80*(5), 219-231.

Emmer, E. T., Evertson, C. M., & Worsham, M. E. (2003). *Classroom management for secondary teachers* (6th ed.). Boston: Allyn & Bacon.

Evertson, C. M., & Emmer, E. T. (1982). Effective management at the beginning of the school year in junior high classes. *Journal of Educational Psychology*,

74(4), 485-498.

Evertson, C. M., & Harris, A. H. (1992). What we know about managing class-rooms. *Educational Leadership*, *19*(2), 74-78.

Evertson, C. M., Emmer, E. T., & Worsham, M. E. (2003). *Classroom management for elementary teachers* (6th ed.). Boston: Allyn & Bacon.

Freiberg, H. J. (1996). From tourist to citizens in the classroom. *Educational Leadership*, *54*, 32-37.

Froyen, L. A. (1993). *Classroom management: The reflective teacher-leader*. NY: Merrill.

Ginott, H. (1972). *Teacher and child*. New York: Macmillan.

Glasser, W. (1969). *Schools without failure*. NY: Harper & Row.

Gordon, T. (2003). *Teacher effectiveness training* (First Revised Edition). New York: Three Rivers Press.

Grant, K. B., & Ray, J. A. (2010). *Home, school, and community collaboration*. London: Sage.

Greenberg, P. (2000). When a child bites. *Scholastic Early Childhood Today*, *15*(2), 18.

Grossman, H. (2004). *Classroom behavior management for diverse and inclusive school*. Lanham, Maryland: Rowman & Littlefield.

Hardin, C. J. (2012). *Effective classroom management: Models and strategies for today's classrooms* (3rd ed.). Boston: Pearson.

Henley, M. (2010). *Classroom management: A proactive approach* (2nd ed.). Boston : Pearson.

Jones, V., & Jones, L. (2013). *Comprehensive classroom management: Creating communities of support and solving problems* (10th ed.). Boston: Pearson.

Kauffman, J. M., Mostert, M. P., Trent, S. C., & Pullen, P. L. (2006). *Managing classroom behavior: A reflective case-based approach*. Boston, MA: Allyn & Bacon.

Kohn, A. (1996). *Beyond Discipline: From Compliance to Community*. VA: ASCD.

Kounin, J. S. (1970). *Discipline and group management in classrooms*. Huntington, N. Y.: R. E. Krieger.

Levin, J., & Nolan, J. F. (2010). *Principles of classroom management*. Boston, MA: Pearson.

Manning, M. L., & Bucher, K. T. (2013). *Classroom management: Models. applications, and cas*es (2nd ed.). Upper Saddle River, N. J.: Prentice Hilll.

Marshall, M. (2001). *Discipline without stress, punishments, or rewards: How teachers and parents promote responsibility & learning*. Los Alamitos, Calif.: Piper Press.

Marzano, R. J., & Marzano, J. S. (2003). The Key to Classroom Management. *Educational Leadership*, *61*(1), 6-13.

Marzano, R. J., Marzano, J. S., & Pickering, D. J. (2003). *Classroom Management That Works: Research-Based Strategies for Every Teacher*. Alexandria, VA: ASCD.

Maslow, A. H. (1970). *Motivation and personality*. NY: Harper & Row.

McDonald, T. (2010). *Classroom management: Engaging students learning*. Australia: Oxford.

Moskowitz, G., & Hayman Jr., J. L. (1976). Success strategies of inner-city teachers: A year-long study. *Journal of Educational Research*, *69*(8), 283-289.

Myers, C. B., & Myers, L. M. (1995). *The professional educator*. Belmont: Wadsworth.

Nelsen, J., Lott, L., & Glenn, H. S. (2013). *Positive discipline in the classroom: Developing mutual respect, cooperation, and responsibility in your classroom*. Roseville, CA: Prima.

Newcomer, L. (2007). Classroom organization and management planning guide. University of Missouri Classroom Systems of Positive Behavior Support. Retrieved July 20, 2015, from http://iris.peabody.vanderbilt.edu/

Ormrod, J. E. (1995). *Educational psychology: Principles and applications*. N. J.: Prentice Hall.

Rimm-Kaufman, S. (2011). Improving students' relationships with teachers to provide essential supports for learning. American Psychological Association. Retrieved from http://www.apa.org/education/k12/relationships.aspx

Rinne, C. H. (1997). *Excellent classroom management*. Boston: Allyn & Bacon.

Rodd, J. (1996). *Understanding young children's behavior*. NY: Teacher College.

Seefeldt, C., & Barbour, N. (1990). *Early childhood education: An introduction*. NY: Merrill.

Taniuchi, L. (1985). Classroom discipline and management in Japanese elementary school classrooms. Office of Educational Research and Improvement (ED), Washington. ED 271392

Williams, P. A., Alley, R. D., & Henson, K. T. (1999). *Managing secondary classrooms: Principles and strategies for effective management and instruction*. Needham Heights, MA: Allyn & Bacon.

Wolfgang, C. H., & Glickman, C. D. (1986). *Solving discipline problems: Strategies for classroom teachers* (2nd ed.). Boston: Allyn and Bacon.

Wolfgang, C. H., Bennett, B. J., & Irvin, J. L. (1999). *Strategies for teaching self-discipline in the middle grades*. Boston: Allyn & Bacon.

Wolfson-Steinberg, L. (2000). "Teacher! He hit me!" "She pushed me!"—Where does it start? How can it stop? *Young Children*, May, 38-42.

Wong, H., & Wong, R., (2009). *The first days of school: How to be an effective teacher*. Mountain View, CA: Harry K. Wong Publications, Inc.

Woolfolk, A. E. (1995). *Educational psychology*. Boston: Allyn & Bacon.

Wubbels, T., Levy, J., & Brekelmans, M. (1997). Paying attention to relationships. *Educational Leadership, 54*(7), 82-86.

國家圖書館出版品預行編目資料

中小學創新班級經營：以案例學習／周新富
著. -- 初版. -- 臺北市：五南圖書出版股
份有限公司, 2022.07
　　面；　公分
　　ISBN 978-626-317-878-6（平裝）

1.CST: 班級經營　2.CST: 中小學教育

524.6　　　　　　　　　111007898

1I5J

中小學創新班級經營
以案例學習

作　　者 ─ 周新富

發 行 人 ─ 楊榮川

總 經 理 ─ 楊士清

總 編 輯 ─ 楊秀麗

副總編輯 ─ 黃文瓊

責任編輯 ─ 郭雲周、李敏華

封面設計 ─ 姚孝慈

出 版 者 ─ 五南圖書出版股份有限公司

地　　址：106臺北市大安區和平東路二段339號4樓

電　　話：(02)2705-5066　　傳　　真：(02)2706-6100

網　　址：https://www.wunan.com.tw

電子郵件：wunan@wunan.com.tw

劃撥帳號：01068953

戶　　名：五南圖書出版股份有限公司

法律顧問　林勝安律師事務所　林勝安律師

出版日期　2022年 7 月初版一刷

定　　價　新臺幣390元

經典永恆・名著常在

五十週年的獻禮——經典名著文庫

　　五南，五十年了，半個世紀，人生旅程的一大半，走過來了。
　　思索著，邁向百年的未來歷程，能為知識界、文化學術界作些什麼？
　　在速食文化的生態下，有什麼值得讓人雋永品味的？

歷代經典・當今名著，經過時間的洗禮，千錘百鍊，流傳至今，光芒耀人；
　不僅使我們能領悟前人的智慧，同時也增深加廣我們思考的深度與視野。
　我們決心投入巨資，有計畫的系統梳選，成立「經典名著文庫」，
　　希望收入古今中外思想性的、充滿睿智與獨見的經典、名著。
　　　　這是一項理想性的、永續性的巨大出版工程。
　不在意讀者的眾寡，只考慮它的學術價值，力求完整展現先哲思想的軌跡；
　為知識界開啟一片智慧之窗，營造一座百花綻放的世界文明公園，
　　　　　任君遨遊、取菁吸蜜、嘉惠學子！